공자
혁명

한국국학진흥원 교양총서 | 전통의 재발견 | 05

공자혁명

2000년 전의 유교, 현대 교육에 메스를 대다

정재걸 홍승표 이승연 이현지 백진호 황병기 지음

글항아리

일러두기

특별한 출처가 없는 인용은 각 글의 저자가 원문을 직접 번역한 것이다. 기존 번역판을 참조할 경우 일부 표현을 다듬었다.

현실에 발을 딛고 그 너머를 지향하다

이 책의 목적은 유교가 오늘날 우리 교육에 어떤 시사점을 던져줄 수 있는지 탐구해보는 것이다. 단순히 과거의 유교 교육이 어떤 것이었는지를 밝히는 것과는 차이가 있기 때문에 본론에 들어가기에 앞서 몇 가지 알아야 할 사실이 있다. 먼저 현재 유교 교육을 다루는 것이 과거 유교 교육의 모습을 있는 그대로 드러내려 함은 아니다. 유교 교육에는 문명사적 측면에서 다양한 모습이 담겨 있다. 특히 전근대적 사상이었던 까닭에 이에 영향을 받은 요소가 어느 정도 남아 있다. 임금과 신하의 관계를 중심으로 신하가 임금에게 일방적으로 복종하도록 강요하는 것과, 어른과 어린이, 남자와 여자 사이의 존비와 차별이 그 대표적인 예다.

반면 현대적인 요소들도 있다. 한때 아시아의 네 마리 용이라고 불렸던 우리나라와 홍콩, 중화민국과 싱가포르의 발전이 바로 유교 문화권의 영향 때문이라는 주장이 그것과 연결된다. 유교가 상정하는 합리적이고 근면한 인간상이 자본주의에 부합한다는 데 근거한 것이다. 그렇지만 이 책에서 저자들이 밝혀 내려는 바는 유교 교육의 전근대적 요소도 아니고 근대적 요소도 아니다. 오히 려 유교의 탈현대적 요소에 주목한다. 유교 교육에는 현대 교육의 모순을 극복 케 할 만한 대안적인 요소들이 많이 포함되어 있다. 오늘날 유교 교육의 가치 를 다시 이야기하는 것과 전근대 유교사회로 돌아가자는 주장은 전혀 다르다.

유교 교육에서 탈현대적 요소를 밝혀내는 작업은, 과거에 현대 문명을 설계 한 계몽주의자들이 그리스 로마 문명에서 현대 문명의 요소를 밝혀내고자 했 던 작업과 유사하다. 뉴턴과 데카르트로 대표되는 계몽주의자들은 그리스 로 마 문명 속에서 중세의 질곡에 갇혀 있던 인간의 가치를 새롭게 발견해냈다. 오 늘날 현대 문명이 누리고 있는 천부 인권, 자유와 평등, 자연에 대한 과학적 접 근 등은 모두 이들이 그리스 로마 문명에서 끌어왔던 요소다. 그렇다고 해서 이들이 과거 그리스 로마 시대로 돌아가고자 했던 것은 결코 아니었다.

이러한 시도에 대해 우리나라는 아직 현대화되지 않았으니 지금은 탈현대를 추구하는 것보다 현대화를 완성하는 일이 더 시급하다는 주장도 제기된다. 틀 린 말은 아니다. 사실 우리는 서구가 300~400년에 걸쳐 이뤄낸 정치적 민주화 와 경제 발전을 불과 40~50년이라는 짧은 시기에 달성했다. 현대 서구 문명에 비해 여러 미비한 측면이 있는 것도 이런 데서 연유한다. 대표적인 예로 사회적 약자에 대한 사회 안전망의 미흡함을 들 수 있겠다.

우리나라의 급속한 정치적 민주화와 경제 발전을 흔히 압축 성장이라고 부 른다. 불가피하게도, 이 때문에 현대화의 모순 역시 압축적으로 나타나고 있다. 그 압축된 모순이 바로 현대주의라는 이데올로기이다. 현대주의는 현대 문명을 맹신하는 이념이다. 교육 영역에서 현대주의는 맹목적인 직업 교육으로 나타난 다. 어린이집부터 대학에 이르기까지 우리나라 교육의 목적은 단일한 목적을 향할 때가 많다. 한마디로 대기업에 취직하는 것이다. 그래서 초등학교 학생들조차 '고등학교 내신 1~3등급은 치킨을 주문하고, 4~6등급은 치킨을 튀기며, 7~9등급은 치킨을 배달한다'는 우스갯소리를 심각하게 받아들이는 현실이다.

저자들은 동양의 전근대적 사상에는 여러 탈현대적 요소가 내재해 있다고 본다. 불교사상에는 현대의 개인주의를 극복할 수 있는 무아사상이 있고, 노장사상에는 현대의 환경 문제를 극복할 수 있는 물아일체의 사상이 있다. 그런 까닭에 탈현대 문명을 설계하는 서구 학자 중 많은 이들이 불교와 노장사상에 경도되어 있다.

이와 비교하여 유교사상이 가진 장점은 현실에 발을 딛고 그 외부를 지향한다는 것이다. 불교사상이나 노장사상의 경우 우리가 발을 딛고 있는 세상을 벗어나 새로운 세상을 추구하는 게 목적이다. 반면 유교에서는 이런 게 무의미하다고 여긴다. 특히 유교의 중용사상은 선과 악, 세속과 탈속에 대한 기하학적 도식을 거부하고 주어진 상황에 가장 적합한 해결책을 찾아내는 것이 곧 선이고 탈속이라고 주장한다. 이런 측면에서 유교는 탈현대 교육을 설계하는 데 가장 적합한 사상이라고 할 수 있다.

현재 우리나라 교육은 심각한 위기에 처해 있다. 아이들이 태어날 때부터 부모의 근심거리는 커진다. 아이 한 명을 대학까지 졸업시키는 데 평균 2억 원이나 든다는 보도가 화제가 되었다. 더구나 명문대에 들어가 대기업에 취직할 가능성은 점점 줄어들고 있다. 부모나 자식이 원하는 일자리는 전체의 20퍼센트에 불과하고, 나머지 80퍼센트는 모두가 기피하는 비정규직이라고 한다. 이런 면에서, 자식은 부모에게 기쁨과 사랑뿐 아니라 걱정과 두려움도 주는 존재이기도 하다.

정보혁명으로 인해 직업이 줄어드는 것은 피할 수 없는 일이다. 미래학자 제러미 리프킨은 현재 생산력을 유지한다는 가정하에 향후 20년 뒤에는 현재의 5퍼센트 노동력이면 충분하다고 내다보았다. 다시 말해 20년 뒤에는 좋은 직장을 얻기 위한 오늘날의 교육 경쟁이 무의미해진다는 뜻이다. 이 때문인지 1990년대 이후부터 경쟁에서 벗어나 아이들을 자유롭게 교육하는 것을 목적으로 삼는 대안학교가 등장하기 시작했다. 지금 전국에 수많은 초중등 대안학교가 있지만, 우리나라에서 대안학교는 결코 대안이 될 수 없다. 대안학교들이 추구하고 있는 개성 있는 교육과 친환경 교육, 자유 교육 등은 현대 교육의 문제를 극복하기 위한 노력이기는 해도 결국 현대 교육의 또 다른 형태에 불과하기 때문이다.

현대 교육은 산업계의 요구에 따라 전개되었다. 소품종 대량생산이 이뤄지던 시기에는 훈련된 노동력이 필요했기 때문에 '주물모형' 교육이 이뤄졌다. 획일적인 교육과정과 일제식 수업으로 마치 공장에서 같은 물건을 대량으로 생산해내듯 교육을 했던 것이다. 그러나 생산 방식이 다품종 소량생산으로 전환되자 좀더 창의적인 노동력에 대한 수요가 늘어났다. 이런 산업계의 요구에 부응해서 나타난 것이 '도토리모형' 교육이다. 작은 도토리가 커다란 참나무로 자라려면 적절한 관리가 필요하듯, 교육의 목적이 아이들이 지니고 있는 재능을 최대한 발현시키는 쪽으로 변형된 것이다.

오늘날 우리나라의 공교육이 지향하는 것은 물론 도토리모형 교육이다. 정보혁명의 가속화로 인해 창의적 노동력에 대한 수요가 더욱 증대될 것이기 때문이다. 그렇지만 입시 위주의 교육으로 인해 공교육에서는 이런 변화가 좀처럼 이뤄지지 않고 있다. 그래서 나타난 것이 대안학교다.

제1부에서 자세히 설명하고 있지만, 현대 우리 교육의 위기는 발 빠르게 변하는 생산양식에 따른 교육이 이뤄지지 않고 있는 데 기인한다. 우리나라의 산

공자
혁명

업혁명은 뒤늦게 이뤄졌다. 그러나 우리나라의 정보혁명은 그 어떤 나라보다 앞서 달리고 있다. 이런 정보혁명의 결과로 우리 사회의 구조는 앞으로 저노동-저생산-저임금-저소비-고여가의 구조로 변할 것이다. 이런 변화는 현재진행형이다. 궁극으로는 지능을 가진 로봇이 모든 노동을 대체하게 될 것이다. 우리 모두가 원하는 '노동 없는 사회'가 바로 눈앞에 놓여 있는 것이다.

우리의 교육은 지금 중대한 변화의 기로에 놓여 있다. 줄어드는 일자리로 인해 교육에서의 경쟁은 앞으로 더 치열해질 것이다. 그러면 아이들의 삶은 점점 더 피폐해지고, 이에 따라 청소년 자살률도 한층 높아질지 모른다. 그렇게 되기 전에 대안을 찾아야 한다. 우리 교육에는 근본적인 변화가 필요하다. 이 책은 그 대안을 유교 교육에서 찾아 제시하려는 노력의 일환이다. 독자 여러분이 이 책에서 대안을 발견할 수 있으리라 믿는다.

제1부

혁명 전야,
무엇이 위기인가

1장

이제
현대 교육을
버려야 할 때

홍승표

교육의 위기가 고조되고 있다. 학교는 똑똑한 사람을 키운다지만, 그 똑똑한 사람들이 어느덧 이 세상을 더 황량하게 만드는 장본인이 되었다. 학교는 예비 노동자를 양산하지만, 세상은 더 이상 그들을 필요로 하지 않는다. 이렇듯 교육에 대한 시대적 요구와 실제 이뤄지고 있는 교육 사이에 격렬한 충돌이 일어나고 있다. 이것이 바로 지금 교육이 처한 위기의 본질이다. 이 글은 '2500년 전에 만들어진 유교가 현대 교육의 위기를 인식하고 해결하는 데 크게 기여할 수 있다'는 명제를 내세운다. 어떤 과정을 통해 그런 기여가 가능해지는가?

공자
혁명

우주적 존재로서의 나

교육의 궁극적인 목표는 명백하다. '인간을 인간답게 만드는 것.' 그러나 '인간다운 인간'은 어떤 존재일까? 어려운 질문이다. 인간다움의 의미는 시대와 사회에 따라 달라진다.

현대 이전의 사회에서 사람들은 인간이란 자신이 속한 집단의 일부라고 생각했다. 즉 가족·가문·신분·종교·성별·세대·향리·동문·국가 등은 그들에게 자신의 정체성을 형성하는 근간이었다. 효자·열녀·충신과 같이 자기 집단에 헌신하는 삶을 살던 이들이 '인간다운 인간'으로 꼽혔던 이유다. 가령 효녀 심청, 신사임당, 이순신 장군이 여기에 해당된다.

현대[1]사회에서는 인간이란 '자신을 둘러싸고 있는 세계로부터 근원적으로 분리된 개체', 즉 개인이라고 생각한다. 그렇기에 내 성격·취미·지능·직업·학력·외모·소유와 소비가 정체성을 형성하며, 부자·연예인·권력자·과학자과 같이 이성적인 인간이나 많은 성취를 이뤄 욕망을 충족시키는 삶을 사는 이들이

'인간다운 인간'이다. 김연아 선수, 이건희 회장을 예로 꼽을 수 있다.

현대 이후의 사회에서는 '전 우주를 내 안에 품고 있는 존재', 즉 '우주적인 존재로서의 나'라는 관점이 우세해질 것이다. 사랑할 능력, 깊이 이해하는 능력, 용서할 수 있는 능력, 진정으로 겸손할 수 있는 능력, 아름답게 웃을 수 있는 능력 등에서 어느 경지에 이르렀는가 하는 것이 '인간다움의 척도'가 될 것이다. 그런 까닭에 '인간다운 인간'의 의미는 '우주적인 존재로서의 나'를 각성하고 사랑의 즐거움을 누리는 삶을 사는 사람을 의미하게 될 것이다. 이태석 신부, 김수환 추기경, 틱낫한 스님을 그 예로 들 수 있다.

이처럼 시대가 바뀌면 인간관이 달라지며 인간다움의 의미 역시 변화한다. 물론 인간다운 삶의 의미가 바뀌면 교육 목표도 달라져야 한다. 전현대 교육의 목표는 소속 집단에 헌신할 수 있는 인간을 배출하는 것이었다. 한편 현대 교육의 목표는 이성적인 능력을 배양하고 자기 욕망을 성취하도록 능력을 키워주는 것이다. 또 탈현대 교육의 목표는 '우주적인 존재로서의 나'를 각성시켜줌으로써, 사랑의 즐거움을 누리며 살아갈 인재를 배출하는 게 될 것이다.[2]

현대 교육은 현대라는 시대의 요구에 따라 형성된 것이다. 현대 교육은 현대 문명의 형성과 유지 및 발전에 지대한 공헌을 했으며, 현대의 이성 계발 교육은 눈부신 과학기술의 발달과 그에 따른 풍요한 사회 건설을 가능케 했다. 또한 자유롭고 민주적인 사회도 현대 교육이 배출한 인재에 의해 발전할 수 있었다.

1_ 이 글에서 '현대'는 '현 시대the present time'가 아니라 '전현대' 이후 그리고 '탈현대' 이전의 특정 기간 동안의 역사적인 시기를 가리킨다. '탈현대'는 '후기 현대'가 아니라 '현대 이후의 새로운 시대the new era after the modern time'를 지칭하는 용어로 사용한다. 현대와 탈현대는 전현대와 현대보다 더 근본적인 차이를 갖는다. 이에 관한 상세한 설명은 「동양 사상과 존재 혁명」(홍승표, 2011, 147~148쪽)을 참고하기 바란다.
2_ 김경희, 「교육의 현대성과 탈현대성의 비교적 고찰」『한국교육연구』 2(1), 1995.

이와 같이, 현대 교육은 현대 문명이 필요로 하는 인재를 꾸준히 육성하고 배출함으로써 현대 문명의 유지와 발전에 크게 기여해왔다.

그러나 분명히 말할 수 있다. 현대 교육의 역사적인 소임은 여기까지다. 현대 교육이 공헌해왔던 현대 문명 자체가 심각한 위기 국면에 봉착했기 때문이다. 환경문제의 심화, 사회관계의 악화, 인간소외의 확대 등은 현대 문명 위기의 중요한 양상이다.

지금은 현대 문명 말기에 해당되며, 우리는 현대 문명을 보수하고 발전시키는 작업이 아니라 현대 이후의 새로운 문명을 건설하는 작업에 진력해야 한다. 그런데 현대 교육은 현대 문명의 건설과 발전에는 기여할 수 있지만, 현대 이후의 새로운 문명 건설에는 기여할 수 없다. 그러므로 교육 역시 현대 이후의 새로운 교육으로 대전환을 이뤄야만 한다.[3]

전현대 말에서 현대 초에 해당되는 문명 전환기에 전현대 교육은 문명 위기를 가속화하고 현대 문명의 도래를 가로막는 장애물 역할을 했다. 시대는 현대 문명을 건설할 수 있는 인재를 필요로 했다. 그러나 전현대 교육이 제공할 수 있는 인재는 전현대 문명을 유지하고 발전시킬 수 있을 따름이다. 이와 마찬가지로, 현대 말에서 탈현대 초에 해당되는 문명 대전환기에 이르러, 현대 교육은 문명 위기를 가속화하고 탈현대 문명의 도래를 가로막는 장애물이 되고 말았다. 시대는 탈현대 문명을 건설할 수 있는 인재를 요구하지만, 현대 교육이 제공할 수 있는 인재는 현대 문명을 유지하고 발전시킬 수 있을 따름이다.

상황이 이러한데도 불구하고, 현 인류는 현대적인 관점에서 현대 교육 문제를 인식하고자 한다. 그러면서 '현대 교육은 아직 완성되지 않았다'는 말만 되

3_ 한일조, 「탈현대사회에서의 교육의 역할」, 『비교교육연구』 8(2), 1998.

풀이하고 있을 뿐이다. 이 시대에 진정 필요한 것은 바로 '탈현대적인 관점에서 현대 교육 위기의 본질을 인식하는 것'이다.

공자
혁명

낡은 것이 폐퇴해온 역사적 명제

노동력은 노동에 대한 구상(지력)과 실행(근력), 두 가지로 구성되어 있다. 즉, 지력을 사용해서 노동을 구상하고 근력을 사용해서 노동을 실행한다. 산업혁명 이후 기계력의 활용이 빠른 속도로 확산되면서, 점차 근력을 사용하는 인간 노동의 많은 부분이 기계력으로 대체됐다. 또한 근래에 들어 인공지능이 혁명적으로 발달하고 있는데, 이 역시 인간의 지력을 대신하고 있다. 기계력과 인공지능이 결합하는 자동화가 확산되면서 인류는 인간 노동이 필요치 않은 새로운 세계로 급속히 나아가고 있다.

오늘날 인공지능의 발달은 눈부시다. 기억능력은 물론이고, 계산능력, 판단능력, 논리적인 추론능력, 지각능력, 학습능력, 자연언어의 이해능력, 문제해결능력 등 노동에 필요한 모든 두뇌 기능이 인공지능에 의해 대체되고 있다. 뿐만 아니라 인공지능은 나날이 일취월장하고 있다.

자동화의 결과로 노동력에 대한 사회적인 수요는 급감하고 있다. 이에 따라서 자동화가 더 빨리 진척되고 있는 지역일수록 청년들의 구직난이 심화되고 기존 노동인력의 감원이 활발하게 일어나고 있다. 현재 일어나고 있는 이런 변화는 시작에 불과하며 인류는 빠른 속도로 노동 없는 세계로 나아갈 것이다.

자동화는 사회 모든 영역에서 진행되고 있다. 사무적인 처리 과정과 사무실의 모든 업무를 자동화하는 '사무 자동화OA', 공장에서의 제품 생산 공정이나 원료 및 제품 등을 자동으로 관리하는 '공장 자동화FA', 냉난방이나 가전 기기 등 가정의 모든 기계와 설비를 자동으로 제어·관리하는 '가정 자동화HA' 등이 그 대표적인 예다.

이미 우리에게 무인 은행이나 무인 세탁소, 관공서 증명 서류의 인터넷 발급 등을 이용하는 것이 일상화되었다. 무인 공장이 산발적으로 건설되고 있으며, 무인 공장이 아니더라도 공장 내 노동 인력은 감소하고 있다. 무인 농장이 건설될 것이며, 부분적으로는 이미 자동화가 이뤄졌다. 항공기나 대형 선박의 운항은 거의 자동화되어 있으며, 자동차의 경우도 빠른 시간 내에 무인 운전이 상용될 것이다. 무인 카페, 무인 호텔, 무인 식당과 같은 무인 판매점도 빠르게 늘어날 것으로 보인다. 인간이 개입하지 않고 운영되는 자동화 미래 세계를 들여다볼 수 있게 하는 중요한 기술 변화의 하나로 최근 사물 인터넷이 관심을 모으고 있다.

교육은 그 시대를 이끌어갈 인재를 양성해야 한다. 전현대 교육이 관리나 성직자를 양성하는 데 중심을 두었고, 현대 교육은 전문직·사무직·생산직 등 노동인력 양성에 중심을 두었다면, 탈현대 교육은 '참된 나'를 자각함으로써 사랑하고 이해할 수 있는 능력을 가진 사람을 양성하는 데 주력하리라 짐작할 수 있다.

자동화로 인해 노동력 수요가 줄어드는 변화는 이미 실생활 가까이 나타나고 있다. 그렇다면 노동인력을 양성하는 데 주력하는 현대 교육을 곧 해체하고 탈현대적인 인간을 양성하는 탈현대 교육으로 전환해야 하는 때다. 그러나 현실은 이와 정반대로 흘러가고 있다. 노동인력에 대한 사회적인 수요는 감소하고 있는 데 반해, 대학은 점점 더 취업을 강조하면서 노동인력 양성소와 같이 변해가고 있다. 인문학은 나날이 위축되고, 직업교육은 강화되고 있다.

어떻게 이런 이상한 상황이 전개되고 있는 것일까? 그 이유는 명백하다. 아직까지도 현대적 인간관이 지배적인 관점으로 작용하고 있기 때문이다. 현대적 인간관에서 인간은 '자신을 둘러싸고 있는 세계로부터 시간적·공간적으로 분리된 개체'로 인식되어, 스스로를 태어났을 때부터 죽을 때까지만 존재하는 유한한 존재라고 느끼게 된다. 또한 물거품처럼 있으나 마나 한 무의미한 존재이며, 세계는 자신의 운명을 마음대로 좌우하지만 자신은 세계에 어떤 영향력도 미칠 수 없는 무력한 존재로 생각하게 된다. 이에 따라서 현대인은 존재론적으로 유한함, 무의미감, 무력감을 갖게 되는 것이다. 이러한 고통에서 벗어나고자 현대인은 이를 필사적인 노력을 기울이게 되고, 그 결과 생겨난 현대적 삶의 양태가 자아 확장 투쟁으로서의 삶이다. 자아 확장 투쟁으로서의 삶이란 개체로서의 자신을 훨씬 더 크고 높게 만드는 것에 매진하는 삶이다. 자아 확장 투쟁의 핵심 영역 중 한 가지가 바로 노동이다. 현대인은 노동활동을 통해 존재의 의미를 확인하고자 하고, 세계에 대해 능동적인 자신의 입장을 확립하고자 하며, 노동 결과물을 통해 자기 존재의 영속성을 확보하고자 한다.

이는 현대사회에 접어들면서 왜 노동의 의미가 점점 고양되고 있는가를 설명하는 주요인이다. 또한 종교개혁자들이 주창한 '신성한 활동으로서의 노동 개념'이 어떻게 현대사회에서 빠른 속도로 확산될 수 있었는지를 설명할 수 있는 요인이다. '참된 노동을 통해서 인간은 자신의 인간적인 본질을 실현해나간다'

는 마르크스의 노동관이 오늘날에 이르러서도 현대인에게 열렬히 수용되고 있는 요인이기도 하다. 현대적 인간관을 바탕으로 하여 현대적 노동관이 성립되고, 현대적 노동관을 기초로 현대 교육은 유능한 노동자를 양성하는 일에 주력해 왔다. 상황은 급변하고 있지만 여전히 현대적 노동관은 인류의 의식을 지배하고 있으며, 현대 교육 역시 노동자 양성에 주력하고 있는 실정이다.

하지만 노동력에 대한 사회적인 수요는 급감하는 새로운 상황이 전개되고 있다. 그러자 직장은 희소 자원으로서의 가치가 더욱 커지게 되었다. 결국 사회는 점점 노동자를 덜 필요로 하는데 대학은 점점 더 노동자를 많이 배출하는 데 집중하는 이상한 상황이 전개된다.

문명 전환기에는 언제나 낡은 문명과 새로운 문명 간의 충돌이 일어났다. 가치관, 사회제도, 새로운 기술, 사회구조 등은 문명 충돌이 일어나는 대표적인 영역이다. 현대 교육이라고 하는 낡은 사회제도와 자동화라고 하는 새로운 기술 간의 충돌도 낡은 현대 문명과 새로운 탈현대 문명 간 충돌의 한 가지 양상이다. 충돌의 결과는 어떻게 될 것인가? 역사는 우리에게 그 결과를 말해주고 있다. 언제나 낡은 것은 패퇴하고 새로운 것이 승리를 거둔다.

20세기 초 영국 중북부 직물공업지대에서는 기계파괴운동이 일어났다. 산업혁명이 일어나 면방직 기계가 값싼 직물을 대량으로 생산하면서, 면방직 노동자들은 경제적인 곤궁에 빠지게 되었다. 그들은 기계가 자신들의 삶을 망치고 있다고 분노하면서 기계를 파괴했다. 그 결과로 기계화라고 하는 역사운동의 도도한 물결이 역류했는가? 그렇지 않다. 자동화도 역시 마찬가지일 것이다.

현대 교육과 새로운 기술인 자동화가 충돌할 때, 변화해야 할 것은 자동화가 아니라 현대 교육이다. 그러나 현실을 돌아보면 현대 교육은 현대적 노동관을 부여잡고 자동화에 맞서 노동인력의 양성에 더욱 열을 올리고 있다. 시대의

조류에 역행하면서 노동인력을 양성하는 데 온 힘을 기울이고 있는 현대 교육,
이것이 바로 위기의 본질이다.

이성적 인간을 넘어 공감하는 사람으로

현대가 인간을 바라보는 관점에 있어서 핵심적인 두 가지 양상은 '이성적인 존재로서의 인간'과 '욕망 충족을 추구하는 존재로서의 인간'이다. 그러므로 현대적인 의미에서 인간다움의 실현은 '이성적인 존재가 되는 것'과 '욕망 충족적인 삶을 살아가는 것'을 의미한다고 할 수 있다.

앞에서 논의했던 직업 교육으로서의 현대 교육이란 결국 '욕망 충족적인 삶을 살아갈 수 있는 능력을 배양하는 것'이다. 이와 더불어 현대 교육의 또 한 가지 주제는 '이성적인 능력을 계발하는 것'이다. 이 꼭지에서는 이성 계발이란 측면에서 현대 교육의 특징을 살펴보고, 이성 계발에 매진하는 현대 교육이 왜 위기인가를 알아보려 한다.

이성 계발을 강조한다는 점에서 보면, 현대 교육은 곧 지식 교육이다. 지식 교육은 두 가지 측면을 갖고 있다. 한 가지는 이미 만들어져 있는 지식을 교육자가 피교육자에게 전달하는 것이고, 다른 한 가지는 피교육자가 스스로 지식을 산출할 수 있는 능력을 배양하는 것이다.

먼저 지식 전달로서의 현대 교육을 살펴보자. 전현대사회에서 지식은 희소 자원이었다. 지식은 권력과 부를 산출하고 유지하는 데 중요한 도구였다. 기득권 세력이 세종대왕의 한글 창제에 그토록 완강하게 저항했던 이유는 무엇이었을까? 일반인이 습득하기에 너무나도 어려운 한자라는 문자는 그들이 지식을 독점할 수 있는 중요한 수단이었기 때문이다. 현대사회에서 의사나 약사들이 어려운 외국어를 사용하여 병명·진단명·약품명을 기재하는 것도 같은 이유다.

컴퓨터가 보급되면서 현대사회는 정보사회라고 불릴 만큼 지식의 유통이 활발해졌다. 유통이 활발해질수록 지식의 희소가치는 줄어든다. 요즘은 엄청난 양의 정보가 저장되어 있으며 누구나 인터넷에 접속하면 필요한 지식에 쉽게 접근할 수 있다. 그러므로 교사로부터 기존의 지식을 전달받아 이를 암기하는 지식 교육은 무용한 것이 되어버렸다. 이와 같이 지식을 전달하는 면에서 지식 교육이 무용하다는 것은 자명하기 때문에, 이것은 빠른 속도로 교육 현장에서 사라져갈 것이다.

이에 반해서 두 번째 의미에서의 지식 교육, 즉 피교육자의 지식산출능력을 배양시키는 지식 교육은 근래 들어 더욱 맹위를 떨치고 있다. 창의 교육, 토론 능력 배양 교육 등이 그런 예다. 과연 이것은 새로운 시대를 열어갈 수 있는 새로운 교육인가? 그렇지 않다. 이것 역시 시대를 역행하는 현대교육의 위기를 나타내는 한 가지 양상일 뿐이다.

'이성적인 존재로서의 인간', 이것은 현대적 인간관의 핵심이다. 데카르트의 "나는 생각한다. 고로 나는 존재한다Cogito, Ergo Sum"는 말은 현대 인간관 선언이라고 할 만하다. 17세기 후반에 시작되어 18세기 프랑스에서 전성기를 구가한 계몽사상은 현대 문명 건설의 초석이 되었다.

계몽사상의 '계몽enlightenment'이란 무엇인가? 무엇에 빛을 비춘다는 것인가? 바로 어둠에 묻혀 있는 인간 이성에 빛을 비춘다는 의미다. 교육을 통해 몽매한 상태에 빠져 있는 인간 이성을 계발하는 것, 이것이 현대 교육의 핵심이고 또한 현대 문명 건설의 밑바탕이다.

'교육을 통한 이성 계발'은 두 가지 의미에서 현대 문명 건설의 바탕이 되었다. 하나는 이성 계발이 과학적인 발견과 기술적인 발명의 원동력이 된다는 점이고, 다른 한 가지는 비판적인 이성 계발을 통해 비이성적인 전현대사회를 비판하고 이성적인 현대사회를 건설한다는 점에서다.

첫 번째 측면에서 보면 수학 교육, 자연과학 교육, 기술 교육 등이 모두 이 영역에 해당된다. 오늘날 대학의 학문 분포에서 보자면 자연과학 분야와 공학 분야 모두가 여기에 속한다. '교육을 통한 이성 계발'이라는 현대화 전략은 현대 문명 발전의 원동력이 되었다. 그 결과 현대 문명이 과학기술 문명으로 특징될 정도로 과학과 기술 분야에서 현대의 약진은 대단한 것이었다. 전염병을 퇴치했고, 역사상 처음으로 인류는 기아의 고통에서 해방되었다. 산업혁명이 일어나고 생산량은 급증했다. 교통과 통신의 영역에서도 비약적인 발전이 이뤄졌다. 컴퓨터의 발달과 인터넷의 보급, 스마트폰, 사물 인터넷, 로봇 등과 같은 첨단 기기의 출현으로 이 세상은 하루가 다르게 변모해가고 있다.

두 번째 측면에서 보면 사회학이나 정치학을 포함한 사회과학 교육이 모두 이 영역에 해당된다. 교육을 통해 비판적인 이성을 계발하고, 이를 바탕으로 전현대사회의 비합리성에 대한 비판이 펼쳐졌다. 불합리한 신분제도에 대한 비판, 부조리한 권력 세습과 자의적인 권력 행사에 대한 비판, 여성이나 소수자에 대한 억압이나 차별의 부당성에 대한 비판, 언론이나 신앙 탄압에 대한 비판, 경제적·사회적 불평등에 대한 비판 등이 모두 여기에 속한다. 이런 전현대의 비합리성에 대한 현대적인 비판이 사회운동으로 표출된 것이 바로 프랑스 대혁명이다.

이성을 통한 비합리성에 대한 비판과 이에 바탕으로 한 '이성적인 사회 건설'이란 점에서도 현대사회는 괄목할 만한 성취를 이루었다. 왕정이 철폐되고 공화정이 건설되었다. 여성에 대한 억압이나 차별도 급진적으로 감소했다. 신분제도나 노예제도는 와해되었다. 언론의 자유, 신앙의 자유, 집회와 결사의 자유 등 여러 종류의 자유를 누릴 권리가 신장되었다.

이와 같이 현대의 이성적인 인간관을 바탕으로 한 '이성 계발교육'은 두 가지 영역 모두에서 눈부신 성과를 거두었다. 현대적인 관점에서 보자면 현재의 문명은 이상사회에 근접해 있다. 그러나 실제로는 현 인류는 과거보다 심한 고통을 겪고 있으며, 지구 생태계도 심한 혼란을 겪고 있다. 자살률, 정신병 발병률, 범죄율 등이 가파르게 증가하고 있는 것은 현대인의 고통과 불행의 강도를 대변하고 있는 듯하다. 환경문제의 심각성은 자세한 설명이 필요치 않다. 수질과 대기 오염, 생명체의 멸종과 생태계의 혼란 등 환경문제는 나날이 심각해진다. 위의 상황들은 현대 문명 위기의 핵심적인 양상으로, 모두 인류가 현대화를 추구하고 달성한 결과로 초래된 것이다. 다시 말하자면, 현대화의 추구와 달성은 실제적인 의미에서 진보된 사회 대신 문명 위기의 증폭과 궁극적인 파멸을 가져올 것이라는 것이 명백해졌다.

그렇다면 현 인류는 현대 문명 위기에 어떻게 대처해야 할 것인가? 시대 상황이 현 인류에게 요구하고 있는 것은 '현대라는 안경'을 벗어던져버리는 것이다. 과거 전현대와 현대의 문명 전환기에 이르러 인류는 새로운 시대와 조화를 이룰 수 없는 '전현대라는 안경'을 벗어던진 역사적인 경험을 갖고 있다. 이제 현대와 탈현대의 문명 대전환기에서 인류는 낡은 안경을 벗어던질 것을 요구받고 있는 것이다.

'나는 누구인가?' '내 존재의 의미는 무엇인가?' '삶의 목적은 무엇인가?' 등과 같은 궁극적인 질문에 대해 우리는 새로운 대답이 필요하다. 다시 말하자면 세계관의 대전환이 필요한 것이다. 교육의 영역에서 보자면 인간이란 어떤 존재이며 인간다운 삶이란 어떤 것인가에 대한 새로운 해석이 필요한 시점에 이르렀다.

탈현대적인 관점에서 볼 때 인간이란 어떤 존재일까? 인간은 더 이상 '이성'이나 '욕망'으로 특징될 만큼 하찮은 존재가 아니다. 인간은 영원한 시간과 무한한 공간을 자신 안에 품고 있는 우주적인 존재이며 위대한 존재다. 인간다운 삶이란 어떤 것인가? 인간다운 삶은 욕망 충족적인 삶이나 비판적인 이성에 가득 차 있는 삶이 아니다. 인간다운 삶이란 우주적인 존재로서 자신에 대해 각성하는 것에서 비롯되는, 사랑하고 용서하며 평화롭고 겸손한 삶을 의미한다.

그렇다면 교육은 무엇을 해야 할 것인가? 더욱 이성적인 존재로 인간을 단련하는 데 매진할 것인가? 더욱 욕망 충족적인 삶을 달성할 수 있는 능력을 배양하는 데 집중할 것인가? 아니다. 이 시대가 교육에게 요구하는 것은 인간에 내재되어 있는 '사랑할 수 있는 능력' '이해할 수 있는 능력' '평화로울 수 있는 능력' '겸손할 수 있는 능력'을 계발하고 배양하는 것이다. 이런 의미에서 '이성을 계발하는 현대 교육'에 시대착오성이 있는 것이며, 이것이 바로 현대 교육 위기의 본질이다.

참된 나를 깨우는
탈현대 교육

현대 교육이 빠져 있는 위기의 본질은 낡은 현대 교육과 새로운 탈현대사회 구조 간의 충돌이다. 급속한 자동화의 결과로 사회에서 점점 노동자의 쓸모가 점점 더 없어지지만 현대 교육은 점점 더 노동자를 양성하는 데 급급하다. 현대 문명 위기가 고조되면서 사회는 영적인 인간을 필요로 한다. 하지만 현대 교육은 점점 더 이성적인 인간 양성에 주력하고 있다.

이것은 교육이 현대적 인간관에 고착되어 있음에서 비롯되는 필연적인 결과이다. '욕망 추구자로서의 인간'과 '이성적인 존재로서의 인간'은 현대적 인간관의 핵심적인 양상이다. 그러나 오늘날에 이르러 현대 교육은 탈현대사회 구조와 조화를 이룰 수 없을 뿐만 아니라 문명 위기를 증폭시키는 원천이 되어버렸다.

교육은 현대 교육으로부터 탈피해야만 한다. 시대의 요구는 현대에서 탈현대로 대전환을 이루라는 것이다. 이런 문명 대전환에서 교육에 부여되어 있는 책무는 막대하다. 그러나 오늘날의 교육은 여전히 현대에 묶여 있어 부여받은 역사적 책무를 전혀 담당할 수 없는 실정이다. 뿐만 아니라 현대 교육은 사회 발전의 걸림돌이 되어버렸다. 이는 과거 조선시대 유교 교육이나 서구 중세의 신학 교육과 같은 전현대 교육을 통해 현대로 나아갈 수 있는 길이 꽉 막혀 있었던 것과 꼭 같은 이치다.

그렇다면 이 시대가 요구하는 새로운 교육으로서의 탈현대 교육이란 어떤 것일까? 이 시대의 교육은 어디를 향해 나아가야 할 것인가? 전현대 교육의 목표는 집단에 헌신할 수 있는 사람을 양성하는 것이었고, 현대 교육의 목표는 개인의 욕망을 달성할 수 있는 사람을 육성하는 것이었다. 그렇다면 탈현대 교육의 목표는 무엇일까? 탈현대 교육의 목표는 모든 피교육자의 마음 안에 살고 있는 '참된 나'를 깨어 활동하도록 돕는 것이어야 한다.

사랑할 수 있는 능력을 갖고 있는 사람, 용서할 수 있는 능력을 갖고 있는 사람, 깊이 이해할 수 있는 능력을 갖고 있는 사람, 마음이 평화로운 사람, 진정으로 겸손한 사람, 자신과 세계를 따뜻한 눈으로 바라보며 아름답게 미소 지을 수 있는 사람. 탈현대 교육의 목표는 새 시대가 요구하는 이런 사람을 키워내는 것이라 할 수 있다. 교육 목표가 달라지면 교육 내용도 혁명적으로 달라질 것이다. 예컨대 새로운 교육의 내용은 이런 것이다.

- **존재의 경이로움을 느낄 수 있는 능력 배양** 지구상 모든 존재의 경이로움과 아름다움을 느낄 수 있는 능력을 배양하는 교육을 실시한다.
- **깊은 이해에 이르는 능력을 키우는 교육** 분리된 개체로서의 내가 이해할 수 없는 것을 이해할 수 있는 능력을 배양하는 교육을 실시한다.
- **마음을 다해 숨 쉬고 걷는 방법을 가르치는 교육** 숨 쉬고, 걷고, 대화를 나누

고, 운전을 하고, 설거지를 하는 등 일상의 모든 일에 온 마음을 기울일 수 있는 능력을 배양하는 교육을 실시한다.

- **감사할 수 있는 능력을 키우는 교육** 자신에게 주어진 모든 것에 대해 감사할 수 있는 능력을 키우는 교육을 실시한다.
- **자신과 이웃을 사랑할 수 있는 능력을 키워주는 교육** 자신과 이웃에 더 깊은 관심을 기울이고, 돌보아주는 능력을 키우는 교육을 실시한다.
- **미움이나 비난을 받아들일 수 있는 능력을 배양하는 교육** 누군가로부터 미움이나 비난을 받을 때 저항하지 않고 이것을 받아들일 수 있는 능력을 배양하는 교육을 실시한다.
- **용서할 수 있는 능력을 키우는 교육** 분리된 개체로서의 내가 용서할 수 없는 것마저 용서할 수 있는 능력을 키우는 교육을 실시한다.
- **초라한 자신을 자각하고 돌보아주는 교육** 드러내기 부끄러운 보잘것없는 자신의 모습을 자각하고, 이를 돌보아주는 능력을 배양하는 교육을 실시한다.
- **화를 돌볼 수 있는 능력을 키워주는 교육** 마음에 일어난 화를 자각하고, 마음에 머물 수 있도록 허용하며, 화를 돌봐줄 수 있는 능력을 키우는 교육을 실시한다.
- **고통을 존재 비약의 계기로 활용할 수 있는 능력을 가르쳐주는 교육** 큰 질병, 경제적인 파산, 명예의 실추 등과 같은 고통스런 체험을 할 때, 이를 존재 비약의 계기로 활용할 수 있는 능력을 가르쳐주는 교육을 실시한다.
- **아름답게 나이 들어갈 수 있는 능력을 키우는 교육** 나이 들면서 더 성숙하고 존재의 더 높은 경지에 도달할 수 있는 능력을 키우는 교육을 실시한다.
- **평화롭고 장엄하게 죽음을 맞아들일 수 있는 능력을 키우는 교육** 평화롭고 장엄하게 죽음을 맞아들일 수 있는 능력, 죽음을 늘 가까이 두고 수행하는

교육을 실시한다.

- **여가 시간을 창조적으로 사용할 수 있는 능력을 배양하는 교육** 탈현대적인 삶은 여가가 삶의 중심을 차지한다. 탈현대 교육에서는 여가 시간을 창조적으로 사용할 수 있는 능력을 배양하는 교육을 실시한다.
- **평화를 건설할 수 있는 능력을 키워주는 교육** 불안과 두려움으로부터 벗어나 마음의 평화를 얻을 수 있는 능력을 키워주는 교육을 실시한다.
- **욕망 절제 능력을 키우는 교육** 욕망을 긍정하지만, 욕망을 추구하지 않고 절제할 수 있는 능력을 키우는 교육을 실시한다.
- **자연과의 교감 능력을 키우는 교육** 자연이 들려주는 음악을 듣고, 자연의 아름다움에 깨어나 교감할 수 있는 능력을 키우는 교육을 실시한다.

유교에서는 이런 교육들을 통틀어 마음 교육 또는 마음 공부라고 칭했다. 마음 교육이란 우리 안에 살고 있는 눈부시게 아름다운 존재를 깨어나 활동하게 하는 교육을 말한다. 유교에서 말하는 '인仁' '성性' '명덕明德' 등은 모두 우리 안의 '참된 나'를 가리키며, 이를 각성하고 이를 활성화하는 것이 유교 교육의 궁극적인 지향점이었다. 그러므로 유교 교육은 탈현대 교육을 형상화하는 데 직접적인 도움을 제공할 수 있다.[4]

4_ 동양 사상과 전통 교육이 탈현대 교육의 구상화에 기여할 수 있는 가능성에 대해서는 정재걸과 이현지가 많은 연구를 수행했다. 정재걸의 「유가 교육 사상의 탈근대적 의미」(1999), 「탈 근대 교육으로서의 전통교육」(2003), 「『논어』와 탈근대교육의 설계」(2006), 「방棒과 할喝의 교육적 의미」(2011) 등은 이에 대한 대표적인 논문이며, 이현지의 「탈현대적 가정교육을 위한 제언: '주역'을 바탕으로」(2010), 정재걸·이현지가 함께 쓴 「유학의 본성과 탈현대 교육」(2014), 이현지·정재걸·홍승표가 함께 쓴 「마음교육철학으로서 『주역』에 대한 일고찰」(2013), 정재걸·이승연·이현지·백진호·이유택이 함께 쓴 「동양 사상의 관점에서 본 독일 청소년 죽음 교육의 한계와 대안」(2013) 등도 동일한 주제를 탐구하고 있다.

2장

무너져야
새로이 설 수 있다

홍승표

『주역周易』「진괘震卦」 괘사卦辭에는 "우레가 혁혁하게 와도 웃는 소리가 들린다"[1]는 구절이 있다. 천둥 번개가 쳐서 모든 것이 무너지니 두렵다. 현대 문명을 지탱해온 기둥의 하나인 현대 교육이 무너지니 혼란스럽고 두려운 마음이 든다. 그런데 어떻게 웃음소리가 들리는 것일까? 무너져야 할 것이 무너지기 때문이다. 헌 부대에 새 술을 담을 수 없고 금방이라도 무너질 듯한 건물 옥상에 새 건물을 올릴 수 없듯, 낡은 현대 교육의 기둥 위에 미래 교육의 새집을 지을 수는 없다. 무너질 것은 무너져야 하며 폐허가 곧 새로운 창조의 터전이 된다. 그래서 무너지는 가운데 웃음소리가 들리는 것이다.[2]

현대 교육은 왜 무너지고 있을까? 시대의 요구에 부응하지 못하기 때문이다. 현대 교육은 현대라는 시대에 맞춰 생겨난 것으로, 이성을 계몽하고 직업 교육을 통해 욕망 충족을 위한 자원 획득 능력을 기르는 것이 목적이었다.[3] 부언하지만, 한편 지금은 현대 말에서 탈현대 초로 넘어가는 문명 대전환기다. 이 시대가 교육에 요구하는 것은 '참된 나'를 자각해서 사랑의 능력, 이해의 능력, 겸손의 능력, 감사의 능력, 존경의 능력, 아름답게 미소 지을 능력을 가진 인재를 배출하는 것이다. 현대 교육은 새로운 시대의 요구에 부응할 수 없어 붕괴하고 있는 것이고, 그렇기에 우리는 웃음 지을 수 있다.

현대 교육이 붕괴된 바로 그 자리에 우리는 미래의 새로운 교육(탈현대 교육)의 새집을 지어야 한다. 우리는 탈현대 교육이라는 새집을 짓는 데 유교 교육에서 가치 있는 내용을 발굴해야 한다. 탈현대 교육의 구상화, 이것은 현 교육

1_ 震來虩虩 笑言啞啞.
2_ 홍승표, 『주역과 탈현대 문명』, 문사철, 2014, 86~87쪽.
3_ 정재걸, 「현대 문명과 교육」 『경북의 유학과 선비정신』, 경북선비아카데미 엮음, 한국국학진흥원, 2014.

계가 궁구해야 할 가장 긴급한 과제임과 동시에 미래의 새로운 삶과 문명 건설을 위한 가장 중요한 한 걸음이기도 하다.

교육은 언제나 새로운 문명 건설의 첨병 역할을 수행해왔다. 전현대 문명 건설기에 전현대 교육은 집단을 위해 헌신할 수 있는 인재 양성에 주력했고, 현대 문명 건설기에 현대 교육은 개인의 욕망 충족과 그에 따른 문명 건설에 기여할 수 있는 인재 양성에 주력했다. 그렇다면 탈현대 교육은 어떤 인재 양성에 주력해야 할 것인가? 여가 중심적인 새로운 삶의 양식 속에서, '사랑의 사회'인 탈현대 문명 건설에 기여할 수 있는 '사랑의 존재'를 양성해야 한다.

그렇다면 전형적인 전현대 교육인 유교 교육이 탈현대 교육의 구상화에 도움을 줄 수 있는가? 줄 수 있다. 그러나 전면적인 것은 아니다. 유교 교육에는 전현대적인 요소가 많이 내포되어 있다. 군주에 대한 무조건적인 충성심 배양 같은 것이 그 전형적인 예다. 유교 교육에는 현대적인 요소도 일부 포함되어 있는데, 이성의 계발 같은 것이 그렇다. 또한 유교 교육에는 탈현대적인 요소도 풍요하게 내장되어 있다.[4] 이 글의 목적은 전통적인 유교 교육을 전면적으로 긍정하고 계승하는 것이 아니다. 탈현대 교육을 구상화하는 데 유교 교육에서 가치 있는 내용을 선택적으로 추출해서 이를 활용하는 것이 목적이다.

---

[4]_ 정재걸, 「유가 교육 사상의 탈근대적 의미」 『동양사회사상』 2, 1999.

바탕과 아름다움이 조화된 인간관

유교 인간관은 두 가지 의미에서 탈현대 교육의 기초로 활용될 수 있다. 하나는 '성인聖人이 될 수 있는 존재로서의 인간관'이고, 다른 하나는 '전체적 인간관'이다. 새로운 시대는 새로운 인간관을 요구하며, 또한 그것을 바탕으로 건설될 수 있다. 새로운 인간관의 핵심은 전현대와 현대 인간관을 넘어서는 '참된 나'를 내재하고 있는 존재로서의 인간관이며, 동시에 수평적인 의미는 아니지만 전현대와 현대 인간관을 내포하는 인간관이다. 유교 인간관은 이 두 가지 특징을 모두 갖고 있어서 새로운 시대의 요청에 부응할 수 있다.

성인이 될 수 있는 존재

유교 인간관의 핵심은 '성인이 될 수 있는 존재로서의 인간'이다. 유교 인간

공자
혁명

관은 '도인道人이 될 수 있는 존재로서의 인간'을 상정하는 도가 인간관, 그리고 '부처가 될 수 있는 존재로서의 인간'을 주창하는 불교 인간관과 맥락을 같이한다. 즉, 유불도로 대표되는 동아시아 사상은 한결같이 '현상의 나'를 넘어선 '참된 나'에 대해 가정을 하고 있으며, 수행을 통해 '참된 나'에 도달할 수 있다는 관점을 공유하고 있다.

불교와 도가 사상과 마찬가지로 유교에서도 출발점에서부터 '참된 나'를 내재하고 있고 이를 실현할 수 있는 존재로서의 인간관이 존재해왔다.『중용中庸』 첫머리에 '천명지위성天命之謂性'이란 구절이 나오는데, 이는 '참된 나'를 내장하고 있는 존재로서의 인간에 대한 분명한 관점을 드러내고 있다. 즉 모든 인간은 하늘로부터 부여받은 순선무악의 본성을 갖고 있다는 것이다. 그러므로 자신에 내재한 본성을 자각하고 발현하기 위한 노력을 기울인다면 누구나 성인이 될 수 있다. 인간 이외의 동물이나 무생물에도 내재된 본성이 존재하는지 선진 유학에서는 관심을 기울이지 않았고, 후대에 인성·물성 논쟁이 벌어졌다. 이는 '도가 만물에 내재해 있음'을 당연시하는 도가와 '불성이 만물에 편재해 있다'고 보는 불교와의 차이점이다. 유교는 도가나 불교에 비해 인간과 사회에 관심을 집중하는 특징이 있다.

그러나 이런 차이점에도 불구하고, 자신에 내재하는 본성을 주체적으로 자각하고 실현할 수 있는 것은 인간만이 가능하다고 보는 점에서는 모든 동아시아 사상이 입장을 공유한다. 맹자는 "인간과 짐승 간에 다른 점이 적다"(『맹자孟子』「이루하離婁下」)[5]고 말한다. 그 다른 점이란, 인간은 교육과 피교육자의 주체적인 노력을 통해 자신의 본성을 자각할 수 있다는 점이다.

5_ 人之所以異於禽獸者幾希.

맹자는 모든 사람의 내면에 절대적으로 선한 본성이 선천적으로 갖춰져 있다는 것을 확신했다. 그러하기에 맹자는 "성인聖人과 나는 같은 유類다"(『맹자』 「고자告子」)[6]라고 하고, "모든 사람이 요순과 같은 성인이 될 수 있다"(『맹자』 「고자」)[7]고 했다. 이 말은 모든 인간에게는 하늘로부터 부여받은 도덕적 본성이 내재되어 있기 때문에(『중용』 1장)[8] 누구나 자신의 본성을 지키고 확충하려는 노력을 기울이면 성인이 될 수 있음을 의미한다.

인간의 본성은 지극히 선하고 거짓 없이 순수한 것이다. 『대학』에서 말하는 명덕明德, 『중용』에서 말하는 성性, 공자나 맹자의 인仁 등은 모두 이런 순선무악의 본성을 가리키는 말이다. '명덕'이란 인간에 내재한 밝은 도덕적 본성이다. '성'이란 태어나면서부터 우리의 마음에 갖추어져 있는 본성으로, 지극히 순수하며 선한 것이다. '인'이란 어진 마음, 너와 나를 포함해서 모든 존재를 측은하게 여기는 마음이다.[9] 막 우물에 빠지려고 하는 어린아이를 보면 누구나 깜짝 놀라 아이를 구하려는 마음이 일어나는데, 이런 생각이 일어나는 것은 결코 자신의 이익을 꾀하거나 명예를 구해서가 아니라 모든 사람이 갖고 있는 어진 마음의 발로라는 것이다.(『맹자』 「공손추公孫丑」)

그러므로 유교 입장에서 볼 때 참으로 인간다운 인간이란 자신에 내재한 도덕 본성을 남김없이 발휘한 사람을 의미한다. 그런 사람을 일컬어 성인이라고 한다. 성인이 되기 위해서는 자신의 본성을 자각하고 실현하기 위한 노력이 있

6_ 聖人與我同類者.
7_ 人皆可以爲堯舜.
8_ 天命之謂性.
9_ 홍승표, 「현대사회학의 인간관 비판과 유가사상에 나타난 인간관의 사회학적 함의」 『한국사회학』 32(3), 1998, 549쪽.

공자
혁명

어야만 하며, 그렇지 않을 때는 자신의 본성을 상실하고 금수와 같은 상태에 떨어지게 된다.[10]

유교 인간관은 현대 교육학의 인간관과 판이하다. 현대 교육학의 전형적인 인간관은 '자신을 둘러싸고 있는 세계와 근원적으로 분리된 개체로서의 인간', 즉 현대 인간관이다. 이런 관점에서 보면, 인간에 대한 가장 강력한 규정은 '인간이란 이성적인 존재다' '인간이란 욕망을 추구하는 존재다' 등이다. 따라서 현대 교육은 '이성 계발'과 '욕망 충족을 위한 능력 양성으로서의 직업 교육'에 온 노력을 기울인다.

그런데 현대 말기에 속하는 현 사회에는 많은 지식을 갖고 있는 사람이 넘쳐 나고 있지만 문명 위기는 나날이 고조되고 있다. 또한 직업 교육을 받은 예비 노동자는 늘어나고 있지만 직업적인 노동에 대한 사회적 수요는 자동화의 영향으로 급감하고 있다. 다시 말하자면 현대 교육은 현 시대의 요구에 부응하지 못하며, 우리는 새로운 시대의 요구에 부응하는 새로운 교육적 인간관을 필요로 한다. 이런 맥락에서 유교 인간관은 탈현대 교육의 기반이 될 수 있다.

존중하고 긍정하는 전체적인 인간관

불교와 도가 사상에서와 같이 '참된 나'를 내재하고 있는 존재로서의 인간관은 많다. 또한 현대 인간관이나 전현대 인간관에서 볼 수 있듯이, '집단의 일원으로서의 인간' '이성적인 존재로서의 인간' '욕망 주체로서의 인간' 등과 같이

10_ 홍승표, 앞의 논문, 550쪽.

특정한 측면만을 인간으로 규정하는 인간관도 많다. 하지만 인간이 갖고 있는 모든 특징을 수용해서 전체적인 존재로 규정하는 인간관은 유교에서만 찾아볼 수 있을 것이다.

인간에 대한 서구에서의 논의는 대부분 육체와 영혼, 물질과 정신, 성스러운 것과 세속적인 것을 명확하게 구분하는 이원론적인 세계 인식 틀을 바탕으로 하고 있다. 그리고 역사적 시기에 따라 보통 둘 중 어느 한쪽으로 치우친 인간에 대한 견해가 나타난다. 이에 반해 유교에서는 인간과 인간, 인간과 사회, 인간과 자연, 정신과 육체는 서로 분리될 수 없는 상호 연관된 일체이며, 서로를 포함하는 것으로 인식한다. 자연 속에 인간이 있고 인간 속에 자연이 있어 주체와 객체가 서로 포용한다.[11] 마음의 수양을 수심修心이라 하지 않고 수신修身이라 하는 것도 바로 이런 세계관의 표현이다.[12]

유교 사상가들은 인간이 지니고 있는 모든 측면을 긍정한다. 공자나 맹자는 "욕심을 줄일 것寡欲을 주장했지만 무욕無欲이나 멸욕滅欲은 결코 말한 적이 없다".[13] 인간이 갖고 있는 사회적인 욕망, 자연적인 본능, 감각적 즐거움의 추구는 물론, 감정, 육체 등 인간의 모든 측면들을 수용하고 긍정했다. 공자는 여러 차례 "나는 덕을 좋아하기를 여색을 좋아함과 같이 하는 사람을 보지 못했다"(『논어論語』 「자한子罕」)[14]고 말하면서 남녀 간의 감정을 자연스럽게 받아들였다. 또한 『논어』의 여러 부분에는 공자가 술과 음식, 음악을 즐기는 장면이 묘사되어 있다. 이는 인간의 자연스런 욕망과 감각적 즐거움에 대한 유가의 입장을 보

11_ 양적楊的, 『동서인간론의 충돌』, 노승현 옮김, 백의, 1999, 129쪽.
12_ 김수중, 「유가의 인간관」, 남기영 외 4인 공저, 『인간이란 무엇인가』, 민음사, 1997, 160쪽.
13_ 김수중, 앞의 논문, 179쪽.
14_ 吾未見好德如好色者也.

『논어』, 조선시대, 서울역사박물관.

여준다. 공자는 여러 차례 부귀를 구하는 마음을 긍정했고, 맹자도 "사람으로서 부하고 귀하게 되는 것을 원하지 않는 사람이 누가 있겠는가!"(『맹자』「공손추」)[15]라고 하여 부귀에 대한 욕망은 자연스러운 것임을 말했다. 물질적인 측면에서 보았을 때 맹자의 이상사회는, 백성이 굶주리거나 추위에 떨지 않고, 50세가 넘은 사람이 비단옷을 입을 수 있으며, 70세가 된 노인이 고기를 먹을 수 있는 사회다.(『맹자』「양혜왕梁惠王」) 즉 물질적으로 궁핍함이 없는 사회다. 백성이 많은 위衛나라에 들어섰을 때, 제자 염유는 이렇게 백성이 많으면 어떻게 하시겠냐고 물었고, 공자는 "부유하게 하겠다"(『논어』「자로子路」)[16]고 답했다. 백성의 물질적인 삶을 안정시키는 것이 이상사회 건설의 기초임을 말한 것이다.

15_ 人亦孰不欲富貴.
16_ 富之.

인간의 자연스러운 정감에 대한 태도도 유사하다. 인의예지의 발현으로서의 사단四端, 즉 측은해하는 마음惻隱之心, 부끄러워하는 마음羞惡之心, 사양하는 마음辭讓之心, 분별하는 마음分別之心과 같은 도덕적인 정감은 물론이고, 기쁨喜, 분노怒, 슬픔哀, 즐거움樂과 같은 자연스런 정감에 대해서도 결코 이를 근본적으로 부정하지 않았다. 다만 이런 정감들이 주어진 상황에 맞게 발현되어야 함을 주장했을 뿐이다.[17]

이와 같이 유교에서는 부귀나 명예에 대한 추구와 같은 사회적인 욕망, 여색과 같은 본능적인 추구, 감각적인 즐거움, 자연스런 감정 등을 근본적으로 긍정하지만, 그렇다고 해서 이것들을 삶의 궁극적인 목표나 추구의 대상으로 삼은 것은 아니다. 이런 것들에 대한 긍정과 추구는 그것이 도道와 어긋나지 않는다는 전제하에서만 용인되었다. 즉 마음을 닦아서 자신의 본성을 자각하고 실현하는 것이야말로 인생의 궁극 목적이고, 여타 욕구의 충족이란 이것을 위한 과정적·수단적인 의미를 가지며, 이것과 배치되지 않는 한에서만 수용되는 것이다.[18] 그래서 공자는 "나라에 도가 있을 때에는 가난하고 천한 것이 부끄러운 일이며, 나라에 도가 없을 때에는 부유하고 귀한 것이 부끄러운 일이다"(『논어』 「태백泰伯」)[19]라고 여러 차례 언명했다. 맹자 또한 "배부르게 먹고 따스한 옷을 입고서 편안하게 거처하기만 하고 가르침이 없다면 이것은 금수에 가까운 것이다"(『맹자』 「등문공滕文公」)[20]라고 했다.

유교는 본성의 자각과 실현에 바탕을 둔 존재의 변화와 현재의 존재 상태로

17_ 몽배원蒙培元, 『중국 심성론』, 이상선 옮김, 법인문화사, 1996, 33쪽.
18_ 홍승표, 앞의 논문, 551쪽.
19_ 邦有道 貧且賤焉 恥也 邦無道 富且貴焉 恥也.
20_ 飽食煖衣 逸居而無敎 則近於禽獸.

공자
혁명

부터의 초월을 강조한다. 하지만 유가의 초월은 육체적이고, 감정적이며, 사회적인 자기 존재에 대한 철저한 부정을 통한 초월이 아닌 이러한 존재 가운데서의 초월이다. 그런 점에서 불교나 도가 또는 서양의 현세적 자아의 초월에 대한 철학과 구분되는 독특한 지점이 존재한다.[21] 유교는 '인(仁)'한 본성이 전체를 총괄하는 가운데, 다양한 인간의 측면들이 모두 긍정되고 조화를 이루는 상태를 추구한다.

바로 이런 맥락에서 유교의 전체적 인간관은 이상적인 상태로서 '중용'이란 관점을 낳는다. 이는 서양의 원리주의적 관점과 대비된다. 원리주의적 관점에서는 특정 요소에 대한 선악의 판별을 바탕으로 선이 극대화되고 악이 극소화된 상태를 '이상적인 상태'로 간주한다. 관념적인 것 또는 신적인 것이 선으로 간주되면 관념형 문화 또는 금욕주의 문화를 출현시키고, 물질적인 것 또는 감각적인 것이 선으로 간주되면 물질주의 문화 또는 쾌락주의 문화가 팽배한다. 이런 이유로 피티림 소로킨은 서구의 2500년 역사는 관념형 문화와 감각적인 문화의 주기적인 순환이었다고 말한다.[22]

원리주의적인 관점과 달리 유교에서는 상반되는 요소가 적절히 배합된 상태, 즉 중용을 이상적으로 생각한다. 그래서 유교에서는 극대화나 극소화가 아니라 적정의 원리가 적용된다. 어떤 것도 그 자체로서는 선도 악도 아니다. 공자는 말했다. "고기가 비록 많으나 밥 기운을 이기게 하지 않으시며, 술은 일정한 양이 없으셨는데 어지러운 지경에 이르지 않게 하셨다."(『논어』「향당鄕黨」)[23]

21_ 홍승표, 앞의 논문, 551쪽.

22_ Sorokin, Pitrim A., *Social and Cultural Dynamics: A Study of Change in Major Systems of Art, Truth, Ethics, Law, and Social Relationships*(Boston, Mass.: Porter Sargent, 1957)

23_ 肉雖多 不使勝食氣 唯酒無量 不及亂.

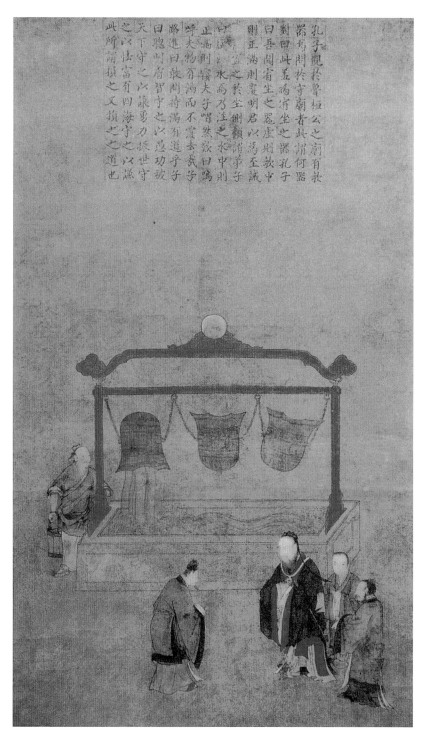

孔子觀扵魯桓公之廟有欹
器焉問扵守廟者此謂何器
對曰此盖宥坐之器孔子
曰吾聞宥坐之器虛則欹
則正滿則覆明君以爲至誠
而常置之扵其坐側顧謂弟子
曰注水焉弟子
挹水而注之水
中則正滿則覆
夫子喟然嘆曰
吁惡有滿而不覆者哉子
路進曰敢問持滿有道乎子
曰聰明睿智守之以愚功被
天下守之以讓勇力振世守
之以怯富有四海守之以謙
此所謂損之又損之之道也

「공자관기기도孔子觀欹器圖」, 비단에 채색, 99.5×59.0cm, 15세기, 유교문화박물관.

고기나 술은 그 자체로서 나쁘거나 좋은 것이 아니며, 적절하면 좋은 것이고 지나치면 나쁜 것이다. "공자께서는 낚시질은 하시되 큰 그물질은 하지 않으시며, 주살질은 하시되 잠자는 새를 쏘아 잡지는 않으셨다."(『논어』「술이述而」)[24] 물고기나 새를 잡는 일에도 적도가 있음을 말한다. "사치하면 공순하지 못하고 검소하면 고루하다."(『논어』「술이」)[25] 사치건 검소건 극단적인 것은 좋지 않음을 뜻한다. "사람으로서 인하지 못한 것을 너무 심히 미워하면 어지럽게 된다."(『논어』「태백」)[26] 이와 같이 내용은 다르지만 원리는 동일한 많은 구절에서, 공자는 대립항의 어떤 것도 그 자체로 좋거나 나쁜 것이 아니라 각각이 적절해서 서로 조화를 이루면 좋은 것이라는 중용의 이상을 강조한다. 그래서 "지나침은 미치지 못함과 같다"(『논어』「선진先進」)[27]라고 말한 것이다.

이런 적정성에 대한 강조는 감정의 영역에도 이어진다. 공자는 말했다. "즐거우면서도 지나치지 않고, 슬프면서도 화和를 해치지 않는다."(『논어』「팔일八佾」)[28] 형식과 내용에 대해서도 동일한 원리가 적용된다. "질(본바탕)이 문(아름다운 외관)을 이기면 촌스럽고, 문이 질을 이기면 사(겉치레만 잘함)하니, 문과 질이 적절히 배합된 뒤에야 군자이다."(『논어』「옹야雍也」)[29] 그래서 공자는 이렇게 중용을 예찬한다. "중용의 덕이 지극하구나!"

그러나 유교에서 말하는 중용은 중간이 아니다. 중용은 대립적인 항을 수평적으로 균등하게 배합한 것이 아니라, 수직적인 차원에서 상위 차원을 추구하

24_ 子釣而不網 弋不射宿.
25_ 奢則不孫 儉則固.
26_ 人而不仁 疾之已甚 亂也.
27_ 過猶不及.
28_ 樂而不淫 哀而不傷.
29_ 質勝文則野 文勝質則史 文質彬彬 然後君子.

되 하위 차원도 긍정하고 존중함으로써 모든 구성 요소가 조화를 이루는 것이다. 공자가 말했다. "거친 밥을 먹고 물을 마시며 팔을 굽혀 베더라도 낙은 그 가운데 있으니, 의롭지 못하고서 부하고 또 귀함은 나에게 뜬구름과 같다."(『논어』「술이」)[30] 공자는 부귀 자체를 긍정적으로 생각했지만 부귀보다 상위 차원이 도이며, 도와 위배되는 부귀는 받아들일 수 없다고 보았다. 『논어』에는 이와 유사한 의미의 언급이 여러 차례 등장한다.

인간 존재의 최상위 층인 '참된 나(유교에서의 인)'의 영역은 궁극적인 추구의 대상이 된다. 한 마디로 하면 인이고 나누면 인의예지仁義禮智로 표현되는 '참된 나'의 영역을 추구하는 것이 도를 추구하는 것이다. '참된 나'의 영역이 헤게모니를 가진 가운데, 하위 영역에 해당되는 부귀에 대한 욕망, 동물적인 욕구 같은 것들을 존중하고 긍정해주는 것, 이것이 유교에서 말하는 중용의 의미이며 또한 탈현대 교육의 핵심이 될 수 있는 부분이다.

30_ 飯疏食飲水 曲肱而枕之 樂亦在其中矣 不義而富且貴 於我如浮雲.

공자
혁명

탈현대적 재해석의
구체적 내용

앞에서 유교 인간관을 '성인이 될 수 있는 존재로서의 인간'과 '전체적 인간'으로 나누어 살펴보았다. 이 양자는 탈현대 교육의 굳건한 기초가 될 수 있다. 현대 교육의 맹점은 '자신을 둘러싸고 있는 세계와 근원적으로 분리된 개체'라고 하는 현대 인간관을 교육의 기초로 삼고 있다는 점이다. 유교에서는 인간이란 '참된 나(인仁)'를 내재하고 있으며, 이를 실현할 수 있는 존재라고 본다. 또한 인간은 동물적인 차원이나 사회적인 차원을 배제하고 존재할 수 없다고 여기기 때문에, 현대 교육의 한계를 벗어나 탈현대 교육의 중용적 기초를 제공할 수 있다.

성인 교육의 탈현대적 의미

현대 교육의 근원적인 문제는 그 인간관에서 찾을 수 있다. 인간을 '분리된 개체'로 한정하는 현대 인간관의 바탕 위에서는 '이성의 계발'이나 '욕망 충족 자원의 획득을 위한 직업 교육'만이 가능하다. 그러므로 현대 교육은 '이성적인 사회' 그리고 '욕망 충족적인 사회' 건설을 목표로 하는 현대 문명 건설에 필요한 인재를 배출할 수 있지만, '사랑의 사회' 건설을 목표로 하는 탈현대 문명 건설에 필요한 인재를 배출할 수는 없다.

유교는 '성인이 될 수 있는 존재로서의 인간'이라고 하는 탈현대 인간관을 내장하고 있다. 성인이란 곧 사랑의 존재이기 때문에, 탈현대 인간관에 바탕하고 있는 유교의 성인 교육은 탈현대 문명 건설에 필요한 '사랑의 존재'로서의 인재를 배출할 수 있다. 이런 의미에서 유교의 성인 교육은 풍부한 탈현대적 함의를 갖고 있다.[31]

성인이 되는 것은 유교 교육의 목표이자 탈현대 교육의 목표다. 물론 성인이란 이념형이며, 누구도 완전한 성인이 될 수는 없다. 항해를 하는 사공에게 북극성은 도달할 수 있는 목표가 아니라 사공이 노를 저어가야 할 방향을 알려주는 좌표다. 그러나 성인이 되기 위한 각고의 노력을 기울인다면 인간은 놀라운 존재 혁명을 이룰 수 있으며 사랑의 존재로 거듭날 수 있다.

성인이 되기 위해 기울이는 각고의 노력, 이것이 바로 유교에서의 성인 교육이다. 유교에서 개발된 모든 수행법은 바로 성인이 되기 위한 교육이며, 이것은 탈현대 교육에서 사랑의 존재를 배양하는 방법으로 활용될 수 있다. 이렇듯

31_ 이현지, 「공자의 교육적 인간상과 탈현대적 함의」『사회사상과 문화』 29, 2014.

공자
혁명

수신修身, 수양修養, 명명덕明明德 등으로 지칭되는 유교의 성인 교육은 탈현대 교육으로 활용될 수 있는데, 여기에서는 유교의 사서四書에 나타난 몇 가지 사례를 중심으로 살펴보도록 하겠다.

공자는 "자신의 사욕을 이겨 예에 돌아감이 인을 이루는 것이다"(『논어』 「위영공衛靈公」)[32]라고 말했다. 현대인은 자신을 분리된 개체로 인식한다. 그래서 돈, 권력, 인기, 외모, 좋은 직업, 좋은 대학 등 사사로운 욕망을 달성하는 것을 목표로 삼는 삶을 살아간다. 그래서 사욕이 온통 현대인의 마음을 차지하고 있다. 사사로운 욕망이라고 하는 짙은 먹구름이 참된 자기의 태양을 가리고 있는 것과 마찬가지다. 바로 이런 현재의 상황을 직시하는 것, 그리고 '사욕을 추구하는 나'가 '참된 나'가 아님을 자각하는 것, 그래서 사욕의 짙은 먹구름을 걷어냄으로써 '참된 나'의 태양이 내 안에서부터 빛을 뿜어져나오도록 노력하는 것, 이것이 '극기복례위인克己復禮爲仁'이 말하는 성인 교육의 의미이며 탈현대 교육에서 활용될 수 있는 것이다.

맹자는 본성 실현을 위한 방안으로 존심양성存心養性을 말했다. 존심양성이란 인간이 본래 가진 본심을 보존하는 데 힘을 기울이고 이를 통해서 본심을 키워가는 것이다. 유가 사상가들이 강조하는 경敬 공부는 존심양성을 위한 대표적인 방법이다.[33] 경이란 내심의 덕성을 공경한다는 뜻으로, 이것은 모든 사람의 내면에 인한 본성이 존재하고 있음을 전제로 한 수양 방법이다. 경 공부란 마음을 집중하여 고요하고 움직이지 않는 상태를 유지함을 통해서 또렷이 깨어 있게 하는 것이다. 이를 통해서 마음속의 사욕과 망념을 제거하고 본래의

32_ 殺身以成仁.
33_ 홍승표, 앞의 논문, 553쪽.

孟子名軻字子車

孟子

「맹자」『역대도상』, 종이에 채색, 29.7×19.5cm, 개인.

자신을 회복함이 목적이다.[34]

현대인의 마음은 자기 외부에 존재하는 욕망 충족의 대상물을 차지하겠다는 생각으로 혼란스럽다. 그래서 현대인은 자기 자신에게 관심을 갖지 않으며 자기 내면의 목소리에 귀 기울이지 않는다. 이에 반해서 존심양성을 위한 경 공부의 출발점은 깨어 있는 것이다. 다시 말하자면, 깊은 존재의 잠에서 깨어나는 것이다. 예를 들어 어디론가 걷는다고 했을 때, 현대인은 어딘가 목표지점을 향해 넋을 놓고 걸어간다. 즉 자신의 걸음에 잠들어 있는 것이라 하겠다. 반면 경 공부를 하는 사람은 자신의 걸음걸이에 깨어 있다. 발바닥을 통해 대지를 느끼고, 종아리 근육의 움직임을 느끼며, 내가 지금 어디로 간다는 자각 속에서 걸음을 즐기며 한 걸음 한 걸음 발을 옮긴다. 양치질, 설거지, 숨쉬기 등 일상생활의 모든 것에서도 마찬가지다. 이 모든 일상에 깨어난 나는 누구일까? 바로 내 안에서 깊은 잠을 자고 있던 '참된 나'인 것이다. 그러므로 존심양성을 위한 경 공부란 바로 성인 교육의 한 가지 방법이며, 이는 탈현대 교육에도 활용될 수 있다.

중용 교육의 탈현대적 의미

유불도의 동양 사상 일반은 '참된 나'를 전제하고 있고, 각 유파마다 '참된 나'의 실현을 위한 수행법을 개발해왔다. 그러므로 유교의 성인 교육은 동양 사상 일반이 공유하고 있는 것이다. 그러나 중용 교육은 유교만의 탈현대 교육

34_ 신오현, 「유가적 인간이해」, 신오현 편, 『인간의 본질』, 형설출판사, 1996, 68쪽.

이며, 이런 점에서 특별함이 있다.

유교가 가진 강점은 현실의 땅에 발을 딛고 이상을 추구한다는 점이다. 이상은 어떤 것인가? 서구 사상이나 유교 이외의 동양 사상에서는 '좋은 것이 극대화되고 나쁜 것이 극소화된 상태'를 이상적인 것으로 간주하는 경향이 있다. 그러나 유교사상에서는 '상황의 모든 측면을 고려해서 종합적으로 가장 바람직한 선택'을 이상적인 것으로 생각하는데, 이런 의미에서 이상적인 것을 중용 또는 시중時中이라고 한다.

중용사상의 인간관적인 근거는 바로 위에서 설명한 유교의 전체적 인간관이다. 가장 본질적인 것으로 인한 본성의 실현을 추구하지만 인간이 갖고 있는 다른 모든 측면들 또한 긍정한다. 바로 이런 이유로 현실을 존중하는 동시에 이상의 추구가 나타나게 되며, 그 최적점이 중용이 되고 주어진 상황에서 이 최적점을 잡는 것이 시중이다. 유교의 이런 특징은 교육에서도 나타나는데, 그것이 중용 교육이다. 탈현대 문명 역시 현실의 바탕 위에 이상을 추구해야 하는 만큼 유교 중용 교육의 탈현대적인 의미는 크다.

그렇다면 무엇이 중용 교육인가? 공자가 제자들에게 베푼 모든 교육이 중용 교육이다. 공자는 교육을 통해 제자가 중용을 취할 수 있는 능력을 습득하기를 원했다. 『주역』은 책 전체가 중용을 가르치고 있는데, 공자는 『주역』을 중시했다. 또한 요임금·순임금·우임금·주공 등 공자가 성인으로 칭송한 인물들 모두가 중용의 성인들이다. 그들은 순수한 사상가가 아니라 실제로 자신이 추구하는 이상을 현실 정치의 차원에서 구현한 인물들이다. 마땅히 현실 정치란 단순히 이상을 추구하는 것만으로는 곤란한 것이다. 공자의 관점에서 본다면, 프랑스 대혁명 이후 정권을 장악한 자코뱅파나 중국 공산혁명 이후 정권을 장악한 모택동 등은 바람직한 정치인 상이 될 수 없다. 그들이 단순히 이념적인 이상 추구에 매진한 나머지 현실을 종합적으로 인식할 수 있는 균형감각을 잃어버렸기 때문이다.

공자가 행한 중용 교육의 몇 가지 사례를 살펴보자. "계문자季文子가 세 번 생각한 뒤에야 행했다. 공자께서 이 말을 듣고 말씀하셨다. '두 번이면 가하다.'"(『논어』「공야장公冶長」)[35] 계문자는 노魯나라 대부였다. 그는 신중함이 지나쳐서 매사를 세 번 생각한 이후에 행했는데, 이에 공자는 이런 평을 한 것이다. 행동보다 말이 앞서는 제자 자공子貢에게는 이렇게 말했다. "자공이 군자에 대해 묻자, 공자께서 말씀하셨다. '먼저 그 말한 것을 실행하고 그뒤에 말이 따르게 하는 것이다.'"(『논어』「위정」)[36]

유교에서의 중용은 시중의 의미로 쓰일 때가 많은데, 공자가 효에 대한 동일한 질문에 대해 상이한 대답을 한 것이 하나의 예이다. "맹의자孟懿子가 효를 묻자, 공자께서 '어김이 없어야 한다'고 대답하셨다."(『논어』「위정」)[37] 맹의자는 당시 권력을 잡고 있던 삼가三家의 하나인 중손씨仲孫氏였는데, 예를 외람되이 어기는 일이 잦아 공자가 이렇게 말한 것이다. "맹무백孟武伯이 효를 묻자, 공자께서 대답하셨다. '부모는 오직 자식이 병들까 근심하신다.'"(『논어』「위정」)[38] 맹무백은 몸이 약했는데 방탕한 생활을 하며 몸을 함부로 대하는 일이 잦았다. 그래서 공자가 이렇게 말한 것이다. "자유子遊가 효를 묻자, 공자께서 말씀하셨다. '지금의 효라는 것은 (물질적으로) 잘 보양함을 이른다. 그러나 개나 말에게도 모두 길러줌이 있으니, 공경하지 않으면 무엇으로 구별하겠는가?'"(『논어』

35_ 季文子三思而後行. 子聞之. 曰 "再 斯可矣".
36_ 子貢問君子. 子曰 "先行其言而後從之".
37_ 孟懿子問孝. 子曰 "無違".
38_ 孟武伯問孝. 子曰 "父母唯其疾之憂".

「위정」)[39] 자유에게는 부모님을 공경하는 마음이 부족했다. 그래서 공자가 이렇게 말한 것이다. "자하子夏가 효를 묻자, 공자께서 말씀하셨다. '얼굴빛을 온화하게 하는 것이 어려우니, 부형에게 일이 있으면 그 수고로움을 대신하고, 술과 밥이 있으면 부형을 잡숫게 하는 것을 일찍이 효라고 할 수 있겠는가?'"(『논어』「위정」)[40] 자하는 성격이 우락부락하여 화가 나면 부모님 앞에서도 낯빛을 붉으락푸르락하며 부모님의 심기를 불편하게 했다. 그래서 공자가 이렇게 말한 것이다.

우리는 '참된 나'만을 갖고 있는 사람들로 구성된 미래의 탈현대사회를 이룰 수 없다. 왜냐하면 '참된 나'만을 갖고 있는 사람이란 존재하지 않기 때문이다. 육체 없이 인간은 존재할 수 없다. 자신을 낳아준 부모 없이 인간은 존재할 수 없다. 인간은 로빈슨 크루소같이 수많은 사회적 관계망의 바깥에서 존재할 수 없다. 욕망을 갖고 있지 않은 인간도, 자신만의 개성을 갖고 있지 않은 인간도, 희로애락의 감정을 갖고 있지 않은 인간도, 잡생각을 하지 않는 인간도 존재하지 않는다.

그러므로 탈현대 이상사회가 살과 피가 흐르는 실제의 사회가 되기 위해서는 인간의 이런 측면들을 모두 망라하는 전체적 인간관을 수용해야만 한다. 그렇다고 해서 인간의 모든 존재 차원들이 수평적으로 배열되는 것만으로는 탈현대 이상사회에 도달할 수 없다. '참된 나'가 헤게모니를 장악했을 때, '참된 나'가 자신의 모든 존재 차원을 허용하고 존중할 때, 인간의 모든 특징들이 조화를 이룰 때, 즉 중용이 이뤄질 때 비로소 탈현대 이상사회는 실제의 사회가 될 수 있는 것이다.

39_ 子游問孝. 子曰 "今之孝者 是謂能養 至於犬馬 皆能有養 不敬 何以別乎".
40_ 子夏問孝. 子曰 "色難 有事 弟子服其勞 有酒食 先生饌 曾是以爲孝乎".

이것이 왜 유교 중용 교육이 탈현대 교육에서 중요한 내용이 되어야 하는지에 대한 이유다. 유교의 성인들이 모두 중용의 성인이듯, 탈현대인도 중용의 인간이 되어야 할 것이다. 중용의 인간이 배출되기 위해서는 중용 교육이 중시되어야 한다. 유교는 탈현대 중용 교육의 구상화를 위해 역사적으로 축적해온 많은 자원을 제공할 수 있다. 이것이 바로 유교 중용 교육의 탈현대적 의미다.

누구나 성인이 될 수 있게 하는 교육 모델

이 글에서는 유교 교육에서 탈현대 교육 구성에 도움이 될 수 있는 자원을 찾아보았다. 그 결과는 두 가지이다. 한 가지는 유교의 성인 교육이 탈현대 교육에 활용될 수 있다는 것이고, 다른 한 가지는 유교의 중용 교육이 탈현대 교육에 활용될 수 있다는 점이다.

유교의 성인 교육은 유교 인간관에 기초하고 있다. 즉, '모든 인간은 하늘로부터 부여받은 본성을 자신 안에 내재하고 있으며, 이를 자각하고 실현하면 누구나 성인이 될 수 있다'는 유교 인간관이 유교의 성인 교육의 기초가 되는데, 유교 성인 교육은 탈현대 교육의 핵심이 될 수 있다.

탈현대 교육이란 '참된 나'의 실현을 통해 사랑의 존재로 거듭나는 것을 목표로 한다. 그러므로 유교의 성인 교육과 탈현대 교육은 공통된 목표를 갖고 있다. 그런데 유교의 성인 교육은 공자 이래 수천 년간 시행되었으며, 그 사이에 성인 교육의 방법을 터득하고 축적해왔다. 이 축적물을 활용함으로써, 우리

공자
혁명

는 탈현대 교육의 구상화에 큰 도움을 받을 수 있다.

두 번째는 유교 중용 교육의 활용이다. 중용 교육은 유교의 전체적 인간관을 기초로 한다. 전체적 인간관은 유교의 독특한 인간관이다. 유교는 '참된 나를 내장하고 있는 인간' '재물욕이나 명예욕과 같은 사회적인 욕망을 갖고 있는 인간' '성욕과 같은 생물학적인 욕망을 갖고 있는 인간' 등 인간의 모든 측면을 긍정한다. 그러나 이것들이 수평적으로 배열되는 것이 아니다. '참된 나'가 헤게모니를 행사하는 가운데 다른 모든 인간적인 측면들이 긍정되고 존중되면서 서로 조화를 이루고 있는 상태를 중용이라고 한다. 그래서 유교에서는 중용에 이르는 교육이 강조되어왔다.

중용 교육은 탈현대 교육의 중요한 일부가 되어야만 한다. 왜냐하면 탈현대 교육에서는 '참된 나'의 실현을 가장 중시하지만, 인간은 육체적인 차원이나 사회적인 차원을 떠나 존재할 수는 없기 때문이다. 그러므로 인간 존재의 모든 차원을 긍정하고 존중하는 가운데 '참된 나'가 헤게모니를 행사하는 교육 모델이 필요하다. 그 역할을 바로 유교 중용 교육이 수행할 수 있을 것이다. 유교는 중용 교육에 대해 오랜 동안 풍부한 경험과 지식을 비축해왔기에, 우리가 탈현대 교육을 구상화하는 데 직접적인 도움을 기대할 수 있다.

제2부

어떤 인간을 길러야 하나
─공자에서 다산까지

1장

자기를 이기고
예로 돌아가라
—공자

이현지

역량과 개성을 고려하라

공자는 춘추시대 노나라 사람으로 정치·사회적으로 매우 격변기를 살았던 사상가이며, 자신의 사상을 교육을 통해서 실현하고자 했던 교육자였다. 당시 사회는 주나라의 전통과 사회질서가 와해되고 정치·사회·경제적인 측면에서 변혁과 발전이 일어나던 시대였다. 이러한 변혁과 발전으로 구제도와 전통이 붕괴되며 혼란이 일었다. 이러한 혼란기에 공자는 시대를 구원할 수 있는 방법이 바로 교육에 있다고 생각했다.

공자가 교육을 통해서 시대의 혼란을 바로잡을 수 있다고 생각했던 것은 그의 인간관이 기여한 바가 크다. 공자가 발견한 인간은 어떤 존재였을까? 공자는 근본적으로 인간 본성에 대해 신뢰했으며, 본성을 발현하도록 돕는 교육이 좋은 세상을 만드는 원동력이 될 것이라고 믿었다. 그는 교육에서는 신분의 차별을 두지 않는, 시대의 한계를 넘어서는 개혁적인 교육자였다. 공자는 인간의 인仁한 본성을 신뢰하고 인간 가치를 인정하며, 인간을 사랑하는 사상가였다.

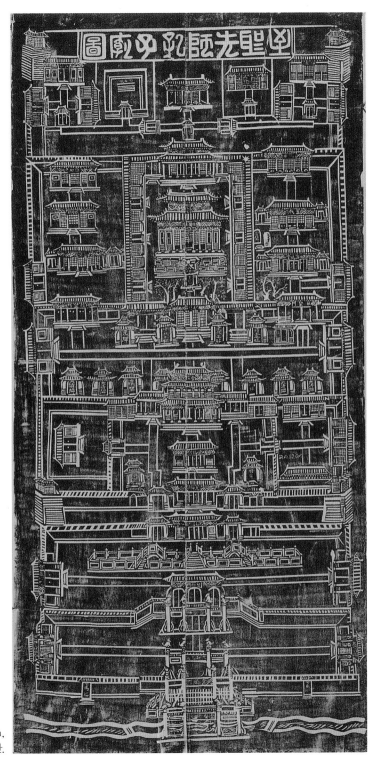

「공묘도孔廟圖」, 107.0×53.0cm,
성균관대박물관.

공자의 교육적 인간상은 제자들을 지도하는 과정에서 잘 나타난다. 공자는 제자들의 역량과 개성을 고려한 가르침을 베풀었다. 제자 한 사람 한 사람의 능력과 재능을 정확하게 파악하고 있을 만큼, 공자는 인간에 대한 사랑이 깊은 스승이었다. 그리고 능력과 자질이 부족한 제자라도 배우려는 열의만 가지고 있다면 포기하지 않고 수준에 맞는 지도를 했던 스승이었다.

『논어』에는 공자 사상의 핵심이라고 할 수 있는 인에 대해서 제자들이 질문하는 대목이 여러 차례 나온다. 공자는 제자의 자질과 역량에 따라서 인을 다음과 같이 설명한다. 안연과 번지의 질문에 대한 공자의 답에서 제자의 수준에 따라 다른 설명을 하는 교수법을 확인할 수 있으며, 한편으로는 인한 존재로서 인간이 어떻게 예로써 사회에까지 자기의 인을 확장할 수 있다고 보았는지에 대한 공자의 교육적 인간상이 드러난다.

> 안연이 인을 묻자 공자께서 답하셨다. "자기 사욕을 이기고 예로 돌아감이 인이다. 하루 동안이라도 사욕을 이겨서 예로 돌아가면 천하가 인으로 돌아갔다고 할 만하다. 인을 하는 것은 자기에게 달렸으니 다른 사람에게 말미암겠는가?"(『논어』 「안연顔淵」)[1]

공자가 제자 가운데 가장 높이 평가한 이는 안연(안회)이다. 공자는 안연에게 인이란 극기복례克己復禮라고 말했다. 위의 구절에서 주목할 만한 것은 '위인爲仁'이다. 인이 되는 것이란 자기 밖에 있는 인을 내면화하는 것이 아니라, 내 안에 있던 인을 발현하는 것이며, 스스로가 인한 존재가 되는 것을 말한다. 공자는

1_ 顔淵問仁. 子曰 "克己復禮爲仁. 一日克己復禮 天下歸仁焉. 爲仁由己 而由人乎哉".

공자
혁명

「극기복례의 도리를 안회에게 전하다克復傳顔」, 종이에 엷은색, 33.0×54.0cm, 1742, 국립중앙박물관.

안연이 인하다고 했으며, 안연 외에 학문을 좋아하는 사람을 본 적이 없다고 그를 높이 평가했다. 반면, 공자의 측근이었지만 농사짓는 법이나 채소 가꾸는 법 등의 사사롭고 엉뚱한 질문을 하는 번지에게는 다음과 같이 말했다.

번지가 인을 묻자 공자가 답하셨다. "사람을 사랑하는 것이다."(『논어』「안연」)[2]

공자는 번지의 수준에 맞춰서 쉽게 인을 설명해주었다. 공자가 말하는 인이

2_ 樊遲問仁. 子曰 "愛人".

란 사람을 사랑하는 것 이상의 깊은 함의를 지니지만, 번지가 이해하고 실천할 수 있도록 가르침을 준 것이다. 인을 묻는 번지의 질문에 공자는 더 구체적이고 친절한 설명을 했다.

> 번지가 인을 묻자 공자께서 답하셨다. "거처함에 공손히 하고, 일을 행함에 경건히 하고, 사람을 대함에 충성되게 하여야 한다. 이것은 비록 적의 나라에 가더라도 버려서는 안 된다."(『논어』「자로子路」)**3**

위 구절에서는 인의 도란 항상 마음을 두는 데 있음**4**을 구체적인 상황을 들어서 설명하고 있다. 이처럼 공자의 교육 방법에서도 인간은 무한한 가능성을 가진 인한 본성의 존재라고 보는 공자의 관점이 잘 드러난다. 공자는 인한 본성을 실현하여 자신에 대한 인을 실현하는 것을 세계로 확장시키고자 했다. 그는 궁극적으로 예의 실현을 통해서 왕도 정치를 덕치로 연결하고자 한 것이다. 공자에게 예란 인간과 인간의 네트워크이면서 사회를 유지할 수 있는 근본적인 질서 체계라고 할 수 있다. 이때 근본이 되는 것은 사사로운 인욕에 휘둘리지 않도록 자기 자신의 인욕을 극복하고자 하는 것이다. 즉 스스로 도를 구하고 실현하고자 하는 교육적 인간상이 그 출발점이라고 할 수 있다.

오늘날 우리 사회에서 교육 위기에 대한 공감대가 형성된 지 오래다. 각계각층의 전문가들은 교육이 직면한 문제를 해결하기 위해서 다양한 해결 방안을 제시하고 있다. 이미 학교에 대한 만족도를 높이기 위해 교사와 학교에 대한 평

3_ 樊遲問仁. "子曰 居處恭 執事敬 與人忠, 雖之夷狄 不可棄也".
4_ 유교문화연구소 엮음, 『논어』, 성균관대출판부, 2006, 462쪽.

가제를 도입했으며, 한발 더 나아가서 학교의 경쟁력을 높이기 위해서 학교 컨설팅 제도를 도입해야 한다는 주장이 나오기도 한다.[5] 그러나 이러한 주장에는 교육의 목표가 무엇이어야 하는지, 교육을 통해서 어떤 인간을 길러내고자 하는지에 대한 문제의식이 빠져 있다.

오늘날 한국사회는 교육에 대한 관심이 매우 높지만 교육에 투자하는 비용이 사회 구성원들에게 부담이 되어버린 사회다. 한국인이 개인적으로 체감하는 교육비 부담은 날로 증가한다. 그러나 이러한 교육에 대한 관심과 투자에 비해, 교육에 대한 만족도는 떨어지고 있으며 교육 현실에 대한 불만은 커지고 있다. 교육에 대한 관심이 높아지고 투자가 증가하고 있음에도 더 많은 교육 문제가 대두되는 이유는 무엇일까? 이러한 현대 교육의 위기는 교육 목표를 자유 경쟁 시장 체제가 요구하는 직업인 양성으로 치부하는 것에서부터 출발한다. 그 결과 한국사회의 교육은 시대적인 요구에 부응하는 교육 목표를 상실한 채 표류하고 있다.

이러한 현대 교육의 현실에 대해 공자의 교육적 인간상이 시사점을 줄 수 있을 것이다. 공자는 자기의 인욕을 극복하고자 자기를 이기는 자, 자기 내면의 인한 본성을 발현하여 세상을 돌보는 자, 그를 토대로 사랑을 나누는 자를 교육을 통해서 길러내고자 한 것이다.

5_「학교 컨설팅, 교육 문제의 해답 될 것」『한국교육신문』, 2014년 4월 7일 자.

발현하며
확장되는 본성

공자는 교육을 통해 도와 하나가 되는 인간상을 구현하려고 했다. 도와 하나가 되는 인간이란 자기 자신에게 관심을 기울이고 자신의 인한 본성이 발현하도록 노력을 기울이는 인간상을 말한다. 공자는 이러한 교육적 인간상에 위배되었던 당시 시대상을 다음과 같은 구절로 한탄했다.

> 옛날에 배우는 자는 자신을 위한 학문을 했는데, 지금 배우는 자들은 남을 위한 학문을 한다.(『논어』「헌문憲問」)[6]

공자가 살았던 시대는 정치적으로 매우 혼란했으며, 전통사회의 질서와 권위가 무너진 때였다. 이러한 시대적 위기를 근심하던 공자는 사회질서가 와해되

6_ 古之學者爲己 今之學者爲人.

공자
혁명

고 예가 붕괴된 사회를 구제할 방법이 바로 교육이라고 생각했다. 공자의 야망은 바로 교육입국이었으며, 교육을 통한 평천하平天下이었다. 교육을 통해서 좋은 세상을 만들겠다는 공자의 이상사회에는 지속적인 개인의 수양이 전제되어 있다. 즉 개인이 저마다 자신의 본성을 발현하기 위한 노력을 기울이고 도덕적인 인간이 되고자 교육을 받음으로써 사회질서가 바로잡히고 예가 살아날 수 있다고 보았다.[7]

교육을 통해 혼란한 사회를 구할 수 있다고 생각했던 공자가 교육의 핵심 목표로 삼았던 것은 무엇일까? 이는 어떻게 살아야 할 것인가에 대한 내용이었고, 군자가 되는 것이었다. 군자란 자신의 내부로 향한 끊임없는 수렴을 통해 자신의 외연을 우주 삼라만상과 동일시할 수 있는 사람이다. 이때 중요한 것은 외연의 확장이 아니라 내부로의 수렴이다.[8] 이러한 군자가 되기 위해 노력하는 과정이 교육의 주요 과정이었다. 교육을 통해서 얻은 지혜는 삶을 실천의 현장으로 삼아 활용하도록 한다. 이러한 교육을 받은 사람은 구도자求道者로서의 삶을 산다.

공자는 배움이란 도를 밝히고 덕에 나아가 스스로 체득하는 것을 목표로 해야 함[9]에도 불구하고, 다른 사람에게 보이기 위해서 혹은 다른 사람이 알아주기를 기대하여 배우는 것에 대해서 비판했다. 진정한 학문이란 자발적으로 도를 구하고자 하는 자기계발이며, 여기에는 피교육자의 능동성과 적극성이 필요하다. 다음 구절에 이러한 공자의 생각이 더욱 잘 드러나고 있다.

7_ 심우섭, 「공자의 인간가치관에 대한 연구― 인사상을 중심으로」, 『교육연구』 39, 2004, 3쪽.
8_ 정재걸, 「전통 교육, 근대 교육, 탈근대 교육」, 『사회사상과 문화』 6, 2002, 137~138쪽.
9_ 이광소, 「공자의 교육사상과 방법론」, 고려대 교육대학원 석사학위논문, 2007, 86쪽.

지위가 없는 것을 근심하지 말고 지위에 설 자격을 근심하며, 자기를 알아주지 않는 것을 근심하지 말고 알아줄 만한 사람이 되고자 해야 한다.(『논어』 「이인里仁」)[10]

공자는 스스로의 공부에서도 그러했고, 제자들에게도 배움에 힘쓰는 삶을 살아야 한다는 가르침을 주었다. 공자는 끊임없이 스스로 돌이켜보며 사사로운 인욕을 이겨내는 일을 게을리하지 않았다. 누구보다도 학문을 즐겼으며, 일생 극기복례를 실천하는 투철한 사상가였다. 공자의 학문 여정을 잘 보여주는 다음 구절에는 그가 얼마나 성실하게 자신의 삶을 돌보았는지 드러난다.

나는 열다섯 살에 학문에 뜻을 두었고, 서른 살에 자립했으며, 마흔 살에 의혹하지 않았고, 쉰 살에 하늘의 뜻을 알았으며, 예순에 들으면 그대로 이해가 되었고, 일흔 살에 마음이 하고자 하는 바를 좇아도 법도에 어긋나지 않았다.(『논어』 「위정爲政」)[11]

위 구절에서 공자는 자신의 학문 여정에서 점진적으로 나아가고 변화·발전하는 모습을 말하고 있다. 이토록 공자는 삶의 매 순간 도를 구하고자 했으며, 스스로 체득하여 실천하고자 했다. 그는 일생을 가르치는 일에 모든 것을 바친 교육자였고, 동시에 배움의 길을 묵묵히 걸어온 실천가였다. 공자에게 배움이란 무엇이었을까? 배움이란 도를 구하는 것이었으며 어떻게 살 것인가에 대한

10_ 不患無位 患所以立, 不患莫己知 求爲可知也.
11_ 吾十有五而志于學 三十而立 四十而不惑 五十而知天命 六十而耳順 七十而從心所欲 不踰矩.

공자,
혁명.

답을 구하는 것이다.

> 군자는 먹는 것에 배부름을 구하지 않으며, 거처함에 편안함을 구하지 않고, 일에 민첩하되 말을 삼가고, 도에 나아가 묻고 바로잡으면, 가히 학문을 좋아한다고 할 수 있다.(『논어』「학이學而」)**12**

공자는 위 구절을 통해 학문하는 자세를 말하고 있다. 배부른 식사나 편안한 거처와 같은 일상적이고 세속적인 것에 자신을 매몰하지 않고, 일은 재빠르게 잘 처리하려 하되 말이 앞서지 않도록 하며, 도를 찾아서 듣고자 하고 그것이 바른지 점검하는 것이다. 이는 삶 자체가 배움의 연속이라는 것을 말하며 배움에 끊임없이 힘써야 한다는 것을 말한다. 그렇게 하는 방법은 무엇일까? 공자의 말을 보자.

> 군자가 중후하지 않으면 위엄스럽지 않고, 배워도 견고하지 못하다. 충성과 믿음으로 하고, 자기보다 못한 이와 벗하려고 하지 말며, 허물이 있으면 고치기를 꺼리지 말아야 한다.(『논어』「학이」)**13**

공자는 지속적으로 자신의 마음과 몸을 다스리는 구도자의 길로서의 배움을 말하고 있다. 나아가 벗을 사귀는 일에 있어서도 신중하여 배울 바가 있는 벗과 사귀고, 근본적으로는 자신의 문제를 발견하면 고치려고 하는 용기 있는

12_ 君子食無求飽 居無求安 敏於事而愼於言 就有道而正焉 可謂好學也已.
13_ 君子不重 則不威 學則不固. 主忠信 無友不如己者 過則勿憚改.

실천자가 되어야 한다고 했다. 공자가 안연에게 일러준 다음의 인에 대한 조목은 그런 구체적인 내용을 잘 드러내고 있다.

> 예가 아니면 보지 말며, 예가 아니면 듣지 말며, 예가 아니면 말하지 말며, 예가 아니면 움직이지 말 것이다.(『논어』「안연」)[14]

위 구절은 도와 하나가 되는 인간이 된다는 것이 주체적인 인격자가 되는 것임을 설명하고 있다. 자기 내면으로 시선을 돌림으로써 도와 하나가 되는 삶을 살 수 있으며, 이러한 구도의 과정 자체가 교육의 궁극적인 목표인 어떻게 살아야 할 것인가에 대한 해답을 구하는 길이다. 공자가 말한 어떻게 살아야 할 것인가의 해답은 바로 자기 자신의 몸을 닦고 수양을 쌓아서 사회를 안정시키는 수기안인修己安人이다.[15] 공자는 자기 수양을 통해서 더 좋은 세상을 만드는 데에 나아가는 인간을 길러내는 교육적 인간상을 추구했다.

최근 「왜 우리는 대학에 가는가」라는 TV 다큐멘터리가 사람들의 주목을 받았다. 이 프로그램은 대학교에 입학했지만 대학에서 무엇을 해야 할 것인지 답을 찾지 못하는 오늘날 대학생의 자화상과 한국 대학교육의 현실을 보여주고 있다. 이런 현실은 초등학교부터 고등학교까지 12년간 대학에 입학하는 것만을 목표로 하는 교육 현실의 문제를 말해주고 있다. 그러나 더욱 놀라운 사실은 현대 교육은 이러한 문제를 극복할 수 있는 대안을 제시할 수 없다는 점이다. 왜냐하면 현대 교육은 현대적 세계관을 토대로 하고 있기 때문이다. 현대적

14_ 非禮勿視 非禮勿聽 非禮勿言 非禮勿動.
15_ 이광소, 앞의 논문, 85쪽.

공자
혁명

세계관은 인간을 독립된 개체로 전제하고, 나의 욕망을 충족시키는 것을 삶의 목표로 삼는다. 이에 교육은 노동력을 양성하는 것을 교육 목표로 하고[16], 개인은 자신의 몸값을 높이기 위해서 교육에 투자한다.

이러한 노동력을 양성하는 교육 목표는 시대적 요구에 부합하지 않는다. 현대화가 급속도로 진행되던 현대사회의 발전기에 교육의 책무는 대중 교육을 통해서 훌륭한 직업인을 양성해내는 것이었다. 그러나 오늘날 현대화가 극도로 진행되고 과학기술의 발달로 인해 '노동의 종말'은 현실이 되어가고 있다.[17] 이러한 사회에서 교육이 여전히 직업인을 양성하는 일에만 복무하는 것은 시대착오이고, 현대 교육은 교육 목표를 상실한 채 표류하고 있다.

표류하고 있는 현대 교육에게 '자기를 이기는 자'라는 공자의 교육적 인간상은 교육을 통해서 우리가 무엇을 목표로 할 것인가에 대한 해답을 준다. 현대 교육은 자기 내면에 대한 관심을 기울이는 기회를 차단하고 외적인 성취를 이루고 지식을 쌓는 데에만 초점을 맞추어 왔다. 이런 교육 현실에서 피교육자들은 자신이 왜 배워야 하는지에 대한 명확한 이유도 모른 채 교육을 받게 된다. 이런 현실 속에서 교육 성과로 높은 지적 결실을 거둔다고 하더라도, 피교육자는 자기 삶을 어떻게 살아야 할 것인지에 대한 답은 찾지 못한 채 혼란을 겪는다.

공자는 교육 목표란 배움을 구하는 자에게 어떻게 살 것인가의 답을 구하도록 하는 것임을 주창한다. 그것은 피교육자가 자신과의 만남을 통해서 스스로 인한 본성을 발현할 수 있도록 돕는 것이며 인욕의 노예가 되지 않도록 지속적

16_ 정재걸, 「현대 문명과 교육」, 경북선비아카데미 엮음, 『경북의 유학과 선비정신』, 한국국학진흥원, 2014, 185쪽.
17_ 정재걸, 앞의 글, 180쪽.

으로 노력을 기울이는 것이다. 즉, 누구나 품부하고 있는 인한 본성이 발현될 수 있도록 끊임없이 자기 내면으로 관심을 가지도록 하여 스스로 변화하도록 하는 것이다.

이것을 공자는 극기복례라고 했다. 이러한 교육 목표는 배움을 구하는 자가 자기 내면에 관심을 기울이면서 도와 합일하는 삶을 살고자 하여 스스로 구도자의 길을 실천하도록 하는 것이다. 이러한 공자의 교육적 인간상은 왜 배워야 하고 무엇을 배워야 하는지에 대한 현대 교육이 풀지 못하는 의문에 대한 답이 될 수 있다. 교육은 삶의 목표를 확립하고 어떻게 인간답게 살 것인지에 대한 해답을 찾는 데 기여해야 하기 때문이다.

법도를 따라
세상을 돌보는 군자

복례復禮하는 인간은 어떤 존재일까? 자기 내면의 인한 본성을 발현하여 세상의 법칙인 예를 따르는 자, 곧 군자를 말한다. 공자는 교육을 통해 개인이 인한 본성을 발현하게 되면 그런 개인은 세상을 더 좋게 바꿀 수 있는 위정자爲政者가 된다고 보았다. 이때 위정자는 도덕적인 인물로 도와 덕德을 체득한 사람이다.[18]

복례하는 인간이란 유가사상에서 주목하는 사회적 관계에까지 인한 본성의 의미를 확장하는 것을 말한다. 유가에서 사랑은 개인에서 출발하여 가족, 그리고 국가에까지 확장되는 것이다. 유가는 이 관계의 상호 유기적인 결합과 사랑의 확산을 중시했다.[19] 공자는 이런 관계에서 법도를 지키고 중용하는 것을 통

---

[18]_ 박연호, 「교사로서의 공자: 업적과 그 교육사적 의의」 『교육사학연구』 12, 2002, 29쪽.
[19]_ 이현지, 「유가적 삶의 탈현대적 함의」 『유가 사상문화연구』 54, 2013, 321쪽.

해 예로 돌아가야 한다고 생각했다.

다시 말해서 자신의 사사로운 욕망이나 감정을 이겨내고 사회적 법도를 따르는 인간상을 교육으로 배출하고자 했다. 여기서 강조하려는 바는 자기 극복에 머무는 것이 아니라 사회적 질서에 부합하는 인간상이라는 점이다. 그것을 복례하는 인간의 모습이라고 할 수 있다. 자신을 잘 돌보는 사람은 예로 돌아가 다른 사람도 잘 돌볼 수 있다. 이에 유가에서는 나와 가까운 곳에서부터 출발하는 인한 본성의 실현을 통해서 나의 주변 사람들의 인한 본성도 완성될 수 있도록 도우며, 궁극적으로는 온 세상으로까지 확대하는 것을 목표로 한다. 『논어』의 다음 구절을 보자.

> 몸을 닦아서 사람을 편안하게 하는 것이다. '이와 같을 뿐입니까?'라고 물으니, 답하셨다. "몸을 닦아서 백성을 편안하게 하는 것이니, 이는 요순도 오히려 부족하다 여기셨다."(『논어』「헌문」)[20]

공자는 위의 구절에서 자기 자신을 잘 돌보고 도와 하나가 되는 삶을 사는 것이 결국은 다른 사람을 편안하게 하는 일과 유기적으로 연결되어 있다는 것을 말하고 있다. 도덕적인 한 사람의 군자 혹은 위정자는 도와 하나가 되는 삶, 즉 인한 본성을 발현한다. 그런 지도자의 존재는 세상 사람들이 편안할 수 있도록 도와주며, 덕이 넘치는 정치를 펼침으로써 사람들을 행복할 수 있도록 해준다. 다음 구절에서 공자는 더욱 자세하게 설명을 하고 있다.

---

[20]_ "脩己以安人". 曰 "如斯而已乎". 曰 "脩己以安百姓. 脩己以安百姓 堯舜其猶病諸".

공자
혁명

자공이 물었다. "만일 백성에게 은혜를 널리 베풀어 많은 사람을 구제한다면 어떻습니까? 인하다고 할 만합니까?" 공자께서 말씀하셨다. "어찌 인을 일삼는 것뿐이겠는가? 반드시 성인일 것이다. 인한 사람은 자기가 서고자 하면 남을 서게 하며 자기가 통달하고자 하면 남을 통달하게 한다. 가까운 데서 취하여 비유할 수 있으면 가히 인의 방법이라고 할 수 있다."(『논어』「옹야」)[21]

공자는 다른 사람을 구제하는 일은 바로 성인의 경지라고 한다. 내가 이루고자 하는 바를 다른 사람이 이룰 수 있도록 함으로써 진정한 인의 발현이 가능하다. 이런 과정에서 사사로운 욕심이나 감정에서 자유로워지고 천리와 합일하게 된다. 다른 사람이 이룰 수 있도록 함이란 무엇인가? 아래 구절을 보자.

자공이 물었다. "한 마디 말로 평생 실천할 만한 것이 있습니까?" 공자께서 말씀하셨다. "서恕다. 자기가 하고자 하지 않는 바를 남에게 베풀지 말라는 것이다."(『논어』「위영공」)[22]

공자는 분명한 어조로 복례의 원칙을 말하고 있다. 어떤 관계에서든 자기가 하고자 하지 않는 것을 남에게 베풀어서는 안 된다. 이것이 바로 복례, 즉 예를 좇아 행할 때의 근본이다. 종신토록 행해야 할 한 가지로 서恕를 지목했다는 점이 유가 사상에서 관계관이 발전할 수 있었던 바탕을 보여준다. 여기서 말하

21_ 子貢曰 "如有博施於民而能濟衆 何如. 可謂仁乎". 子曰 "何事於仁. 必也聖乎. 堯舜其猶病諸. 夫仁者 己欲立而立人 己欲達而達人. 能近取譬 可謂仁之方也已".
22_ 子貢問曰 "有一言而可以終身行之者乎". 子曰 "其恕乎. 己所不欲 勿施於人".

는 상대의 마음을 미루어 헤아리는 능력은 오늘날 현대 교육에서 절실히 요구하는 공감능력이라고 할 수 있다. 다음에서는 공자가 말한 교육적 인간상으로, 사랑을 나누는 자에 대해서 살펴보자.

공감하는
사랑의 존재

사랑을 나누는 자란 사랑할 능력을 지니고 있는 사람을 말한다. 공자의 교육에서 가장 핵심적인 내용은 자신에 내재된 인한 본성을 회복하는 것이다. 이때 출발은 자기 자신의 감정과 마음을 헤아리는 것이며, 나아가서 다른 사람의 마음을 헤아리고, 그 결과 호혜적인 공감을 하는 것이다.[23] 즉 사랑을 나누는 능력이다.

교육에 있어서 공자는 인간에 대한 믿음이 있었다. 공자는 누구나 성인이 될 수 있는 인한 본성을 지니고 있다고 보았다. 성인이란 인을 실현하는 존재이며, 사람다운 사람이고, 도덕적 인격을 갖춘 인격자로서 완성된 존재다.[24]

공자의 이러한 인간에 대한 믿음은 하늘로부터 존엄한 인격을 부여받았음

23_ 박재주, 「유가윤리에서의 공감sympathy의 원리」『도덕 교육연구』18(2), 2007, 219쪽.
24_ 이광소, 앞의 논문, 52쪽.

을 근거로 하고 있다.[25] 인간이 하늘天과 합일하는 존재라는 천인합일天人合一의 관점에서, 인간이 본성에 따라 행동하는 것이 바로 도道라고 한다. 이때 하늘에 대한 이해에는 주재적主宰的·인격적·의지적인 측면이 녹아 있다.[26] 이러한 하늘과 인간의 합일을 인정하는 것은 인간 존재에 대한 깊은 믿음이 깔려 있다. 이와 같은 인간에 대한 존중은 공자에 의해 유가 사상의 오랜 전통으로 지속됐다.

공자는 도덕을 바탕으로 하는 교육을 했으며, 배움을 매우 중시했다. 그런 입장을 가진 공자는 배우기 이전에 먼저 자신에게 가장 가까운 사람에서부터 널리 세상에 이르기까지 사랑을 나누는 존재, 즉 도덕적인 인간이 되어야 함을 주장한다. 다음 구절을 보자.

> 가르침을 받는 자는 들어가서 효도하고, 나가서 공손하고 삼가며, 성실하고 널리 사람들을 사랑하며, 몸소 인으로써 행하니, 행하고 힘이 남으면 글을 배워야 한다.(『논어』「학이」)[27]

즉 배우고자 하는 이는 스스로가 인한 존재가 되어서 살고, 그후에도 힘이 남으면 글을 배우라고 한다. 이 구절에서는 공자의 교육에서 가장 근본이 되는 것은 도덕 교육이며, 그다음이 지식 교육이라는 것을 보여준다.

공자의 제자 안연은 가난한 일상에 구애받지 않고 도를 즐김으로써 자기를

25_ 임가희, 「『논어』속에 나타난 공자의 교육관」, 수원대 교육대학원 석사학위논문, 2005, 25쪽.
26_ 김대곤, 「공자의 이상적 인간관」, 경산대 대학원 석사학위논문, 2000, 5쪽.
27_ 弟子入則孝 出則悌 謹而信 汎愛衆 而親仁 行有餘力 則以學文.

공자
혁명

이겨 예로 돌아가 인이 되었다克己復禮爲仁. 이때 안연이 즐긴 것은 천지자연과 하나인 우주적인 존재로서의 자신을 자각하는 진리였다. 우주적인 존재로서의 자신이란 천지만물과 분리되지 않고 도와 합일할 수 있는 존재이며 세상과 교감할 수 있는 존재이고 사랑의 존재다.[28]

공자 또한 자신의 도가 충서忠恕로 일이관지一以貫之한다고 제자 증삼에게 말한 바 있다. 충서란 다른 사람의 마음을 헤아리는 데에 충실한 것으로, 오늘날의 표현을 빌리자면 공감능력, 사랑의 능력이라고 할 수 있다. 그런 사랑의 모습은 어떻게 드러나는 것일까? 공자는 순임금의 존재를 예로 들어서 다음과 같이 설명하고 있다.

> 인위적으로 하지 않고 다스린 자는 순임금이시다. 무엇을 하셨겠는가? 몸을 공손히 하고 바르게 남면南面하셨을 뿐이다.(『논어』「위영공」)[29]

인한 본성을 가진 순임금은 백성에게 사랑을 나누어주기 위해 특별히 무언가를 하지 않고, 다만 본인의 자리에서 주어진 역할에 충실했다. 몸을 공손히 하고 바르게 남면했다는 것은 그가 임금으로서 할 바를 다함을 말한다. 이로써 백성은 편안할 수 있었고, 자신의 본분에 충실한 존경하고 믿을 수 있는 임금으로부터 사랑을 받은 것이다. 이런 사랑은 백성에게로 흘러가서 백성이 서로 다투거나 사사로운 감정에 얽매이기보다는 순임금과 같이 사랑을 나누는 존재가 되고자 하도록 영향을 미쳤을 것이다. 바로 한 사람의 성인이 사랑의 존

28_ 홍승표, 『탈현대와 동양사상의 재발견』, 계명대출판부, 2012, 23쪽.
29_ 無爲而治者其舜也與. 夫何爲哉. 恭己正南面而已矣.

재가 됨으로써, 다른 사람 또한 사랑으로 완성되도록 도와준 것이다.

공자의 교육적 인간상에서 가장 핵심이 되는 내용은 인한 본성을 실현하는 것이다. 그런 입장에서 공자는 배움이란 인한 본성을 실현한 뒤에 할 일이라고 말한다. 다시 말해서 인간다운 도덕적 정서능력을 함양하는 것이 이성적 지식 교육보다 선행함을 말한다. 여기서 강조하는 정서능력, 즉 공감이 바로 도덕성의 근거로 작용하고 중요한 의미를 지닌다.[30]

자공은 스승인 공자가 다른 사람들이 세상에서 구하고자 하는 것에 관심을 갖지 않고 '온순하고 어질며 공손하고 검소하며 겸양한' 사람이 되는 일, 즉 자기 안에 내재한 인한 본성을 발현하는 데에 주력했다고 한다. 공자는 도덕적인 인간이 되고자 성실하게 노력했다. 다음 구절을 보자.

> 부자는 온순하고 어질며 공손하고 검소하며 겸양한 것을 얻으려 하니 부자가 구하고자 하는 것은 사람들이 구하고자 하는 것과 다르다.(『논어』「학이」)[31]

위 구절을 통해 공자는 다른 사람의 마음을 이해하고 따뜻하며 겸손하여 다른 사람에게 양보할 수 있는 그런 공감하는 사랑의 존재가 되고자 했음을 알 수 있다. 그러면 인한 사람이 되려면 어떻게 해야 할까? 이는 자기 외부에서 인이 무엇인지 찾아서 익히는 것이 아니다. 그것은 스스로가 인이 되는 것爲仁을 말하며, 자신의 본성인 사랑을 실현하는 것이다. 이런 사랑은 자기 삶을 있는 그대로 즐기는 것樂道으로, 다른 사람이 완성될 수 있도록 사랑을 나누는 것으

30_ 장승희, 「공자 사상에서 정서교육의 해법 찾기」『동양철학연구』61, 2010, 165쪽.
31_ 夫子溫良恭儉讓以得之. 夫子之求之也. 其諸異乎人之求之與.

로 드러난다. 현실적인 도덕 원리로 말하자면 상대의 입장에서 생각하는 공감의 능력이라고 할 수 있다.[32]

현대 교육에서 교육적 인간상은 어떠한가? 그것은 현대사회에서 경쟁력을 갖춘 인재를 길러내는 데 중점을 둔다. 따라서 교육을 담당하는 학교가 아이러니하게도 시험 성적을 1점 더 올리기 위해서, 더 높은 합격률을 기록하기 위해서 학생들의 경쟁을 부추기고 성적이라는 비인간적인 잣대로 학생들을 평가한다. 이러한 교육을 받은 학생들은 자신을 비롯해서 다른 사람의 존재 의미를 이해하거나 사랑할 줄 아는 능력을 상실하고, 경쟁심과 성적의 노예가 되기가 십상이다. 인간을 더욱 인간답게 만들기 위해서 받은 교육과정으로 인해서 비인간적인 소외를 경험하게 되는 것이다.

현대 교육은 피교육자의 지식을 쌓고 이성적인 사고력과 합리성을 강화하는 데에 치중했다. 반면 피교육자의 인성과 공감능력을 키우는 일은 소홀했으며, 현대 교육의 과열로 인한 경쟁은 인간성을 파괴하는 결과를 초래했다. 이러한 문제를 해결하기 위해서 오늘날 현대 교육에서는 인성 교육을 해결책으로 모색하고 있다. 그러나 현대 교육은 인성 교육마저도 합리적이고 논리적인 틀을 갖춘 프로그램을 통해 주입식 교육 방법을 활용하여 시행하려는 경향이 있다. 그러나 이런 노력으로는 인성 교육의 진정한 효과를 거두기가 어렵다. 왜냐하면 인성이란 합리적이고 논리적인 교육으로 학습되는 것이 아니기 때문이다.

이러한 문제를 해소해줄 수 있는 것이 바로 공자가 주창하는 인한 본성을 회복하도록 하는 교육이다. 먼저 자신의 인한 본성, 즉 사랑이 잘 발현될 수 있도록 스스로를 돌보고, 그뒤에 다른 사람 또한 완성되도록 도울 수 있는 것이다.

32_ 이진희, 「공감과 그 도덕 교육적 함의에 관한 연구」 『도덕윤리과교육연구』 26, 2008, 94쪽.

공자에게 교육이란 이처럼 사랑하는 능력을 가진 인간을 배출하는 것이다. 즉 현대 교육이 직면하고 있는 문제를 해소하고 새로운 교육의 비전을 모색하는 데 공자의 교육적 인간상을 활용할 수 있을 것이다.

2장

네 본성을 회복하라
—주자

이승연

마음을 혁신하고
사회를 개혁하는 학문

주자의 이름은 희熹, 자는 원회元晦, 호는 회암晦庵, 시호는 문공文公이다. 1130년 송宋이 금金에게 나라의 반을 잃고 남으로 쫓겨가던 피난길에 태어나 1200년 중원 회복이라는 평생의 꿈을 이루지 못한 채 '위학僞學의 금禁'[1]이라는 대탄압 속에서 숨을 거두었다. 19세에 과거에 급제하여 22세에 천주 동안현 주부로 임용된 이래 생애 50여 년간을 관직에 있었으나, 그가 실제 관리로서 활동한 것은 지방관으로 보낸 9년과 중앙에서 천자의 시강으로 근무한 45일뿐이다. 대부분은 사록관[2]이라는 한직에 머물며 학문 완성과 후학 양성에 힘썼다.

동아시아에 지대한 영향을 끼친 그의 학문은 흔히 북송의 구법당 계열인 주

1_ 위학이란 거짓 학문이라는 뜻이다. 당시 정계를 주도하던 한탁주 등이 주자를 탄압하기 위해 그의 학문을 위학이라 규정하고 금지한 것을 말한다.
2_ 도교 서원을 관리하는 일, 학자들에게 일정한 봉급을 지급하여 자신의 학문에 전념할 수 있도록 한 관직.

공자
혁명

염계, 정명도·정이천 형제, 장재의 학문을 종합·발전시킨 것이라 평가된다. 하지만 젊은 시절 선학禪學에 경도되었던 이력이나 그가 남긴 「조식잠調息箴」에서 짐작할 수 있듯이 그것은 유불도 삼교를 융합하여 새롭게 탄생된 것이었다. 어디 그뿐인가? 동아시아, 특히 우리나라 사대부들의 일상을 규제한 그의 미완성 저서 『주자가례朱子家禮』는 사마광의 『서의書儀』를 기반으로 한 것이지만 그 너머에는 범씨장원(범씨 가족 공동체)[3]을 남긴 범중엄의 이상이 살아 숨 쉬고 있다. 여남전의 『향약』을 수정·보완한 그의 『증손여씨향약』은 조선의 향촌질서를 재편했다. 더구나 우리나라에도 시행되었던 사창제는 그의 반대파인 왕안석의 신법에서 빌린 것으로, 이 천재적인 사상가는 유불도 삼교의 융합으로 기존 유교를 혁신했을 뿐 아니라 송이 봉착한 국가적 위기와 모순을 극복하기 위해 반대파의 개혁안조차 수용했던 것이다. 그렇다면 생애 대부분을 사록관이라는 말단 관리직에 머물며 그가 이루고자 한 이상은 무엇인가? 또 어떻게 그 이상에 도달하고자 했는가?

송은 문文을 숭상한 사대부의 나라였다. 비록 무인 세력의 발호를 막기 위한 이유도 있었지만, 태조 조광윤은 문치주의를 국책으로 표방했고 이를 지키기 위해 사대부를 우대하라는 「석각유훈石刻遺訓」을 후대에 남겼다. 과거제도가 정비되어 인재가 대거 등용되었고 후대에 이름을 남긴 수많은 문인들이 배출되어 이른바 사상의 황금시대를 이루었다. 그러나 송의 숭문주의는 양날의 검이었다. 그것은 송의 문화를 비약적으로 발전시켰지만 동시에 국력을 약화시키는

3_ 범중엄이 범씨 성을 가진 사람을 모아서 운영한 장원. 이 장원은 정부의 부단한 탄압 속에서도 청대까지 살아남았다. '범씨 성을 가진 사람 가운데는 굶는 사람이 없었다'는 유명한 이야기는 주자뿐 아니라 조선 주자학자들 사이에서도 자주 회자되었던 것이다.

「주자 영정」, 106.0×69.5cm, 일제강점기, 충현서원.

원인이 되었다. 밖으로는 약한 군사력이 이민족의 침략을 불렀고 안으로는 비대해진 사대부의 세력 다툼이 당쟁으로 비화했다.

주자의 이상은 물론 내우외환에 시달리는 송을 혁신하는 것이었다. 단, 그 혁신은 사회제도의 혁신을 통해서가 아니라 '마음'의 혁신을 통해 이뤄져야 했다. 신법당의 영수 왕안석王安石은 국가 제도의 전면적 개혁을 통해 송을 재건하고자 했다. 그러나 구법당이 비판했던 것처럼, 주체의 자각을 수반하지 않는 제도의 개혁은 새로운 모순을 야기할 뿐이었다. 주자는 제도에 앞서 '마음'을 혁신하고자 했고 이 마음의 혁신을 위해 학문, 또는 교육을 바로잡고자 했다. 주자는 정치사상으로서 간신히 그 맥을 이어오던 유교를 대대적으로 쇄신했고, 또 당시 사대부들의 정신세계를 지배하고 있던 불교, 특히 선학을 혁파하고자 했으며, 무엇보다 과거제도를 타파하고자 했다.

그렇다면 주자가 기존 학문을 비판한 까닭은 무엇인가? 또 그가 추구한 학문은 어떤 것인가? 주자의 교육 목표가 가장 잘 명시되어 있는 것으로 평가되는 「백록동서원게시白鹿洞書院揭示」에는 교육의 주된 내용으로 오륜五倫을 들고 있다. 학문이란 무엇인가? 그것은 인간이 스스로에게 부과된 책무를 자각하고 실현하는 것이다. 그리고 그 책무의 실현태는 다름 아닌 인륜이다. 주자가 선학을 격렬하게 비판할 수밖에 없었던 이유, 유일한 인재 등용문으로 인식되던 과거제도의 타파를 주장할 수밖에 없었던 이유는 바로 여기에 있었다. 그의 눈에 비친 선학의 탈세속성은 인륜을 방기하는 것이며, 인재 등용문으로서의 과거는 출세를 위한 도구에 불과했던 것이다.

조선의 주자학자들은 중국의 송을 조선과 동일시했다. 조선은 송이 그랬듯이 문을 숭상하는 사대부의 나라였으며 내우외환에 시달리고 있었다. 그들이 주자의 이상을 자신의 것으로 받아들이고 이를 기반으로 조선을 개혁하고자

한 것은 그 때문이었다. 그러나 우리가 사는 이 시대를 송과 동일시할 수는 없다. 또 주자의 이상을 이 땅에 실현할 수도 없으며 그럴 필요도 없을 것이다. 그럼에도 불구하고 1000년 전을 살았던 이 사상가의 사상을 되돌아보는 것은 그가 했던 고민이 오늘의 우리와 무관하지 않기 때문이다.

넘쳐나는 청소년 범죄와 탈선, 폭력, 자살 등으로 황폐해진 우리의 교육 현장, 그 배후에 존재하는 것은 무엇일까? 국가 경쟁력 강화라는 미명 아래 가속화되는 지식 중심 교육과 입시 경쟁. 교육은 경쟁을 부추기고 국가의 부를 증대하기 위한 수단으로 전락했다. 우리 교육 현장은 국가가 요구하는 인재를 양성하고 있는 것이 아니라 국가 발전을 방해하는 패배자를 양성하고 있는 것은 아닐까? 과거제도를 도입했던 중국이나 우리나라가 그랬듯 경쟁에 뿌리를 둔 교육은 결국 그 한계에 부딪힐 수밖에 없다.

경쟁에 내몰리는 아이들, 넘쳐나는 지식을 전달하기에 급급한 학교, 성적 올리기 외에는 아무런 비전도 제시하지 못하는 교사. 주자 사상이 이 무력한 교육 현장을 해결해줄 것이라 생각하지는 않는다. 그러나 교육에 지대한 관심을 가졌던 그를 따라가다보면 우리 자신의 문제를 좀더 분명히 볼 수 있지 않을까? 그것이 문제를 해결할 실마리를 제공해줄 수도 있지 않을까?

1000년 전 인성 교육

유학을 주자를 기점으로 하여 이전과 이후로 양분하여 보면 여러 차이점을 발견할 수 있겠지만, 역시 가장 큰 차이점은 그가 오경, 즉 『시경』 『서경』 『역경』 『예경』 『춘추』 중심의 유학을 『논어』 『맹자』 『대학』 『중용』의 사서 중심 체제로 전환했다는 것이다. 실제로 이 사서 중심 유학은 근대로 이행하기까지 부동의 위치를 차지했으며, 사서에 대한 그의 주석 또한 수많은 도전에도 불구하고 그 자리를 물려준 적이 없다.

주자는 왜 유교를 사서 중심으로 재편한 것일까? 이를 통해 그가 기도한 것은 무엇일까?

하늘에서 받은 선한 마음

내 마음속 밝은 덕明德

"사마광은『자치통감』을 완성한 뒤 '신의 평생 정력은 이 책에 다 있습니다'
라고 했는데, 내 평생 정력은 이 책에 다 있다."(『대학장구大學章句』「독대학법讀大學
法」)[4] 주자가『대학장구』를 두고 이른 말이다. 실제로 그는 죽기 3일 전까지『대
학장구』수정 작업을 계속했다.

『대학』은 본래『중용』과 함께『예기』의 한 편이었다. 그러나 육조시대에 이미
『예기중용전』이 존재했듯『예기』와는 별도로 주해 작업이 이뤄졌던『중용』과
달리,『대학』은 당대의 한유가 주목하기까지 학자들의 관심을 그다지 끌지 못
했다. 하지만 송대에 이르면 사마광의『대학광의』를 비롯해 정명도의『대학정
본』, 여대림의『대학해大學解』등 다수의 독립된 주석서가 등장했다. 특히 정자
는 "처음 학문을 시작한 사람이 덕으로 들어가는 문"이라 하여 학문을 시작할
때는 반드시『대학』을 읽도록 했다. 이처럼 송대 유학자들이『대학』에 주목한
이유는 거기에 명시된 '치국평천하'야말로 사대부의 책무라는 자각이 그들에게
있었기 때문이다.[5]

그러나 주자가『대학』에 주목한 이유는 단순히 '치국평천하'의 이상 때문만
이 아니었다. 거기에는 학문의 목적인 치국평천하와 더불어 그 치국평천하에
도달할 방법이 구체적으로 제시되어 있었던 것이다.

4_ 溫公作通鑑, 言平生精力, 盡在此書, 某於大學, 亦然.
5_ 시마다 겐지島田虔次, 『대학·중용』, 新日新聞社, 1989, 14~15쪽.

『중용』과 『대학』 언해본.

『대학』의 도는 밝은 덕을 밝히는 데 있으며, (그 밝은 덕으로) 백성의 밝은 덕을 밝히는 것이며, (함께) 지극한 선에 머물도록 하는 데 있다. 머물러야 할 데를 안 뒤에야 (나아갈 방향이) 정해지고, (나아갈 방향이) 정해진 뒤에야 (마음이) 고요해지며, (마음이) 고요해야 편안해지며, 편안해진 뒤에야 생각이 정밀해지고, 생각이 정밀해져야 (머무름을) 얻을 수 있다.(『대학』)[6]

6_ 大學之道, 在明明德, 在親民, 在止於至善. 知止而后有定, 定而后能靜, 靜而后能安, 安而后能慮, 慮而后能得.

주자는 『대학』을 옛날 태학太學에서 사람을 가르치던 방법을 기록한 책이라고 했다. 유학의 이상이 살아 숨 쉬던 하夏·은殷·주周, '삼대三代'라는 시대에는 8세가 되면 '소학'에 입학하고, 15세가 되면 '대학'에 입학했다. 일반 평민에게도 문호가 개방되었던 '소학'에 비해 '대학'은 왕족과 귀족, 그리고 평민 가운데 우수한 자로 그 입학 자격이 제한되어 있었다. 말하자면 『대학』은 미래의 통치자 계층을 위한 교육서였던 것이다. 그런데 여기서 주목할 것은 그 『대학』이 '밝은 덕을 밝히는 것'으로부터 시작된다는 점이다.

사람 마음속에 내재되어 있는 밝은 덕, 『대학』이 추구하는 교육은 이 인간 본성에 대한 무한한 신뢰 위에 세워져 있는 것이다.

> 사람의 본성은 버드나무와 같다. 사람의 본성이 어질고 의롭게仁義 되는 것은 버드나무로 술잔을 만드는 것과 같다.(『맹자』 「고자」)[7]

인간 마음속에 선한 본성이 내재되어 있다는 것, 즉 인간이 선한 존재라는 믿음은 그러나 당시 사람들에게 그다지 설득력을 갖지는 못했다. 공자의 후예임을 자처하며 그의 인 사상을 계승, 발전시킨 것으로 평가되는 맹자는 논적 고자告子를 만나 길고 긴 논쟁을 펼쳐야만 했다.

사람의 본성은 원래 선한 것도 악한 것도 아니다. 버드나무로 술잔을 만들면 술잔이 되듯이 후천적인 노력에 따라 선이 되기도 하고 악이 되기도 한다. 고자는 성선설을 주장하는 맹자를 비판하며 후천적인 작위를 강조한 것이다. 아이러니하게도 고자의 이 주장을 한층 더 발전시킨 인물은, 맹자와 마찬가지로

7_ 性猶杞柳也, 義猶桮棬也, 以人性爲仁義, 猶以杞柳爲桮棬.

공자·
혁명·

공자의 후예임을 자처했던 순자였다. 순자는 고자에서 한걸음 더 나아가 인간의 본성은 악하다고 주장했다.[8] 그렇게 주장하지 않는 한, 공자 사상은 전국시대라고 하는 대혼란기를 맞아 현실을 외면한 이상주의로 전락할 것이라 순자는 생각했을 것이다.

그러나 주자는 현실을 외면한 이상주의를 선택했다. 경전이 자유롭게 해석되고 다수의 주석서가 등장했던 송의 자유로운 학풍에 힘입어 그가 기존의 경전을 전면적으로 재구성하고 새롭게 해석한 것은, 자신의 선택이 결코 현실을 외면한 것이 아니라 오히려 현실적임을 증명하기 위함이었다. 그것이 그가 『대학』을 『예기』로부터 분리하여 학문에 이르는 관문으로 삼으며 평생의 정력을 그 책에 쏟은 이유이기도 했다.

내 성性은 하늘이 명한 것

다음 구절은 『예기』로부터 독립된 『중용』의 첫 장이다.

> 하늘이 명한 것을 성性이라 하고, 성을 따르는 것을 도道라고 하며, 도를 닦는 것을 교教라고 한다.(『중용』)[9]

공자의 손자인 자사의 저술로 일컬어지는 『중용』은 세 개의 개념, 즉 성·도·

8_ 순자는 인간의 본능적인 측면을 본성으로 보았다. 그의 성론은 "材性知能, 君子小人一也, 好榮惡辱, 好利惡害,"(『순자荀子』「영욕榮辱」), "居楚而楚, 居越而越, 居夏而夏, 是非天性也, 積靡使然也,"(『순자』「유효儒效」), "故人知謹注錯, 愼習俗, 大積靡, 則爲君子矣, 縱性情而不足問學, 則爲小人矣, 爲君子則常安榮矣, 爲小人則常危辱矣,"(『순자』「유효」) 등에 잘 나타나 있다.

9_ 天命之謂性, 率性之謂道, 修道之謂教.

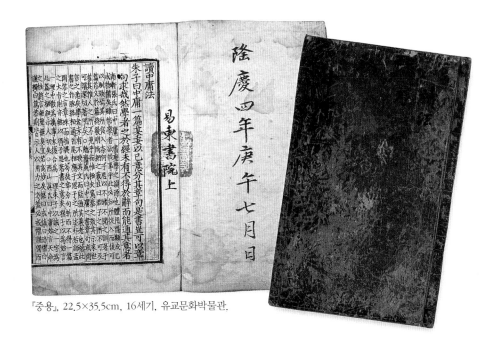

『중용』, 22.5×35.5cm, 16세기, 유교문화박물관.

교의 의미를 밝히는 데서 시작한다. 주자 주해에 따르면 명은 명령, 도는 사람이 다니는 길路과 같은 것, 닦는다修는 것은 다듬는 것이다. 그러므로 성이란 하늘이 내게 명령한 것이며, 도란 내 본성을 그대로 따라가는 것, 교란 내 본성을 잘 따라갈 수 있게 다듬어주는 것으로 예악禮樂, 형정刑政과 같은 것을 가리킨다.

『대학』이 그랬듯이 『중용』 또한 본성은 하늘이 명한 것으로 절대적 선이며, 삶의 방향과 목표 또한 이미 본성 속에 갖추어져 있음을 천명했다. 『중용』에 따르면 배움이란 결국 이 본성을 자각하고 실현하는 것이었다.

그러나 고자와 순자가 그랬듯이 사람들은 자신의 선한 본성을 의심했다. 만약 인간의 본성이 선하다면 어떻게 악한 마음을 가질 수 있으며 세상에는 어떻게 그렇게 많은 악이 존재할 수 있겠는가? 거기에 주자는 다음과 같이 말한다.

공자
혁명

『중용』은 왜 지었는가? 자사자가 도학의 맥이 끊어지는 것을 근심하여 지으신 것이다. 태고 적에 성인이 하늘의 뜻을 이어받아 백성을 위해 마땅히 따라야 할 법칙을 세우니, 도통은 여기로부터 시작되었다. 경전에 기록된 것 가운데 '진실로 그 중中을 잡아라'가 그것으로, 이것은 요임금이 순임금에게 전한 것이요, '인심人心은 위태롭고 도심道心은 잘 드러나지 않으니 오직 정성스럽고 오직 한결같아야 그 중을 잡을 수 있다'라는 것은 순임금이 우임금에게 전한 것이다.(『중용장구』「서」)**10**

하늘로부터 부여받은 본성은 선한 것이지만 마음속에는 욕망 또한 존재한다. 사람의 마음이란 연약하기 그지없는 것으로, 이 욕망은 본성을 가리며 악으로 치닫는다. 그래서 학문이 존재하는 것이다. 학문이란 이 위태로운 욕망을 억누르기 위한 부단한 노력이며, 마침내 자신에게 주어진 본성을 실현하기 위한 긴 여정인 것이다. 자사가『중용』을 지은 까닭은 이처럼 사람들이 눈에 보이는 욕망에 현혹되어 자기 마음속에 존재하는 선한 본성을 의심할까 염려했기 때문이라고 주자는 생각했던 것이다.

『중용』을 통해 자사는 선한 본성은 하늘로부터 부여받은 것이라 했으며, 그 본성을 온전하게 실현하기 위해 노력하는 것이 교육이라 설파했다. 주자는 거기서 한 걸음 더 나아가 그것은 요임금이 순임금에게 전하고 순임금이 우임금에게 전한, 유가 고유의 것임을 주장했다. 이른바 '도통론'이다. 원래 정통이란

10_ 中庸何爲而作也, 子思子憂道學之失其傳而作也. 蓋自上古聖神繼天立極, 而道通之傳有自來矣. 其見於經, 則允執厥中者, 堯之所以授舜也, 人心惟危, 道心惟微, 惟精惟一, 允執厥中者, 舜之所以授禹也.

이단을 전제한다. 주자가『중용』에 정통성을 부여한 것은 성선의 계보를 이은 자신의 학문이야말로 정통이며, 우위에 있다는 것을 입증하기 위한 것이었다.

본성을 실현하는 일

> 만물이 다 내 안에 갖추어져 있으니 내 자신을 돌이켜보고 (자신에게) 성실하면 이보다 더 큰 즐거움이 없다.(『맹자』「진심상盡心上」)[11]

『중용』에서 본성이란 하늘로부터 부여받은 것이며, 온전한 삶이란 이 본성을 온전하게 실현하는 것이라고 했다. 그런데 자사의 제자로 일컬어지는 맹자는 거기서 한 걸음 더 나아가 자신의 본성을 실현하는 일이야말로 가장 즐거운 일이라 말하고 있다.

맹자는 이미 언급했듯이 성선설을 제창한 인물이다. 그는 사람에게는 '차마 어쩔 수 없는 마음不忍之心'이 있다고 전제하고, 이 마음을 성선의 근거로 삼아 공자의 인 사상을 발전시켰다. 그러나 주자가『맹자』를 사서 체제 속에 편입하기까지 그는 불온한 사상가로 낙인찍혀 역사의 그늘 속에 잠자고 있었다. 어질지 못한 임금은 필부匹夫에 불과하다(『맹자』「양혜왕하梁惠王下」)[12]는 그의 혁명론은 오랫동안 지나치게 급진적인 사상으로 인식되었던 것이다. 그러나 주자는 그의 혁명론을 용인하는 한편, 그에게 적통자의 자리를 부여했다.

학문은 자신의 밝은 덕을 밝히는 것이라고 명시한『대학』, 그 밝은 덕은 실

11_ 萬物皆備於我矣, 反身而誠, 樂莫大焉.
12_ 賊仁者謂之賊 , 賊義者謂之殘. 殘賊之人謂之一夫. 聞誅一夫紂矣, 未聞弑君也.

공자 혁명

은 하늘로부터 부여받아 내 본성 속에 갖추어져 있는 것으로 교육이란 오직 이 본성을 실현하는 데 불과하다고 한 『중용』, 그 『중용』의 정신을 계승하여 성선설을 체계화하고 그것의 실현을 역설한 『맹자』, 그리고 거기에 학문의 정통성을 부여한 주자. 주자에 이르러 마침내 성선설에 바탕을 둔 교육론이 완성되어 유가 정통의 위치를 차지하게 된 것이다.

인성 교육의 한계를 넘어 사랑으로

그런데 학문이란 결국 내 마음속 선한 본성을 실현하는 것에 불과하다는 주장은 어떤 의미를 지닐까? 주자는 왜 그토록 성선설에 집착했으며 이에 반하는 사상이나 이론을 배척했을까? 먼저 주자의 다음 글을 보자.

> 사람의 본성은 모두 선하지만, 사람에 따라 선하기도 하고 악하기도 한 것은 타고난 기질과 후천적인 환경 때문이다. 그러므로 군자는, 사람은 누구나 교육을 통해 그 선한 본성을 회복할 수 있다고 했고 그 사람됨이 바르지 않다고 하여 가르치지 않겠다고 하지 않았다.(『논어집주論語集註』「위영공衛靈公」편)[13]

위 글은 주자가 『논어』 「위영공」 편 '유교무류有敎無類'를 주해한 것이다. 유교무류, 즉 '가르침에 차별을 두지 말라'는 이 공자의 표어는 그의 교육 사상이 지닌 특성을 잘 보여주는 것으로 자주 회자되는 것이기도 하다.

13_ 人性皆善, 而其類有善惡之殊者, 氣習之染也. 故君子有教, 則人皆可以復於善, 而不當復論其類之惡矣.

공자가 살았던 춘추전국시대는 하극상이 만연했다고는 하나 여전히 엄격한 신분제 사회였다. 신분제 사회에서 앎知은 소수의 지배 계층이 독점했을 것이며, 따라서 앎이 곧 권력이었을 것이다. 노자가 앎의 가치를 폄하했던 것은 어쩌면 그 가치를 부정함으로써 권력에 저항하고자 한 것인지도 모른다. 그러나 공자는 앎의 가치를 부정하지 않았다. 그에게 있어서 앎이란 권력을 획득하기 위한 도구로서의 지식이 아니라 선한 삶을 향한, 인仁을 실현하고자 하는 열망이었기 때문이다. 실제로 공자는 배우기를 청하는 사람은 누구든 가르쳤다고 한다. 주자는 공자의 그런 태도에 대해 다음과 같이 말했다.

사람은 태어나면서 모두 이 리理를 갖추고 있으니 성인은 어떤 사람이든 그를 선한 사람으로 만들고 싶었을 것이다.(『논어집주』「술이」편)**14**

공자가 차별 없는 교육을 펼칠 수 있었던 것은 인간의 본성은 선하다는 믿음이 있었기 때문이라고 주자는 생각했던 것이다. 이것이 또 주자가 성선을 강조한 가장 큰 이유이기도 했다.

오늘날 우리는 모든 인간은 평등하게 교육받을 권리가 있다고 믿고 있다. 그러나 과연 우리는 평등하게 교육하고 있는가? 물론 신분제가 폐지되고 교육받을 권리가 법으로 명시되어 있는 현대사회는 공자나 주자가 살았던 시대에 비해 훨씬 평등한 교육을 실시하고 있다. 그러나 과연 우리는 공자나 주자처럼 현재 보이는 그 아이의 모습과 상관없이 그 아이가 선한 본성을 지닌 존재라고 믿고 있는가?

14_ 人之有生, 同具此理, 故聖人之於人, 無不欲其入於善.

교육에 있어서 아이가 선한 존재라고 믿는 것은 어떤 의미를 지닐까? 아이의 본성이 선하다고 믿는 교사와 악하다고 믿는 교사 사이에는 어떤 차이가 있을까? 교사가 교육에 실패하는 가장 큰 원인 중의 하나는 자신의 편견이나 고정관념에 사로잡혀 학생을 믿지 않는 데 있다. 학생을 믿지 않는 교사는 학생의 미래에 대해 어떤 가능성도 발견할 수 없다. 또 어떤 가능성도 발견할 수 없는 학생을 열정적으로 가르칠 수는 없다.

학교 부적응 학생은 대부분 가정적으로 문제를 안고 있다. 그러나 가정이 불우한 그 아이들이 학교 현장을 떠나게 되는 결정적인 이유는 교사의 무관심이나 불신인지도 모른다. 가정에서 버림받은 아이들이 교사나 친구들로부터 또 한 번 소외되면서 회복하기 어려운 좌절을 맛보게 되는 것은 아닐까? 불평등한 사회, 그것도 혼란의 시대를 살면서 모든 인간의 마음속에는 선한 본성이 내재되어 있다고 믿었던, 주자를 다시 한번 돌아볼 필요가 있을 것이다.

주자가 성선설을 교육의 근간으로 삼을 수밖에 없었던 또 하나의 이유는, 진정한 선행이란 그 마음에서 비롯된 것이어야 하기 때문이다. 물론 순자처럼 교육이 악한 본성을 지닌 인간을 선한 존재로 변화시킨다고 주장해도 좋다. 그러나 거기에는 분명히 차이점이 존재한다.

순자의 표현을 빌리면 인간이란 "이익 보기를 좋아하고 손해 보기를 싫어하는好利惡害" 존재다. 그 인간이 선을 행하기 위해서는 이익을 추구하는 자신의 욕망을 포기해야 한다. 그런데 이때 그 욕망을 포기하게 하는 것은 후천적으로 길러진 도덕적 판단력이다. 그러나 현실 세계에서 경험하고 있듯이 도덕적 판단력이 부족하여 악한 행동을 하는 인간은 그리 많지 않다. 대부분은 '그럼에도 불구하고' 자신의 욕망을 추구하는 것이다. 또 설령 인간이 확고한 도덕적 판단력을 견지하여 스스로의 욕망을 억제하고 선한 행위를 했다 하더라도, '억제'

라는 기제를 통해 이뤄진 선한 행위란 결국 어딘가에서 굴절될 수밖에 없다.

맹자는 '양성養性' '양심養心' '양기養氣'와 같은 말을 즐겨 사용했다. 이때 성·심·기는 내 본성 속에 있는 선한 본성, 선한 마음, 선하고자 하는 의지, 달리 말하면 어진 마음이며 사랑이다. 어려움에 처한 사람이나 불의한 사회를 보고 스스로 '차마 어찌할 수 없는' 마음 때문에 행하는 선행, 그것만이 진정한 선행이 될 수 있다고 그는 생각했던 것이다. 즉 우리에게 필요한 것은 판단하는 능력이 아니라 사랑하는 능력, 공감하는 능력이다.

최근 '인성 교육'이라는 말이 학교 현장에서 강조되고 있다. 그 인성 교육의 방향이나 목표는 차치하더라도, 중·고등학교에서 인성 교육을 주도하는 교과인 도덕 과목의 목표가 '도덕 문제에 대한 민감성과 사고력 및 판단력을 향상시키는 데' 머물러 있다는 것은 우리 인성 교육의 한계를 보여주는 한 예일 것이다. '인성 교육'은 도덕적 판단력을 기르기 이전에 '차마 사랑할 밖에 없는' 마음을 기르는 교육이 되어야 하지 않을까?

학교 재건의 시대

"하·은·주 삼대에는 학교 제도가 완비되어 있어 천자가 거처하는 왕궁에서부터 여항閻巷까지 학교가 없는 곳이 없었다. 천자에서 평민의 자제에 이르기까지 여덟 살이 되면 모두 소학에 입학했다." 주자가 『대학장구』에서 '삼대'의 이름을 빌려 피력한 이상적인 교육의 모습이다.

과거제도가 도입된 이래 중국은 과열된 교육열에 시달렸다. 그 과열된 교육열이 가져온 가장 큰 성과라면 수험자의 실력이 현격하게 향상되었다는 점일 것이다. 그러나 그 실력이라는 게 암기력이거나 미사여구를 구사하는 능력에 불과했고, '평천하'를 실현할 수 있는 진정한 의미의 능력은 아니었다는 것이 문제였다. 주자는 과거로 피폐해진 교육 현장을 바로잡아 학교가 본연의 모습을 되찾기를 바랐다.

주자는 문헌 속에 잔존하는 교육제도를 탐구하는 한편, 주와 현에 학교를 세우고 서원을 복원했으며 정사精舍를 세워 제자를 가르쳤다.[15] '위학의 금禁'이

한창이던 65세에 건립한 죽림정사는 그의 만년 사상을 꽃피었던 곳이며, 황간, 진순, 채원정과 같은 뛰어난 후계자를 길러낸 곳이었다. 그는 결코 서재 속 학자가 아니었다.

그렇다면 주자가 추구한 교육이란 어떤 것인가? 그가 추구한 '교육'이 오늘날 우리에게 시사하는 것은 무엇인가? 그가 생각한 학교, 공부, 그리고 과거제도를 중심으로 그의 교육 사상의 전체적인 윤곽을 그려보도록 한다.

배움 공동체 건설

|

북송대에 들어서면 과거제도가 정비되면서 관학官學이 성행하기 시작한다. 그러나 과거학이 중심이 된 관학의 발달은 역으로 그것에 대한 비판과 더불어 지식인의 반성을 촉구했다. 그들에게 진정한 학문이란 개인의 영달을 추구하는 과거학과 양립할 수 없다는 자각이 있었던 것이다.

서원과 정사의 부흥은 그 반성의 결과였다. 주자는 1179년 남강군 지사로 부임하면서 백록동서원을 재건했고, 그해 무이오곡에 무이정사를, 그리고 그로부터 15년 뒤에 담주 악록산에 악록서원을, 건양에 죽림정사를 각각 창건했다. 그가 추구하던 이상적인 '학교'를 현실 속에 재현하고자 한 것이다.

그가 추구한 이상적인 학교란 어떤 모습일까? 최초로 사학의 형태를 갖춘

15_ 정사와 서원은 그 성격이 유사하여 거의 같은 것으로 인식되고 있는데, 엄격히 구분하자면 서원은 어느 정도 공적인 성격을 가지고 있는 것에 반해 정사는 순수하게 민간적인 것으로 서원에 비해 훨씬 더 자유롭게 운영되었다. (조현규, 『주희인문교육사상연구』, 문진출판사, 1998, 231쪽)

공자
혁명

서원이자 이후 동아시아 서원의 모범이 된 백록동서원에는 재건 당시 서원에 게시한 「백록동서원 게시」라는 글이 남아 있는데 거기에는 학문의 목적, 방법, 순서 등이 간결하게 서술되어 있다. 먼저 「백록동서원 게시」에 피력된 그의 생각을 살펴보자.

> 옛 성현들이 사람을 가르친 뜻을 살펴보면 의리를 밝혀서 자기 자신을 수양한 다음에 이것이 다른 사람에게 미치게 했음을 알 수 있다. 사람으로 하여금 암기에 힘쓰고 문장이나 잘 지어 헛된 이름이나 얻고 이록利祿이나 취하라고 한 것은 아닐 것이다. 오늘날 학문하는 사람들은 이미 그 반대로 나아가고 있다. (…) 근세에 와서 학문하는 규칙을 정하고들 있는데, 학자를 대하는 것이 매우 천박하며 방법 또한 옛사람들의 뜻에 부합한다고 할 수 없다.(『주자집朱子集』 권74, 「잡저雜著」)**16**

「백록동서원 게시」는 먼저 과거학을 비판한다. 그것은 학문이라는 이름 아래 헛된 명성이나 이록을 추구하는 것으로 학문이라 부를 수 있는 게 아니라는 것이다. 또 「백록동서원 게시」는 학문함에 있어서 '자율성' '자유로운 분위기'를 강조한다. 학문이란 스스로의 자각으로 완성되어가는 것일 뿐 외부적으로 강제할 수 없다. 「백록동서원 게시」의 내용만으로는 명확하지 않지만 '학자를 대하는 것이 매우 천박하다'는 그의 비판으로부터 당시의 억압적인 학교 분

16_ 熹竊觀古昔聖賢所以敎人爲學之意, 莫非使之講明義理, 以修其身, 然後推以及人, 非徒欲其務記覽, 爲詞章, 以釣聲名取利祿而已也. 今人之爲學者, 則旣反是矣. …近世於學有規, 其待學者爲已淺矣, 而其爲法, 又未必古人之意也.

위기를 엿볼 수 있다. 흔히 주자라면 엄격한 도학자를 연상하지만 교사로서 그
가 추구한 학교는 학생을 존중하는 자율적인 곳이었다. 실제로 그가 제자를
'나의 벗'이라 부른 것은 매우 유명하다. '위학의 금'이라는 대탄압에도 굴하지
않고 그의 임종을 지키고 그의 학문을 후대에 전한 이가 이 '벗'임은 말할 필요
도 없다.

그렇다면 내 본성을 밝히는 교육은 구체적으로 어떻게 이뤄져야 할까? 어떻게
하면 본성이 온전하게 실현되어 『대학』이 밝힌 '치국평천하'에 이를 수 있을까?
「백록동서원 게시」는 구체적인 교육 방법으로 사서의 핵심 내용들을 열거하고
있는데, 그것을 풀이하면 아래와 같은 의미일 것이다. 이는 제자 황간이 『주자
행장』에서 스승의 교육법을 술회한 것이다.

> 선생이 사람을 가르칠 때에는 (…) 『대학』 『논어』 『맹자』 『중용』의 순서로 학
> 문을 시작하게 하여 마침내 여러 경전을 읽게 했다. 책을 읽음에 있어서는
> (…) 마음을 가다듬고 기를 다스려서 자득한 것을 말하게 했다. (…) 학자들
> 이 이치를 궁구하여 자신을 되돌아보고 경으로 이를 지속하기를 바랐다.(『주
> 자행장朱子行狀』)[17]

주자는 사서를 입문서로 삼았다. 그는 학문함에서 가장 중요한 것은 '본령'
'근본' '도리'를 이해하는 것이라 했다. 그에게 있어서 사서야말로 학문의 본령
을 밝힌 책이었다. 그 본령이란 부언할 필요도 없이 '의리'는 내 본성 속에 갖추

17_ 先生敎人, 以大學, 語, 孟, 中庸爲入道之序, 而後及於諸經. … 其於讀書也, … 平心易氣, 以聽其
所自得. … 蓋亦欲學者窮理反身而持之以經也.

어져 있다는 것이다.

또 주자는 그 의리를 깨침에 있어서 '자득'을 강조했고 '자득'한 것을 행위로 옮기기 위해 '경'을 강조했다. 서원의 공부법이 '내 본성을 기르고 성찰하는 것存養省察' '마음을 경건하게 하여 이치를 추구하는 것居敬窮理' 등으로 요약되는 것은 이 때문일 것이다. 주자의 배움터는 단순한 지식의 전달처가 아니었으며 배움과 삶, 앎과 행위가 함께하는 곳이었던 것이다.

서원은 기본적으로 일정한 수업료 없이 기부 방식으로 운영되었고 원생들에게는 숙식을 비롯하여 간단한 생필품도 지급되었다. 주자가 생각한 학교는 경제적 제약으로부터 해방되어 스승과 제자가 함께 정진하고 수련하는 곳이었을 것이다. 그곳에서 생활을 함께한 제자 황간은 그때의 일을 다음과 같이 회상하고 있다.

> 제자들은 공부한 것을 교대로 암송하고 의심스러운 것이 있으면 질문했다. 깨치지 못한 것이 있으면 자상하게 일러주셨는데 조금도 싫어하시는 기색이 없었다. 물어서 적절하지 않은 것은 반복해서 깨우치셨고 마음에 담아두지 않으셨다. 열심히 공부하는 모습을 보면 언제나 기뻐하며 칭찬하셨고, 도로 나아감에 어려움이 보이면 얼굴에 근심스러운 빛을 떠셨다. 경전을 강론함에 다름이 있으면 고금을 살펴보시니 때로 밤이 깊어질 때도 있었다. 비록 몸이 아플 때라도 제자들의 물음에 대답할 때에는 마치 병이 나으신 듯하였으며, 하루라도 강학하지 않으면 근심스러워하셨다.(『주자행장』)[18]

18_ 迭誦所習, 以質其疑. 意有未論__ 則委曲告之, 而未嘗倦. 問有未切, 則反覆戒之, 而未嘗隱. 務學篤, 則喜見於言, 進道難, 則憂形於色. 講論經異, 商略古今. 事至夜半. 雖疾病支離, 至諸生問辨, 則脫然沈痾之去體. 一日不講學, 則惕然常以爲憂.

주자 문하에는 참으로 다양한 사람이 모여들었다. 주자가 그토록 혐오했던 과거 준비생도 있었고, 과거 낙방생도 있었으며, 선학禪學에 물든 사람도 있었고, 논적 육상산의 제자도 있었다. 그 누구도 거부하지 않았고 온 힘을 다해 가르쳤던 스승의 모습을 황간은 그렇게 기억하고 있었다. 진정한 배움 공동체를 열망했던 주자의 모습을 상상하기는 어렵지 않을 것이다.

주자 서원이 후대에 미친 영향은 지대하지만 그 가운데 대표적인 것을 든다면, 첫 번째로 스승을 존경하고 그 학문을 계승하는 전통을 수립한 것을 들 수 있다. 과거제도하에 학문을 전수한 스승은 기껏해야 수업을 하는 사람으로 인식되었고, 학생들이 평생의 스승으로 삼았던 사람은 자신이 과거에 합격하도록 가르친 시험관이었다.[19] 두 번째는 가난한 인재에게도 교육의 기회를 제공한 것이다. 지금도 그렇지만 공부를 하려면 경제력이 필요했다. 가난한 선비는 공부하고 싶어도 공부할 여건이 마련되지 않았다. 세 번째로는 '자득'에 바탕을 둔 자유로운 교육의 시행 등을 꼽을 수 있다.[20] 주자가 백록동서원에 자신의 논적이었던 육상산을 초빙하여 강연하게 한 것이나 친구 장남헌을 초청하여 강의를 부탁한 것이 그 대표적인 예다. 주자 서원에서는 사상적 차이를 넘어 자유로운 학문적 교류가 이뤄졌던 것이다.

오늘날 교육의 기회는 '만백성'에게 개방되었다. 의무교육을 시행하여 교육비의 일부를 국가가 부담하고 있으며, 도서실을 비롯한 학교 시설 또한 놀랄 만큼 정비되었다. 그럼에도 불구하고 여전히 부족한 것이 있다. 열정적인 스승과 배움에 목마른 제자, 그리고 이상을 공유하며 느끼는 공부하는 즐거움. 아마도 가장 중요한

19_ 미야자키 이치사다宮崎市定, 『과거科擧』, 중앙공론사, 1984, 106쪽.
20_ 탁용국, 「송대 서원에 대한 소고」, 『경희사학』 6·7·8, 1980, 165~167쪽.

것이 결여되었기에 이른바 '교실 붕괴'라는 위기가 찾아온 것은 아닐까? 그렇다면 무엇이 스승에게서 열정을, 학생에게서 의욕을, 또 그들에게서 공부하는 즐거움을 빼앗아버린 것일까? 주자의 주장처럼 입시를 위한 교육, 헛된 명성과 이록을 추구하는 교육이 우리에게서 정말 중요한 것을 빼앗아간 것은 아닐까?

나를 읽는 독서법

공부법을 논하는 자리에서 주자가 즐겨했던 말 가운데 하나는 '독서는 제이의第二義', 즉 부차적이라는 것이다. 주자의 주장처럼 사물의 이치가 내 마음속에 온전히 구비되어 있다면 굳이 독서를 통해 내 밖의 이치를 탐구할 필요가 없기 때문이다. 그러나 주자는 다른 한편으로는 독서의 효용을 부정하지 않았다.

> 학문은 자신에게 절실한 문제를 깨닫게 되었을 때 비로소 제대로 한 것이다. 저 독서라는 것은 이차적인 것이다. 도리는 자신에게 전부 구비되어 있으며 밖에서 들어와 첨가되는 것이 아니다. 그런데도 성인이 사람을 가르칠 때 반드시 책을 읽도록 한 것은 비록 내게 이 도리가 갖추어져 있다고 하더라도 경험을 해보아야만 자기 것이 되기 때문이다. 성인이 말한 것은 그가 이미 경험한 것이다.(『주자어류朱子語類』 권10, 「학學」 4, 「독서법상讀書法上」) **21**

21_ 讀書已是第二義, 蓋人生道理合下完具, 所以要讀書者, 蓋是未曾經歷見得許多, 聖人是經歷見得許多, 所以寫在冊上與人看, 而今讀書, 只是要見得許多道理. 及理會得了, 又皆是自家合下元有底, 不是外面旋添得來.

경전이란 성인이 자신의 본성을 깨닫고 실현해간 과정을 기록한 것이다. 물론 자신의 본성을 자각하는 일은 누구도 대신할 수 없으며 말 그대로 '자득'할 수밖에 없다. 그러나 먼저 간 사람들의 족적이 남아 있다면, 그 족적을 따라가는 것으로 나도 거기에 도달할 수 있지 않을까? 주자가 독서를 '제이의'라고 주장하면서도 중시할 수밖에 없었던 이유였다.

주자처럼 독서법에 관해 많은 말을 남긴 사람은 없을 것이다. 책을 읽는 방법이나 목적부터 읽어야 할 책과 읽을 순서에 이르기까지, 독서 전반에 걸쳐 그는 지루하고 자세한 설명을 덧붙이고 있다. 그런데 주자는 왜 그토록 독서법에 정성을 쏟은 것일까? 만약 경전을 읽는 것만으로 내 본성을 자각하는 것이 가능하다면, 자구 하나하나에 매달려 경전을 탐독했던 한대 훈고학자들이야말로 누구보다 확연히 자신의 본성을 자각했어야 한다. 그럼에도 그들이 본성의 자각으로부터 멀어진 이유는 무엇인가?

> 책을 읽을 때는 오직 종이 위에서만 의리를 구해서는 안 된다. 모름지기 자기 자신에게로 되돌아와 의리를 탐구해야 한다. 진한 이후 이를 언급한 사람이 없는데, 이것 역시 오직 의리를 책에서만 구한 것으로 자기 자신에게서 이해한 것이 아니다.(『주자어류』 권11, 「학」 5, 「독서법하讀書法下」)[22]

'종이 위에서만 의리를 구한다'는 것은 지식을 지식으로만 소유할 뿐, 자신의 절실한 문제로 받아들이지 못한다는 뜻일 것이다. 독서법을 둘러싼 주자의 길

22_ 讀書, 不可只專就紙上求理義, 須反來就自家身上以手自指. 推究. 秦漢以後無人說到此, 亦只是一向去書冊上求, 不就自家身上理會.

공자
혁명

고 지루한 설명은 지식이 지식으로 머물지 않고 삶과 하나가 되어야 한다는 것을 역설하기 위함이었다.

오늘날 학교 교육은 분명히 지식 중심 교육이다. 지식 중심 교육이 문제라고 비판받는 이유는 주자가 염려했듯이, 그 지식이 내 자신의 욕망을 추구하는 도구로 사용될 뿐 내 본성을 기르고 실현하는 데에 어떤 도움도 주지 못하고 있기 때문이다. 명문대 출신의 수재들이 여러 사건·사고의 가해자라는 것만 봐도 그 폐해는 충분히 짐작할 수 있다. 지식을 도구로 욕망을 추구해온 인간들, 그들이야말로 지식 중심 교육이 낳은 폐단이다.

그런데 문제는 지식 중심 교육이 아니다. 그 지식으로 자신의 삶을 온전하게 하지 못하고 출세나 영달을 위한 도구로 사용하는 것이 문제이며, 그것이 문제라고 자각조차 하지 못하는 학교나 사회가 더욱 문제다.

과거제를 폐지하라

|

무엇이 지식을 출세를 위한 도구로 전락하게 하는가? 「백록동서원 게시」를 통해 확인할 수 있듯이, 주자는 과거학이 그 원흉이라고 생각했다. 과거학의 문제점은 무엇일까? 주자는 당시의 교육 풍토를 다음과 같이 비판했다.

> 선비들 가운데는 배우고자 하여도 가난하여 배울 수 없거나 배울 장소가 없어 배우지 못하는 사람도 있다. 그러나 여러분은 배울 수 있을 뿐 아니라 배울 수 있는 장소도 보장되어 있다. 그런데도 열심히 공부하지 않는다면 그것은 학문에 뜻이 없기 때문일 것이다. 그렇다 하더라도 이것은 여러분의 죄가

아니다. 평소 교육이 무엇인지를 밝히지 않고 평소 학문이 무엇인지를 가르치지 않은 것이 잘못이다. 지금 아버지가 아들을 인도하고 형이 아우를 격려하며 스승이 제자를 가르쳐 제자가 배우는 것은 과거를 위한 것일 뿐 과거를 제하면 아무것도 없다.(『주자집』 권74, 「잡저」, 「동안현유학자同安顯論學者」)[23]

24세의 나이로 동안현 주부로 부임한 주자는 현의 교육 문제에도 깊은 관심을 보였다. 학교를 보수하고 도서관을 설립했으며 덕망 있는 스승도 초빙했다. 그러나 학생들은 주자의 노력에 부응하지 않았다. 그들에게 필요했던 것은 무엇보다 자신을 급제자로 만들어줄 사람이었기 때문이다.

그러나 주자는 그것이 학생들의 잘못은 아니라고 말한다. 과거가 성행하는 시대에는 급제자만이 충신이고 효자였다. 사회가 요구하는 충신·효자가 되기 위해서는 먼저 과거 합격이라는 관문을 통과해야 했던 것이다. 주자가 과거제도를 정면에서 비판할 수밖에 없었던 이유다.

누차 언급했듯이 과거제에 대한 공통적인 비판은, 과거에는 '교육'의 의미가 없다는 것이었다.[24] 그러나 수많은 과거 비판에도 불구하고 이 제도가 지속되었던 것은 단연 경제적인 이유에서였다. 실제로 주자가 구상한 교육은 엄청난 비용을 필요로 했다. 물론 중국이나 조선에서 그랬듯이 국가가 교육비를 일부 충당하여 관학을 육성시킬 수도 있다. 그러나 과거제가 존립하는 한 학교 교육

23_ 夫學者所以爲己, 而士者或患貧賤, 勢不得學, 與無所於學而已. 勢得學, 又不爲無所於學, 而猶不勉, 是亦未嘗有志於學而已矣. 然此非士之罪也, 教不素明而學不所講也. 今之世, 父所以詔其子, 兄所以勉其弟, 師所以教其弟子, 弟子之所以學, 舍科擧之業, 則無爲也. 해석은『인간주자』(미우라 구니오三浦國雄, 이승연·김영식 옮김, 창비, 1996)에서 재인용
24_ 미야자키 이치사다, 앞의 책, 68쪽.

공자·
혁명·

은 과거 공부를 위한 수단으로 전락한다. 심지어 관학에 반발하여 등장한 서원조차 후대에 이르면 과거 준비 기관으로 전락하지 않았던가? 인재 등용 방식의 전환 없이 교육 혁신은 불가능했던 것이다. 주자가 열렬한 과거 폐지론자가 될 수밖에 없었던 것은 이 때문이다.

그러나 과거 폐지론자였던 주자도 만년에 이르면 과거와 '본성 회복을 위한 공부'의 양립을 용인하기에 이른다. 다음은 군학郡學에 입학하라는 부친의 명을 받고 고민하는 제자에게 주자가 한 말이다.

이미 부친이 자네로 하여금 과거 공부를 하라고 했다면 어찌 군학에 들어가지 않을 수 있겠는가? 낮에 과거 공부를 하고 밤에 이 책을 본다면 아무 문제도 없을 것이고 양쪽 다 온전히 할 수 있을 것이야.(『주자어류』13권, 「학」7, 「역행力行」)[25]

또 만년에 주자 문하에 들었던 이굉조의 기록에는 이런 구절도 보인다.

과거 공부가 꼭 학문을 방해한다고 말할 수는 없을 것이다. 선인들도 모두 과거에 응하지 않았는가? 다만 지금 사람들은 마음을 단단히 매어두지 않기 때문에 해가 되는 것이다.(『주자어류』13권, 「학」7, 「역행」)[26]

주자가 만년에 이르러 과거를 용인했던 가장 큰 이유는 주자 자신이 그랬듯

25_ 旣是父要公習擧業, 何不入郡學. 日則習擧業, 夜則看此書, 自不相妨, 如此則兩全.
26_ 科業亦不害爲學. 前輩何嘗不應擧. 只緣今人把心不定, 所以有害.

이 현실적인 문제 때문이었을 것이다. 어린 나이에 가장이 되었던 주자가 아버지를 대신해 가족들의 생계를 책임지기 위해 과거에 응했듯이, 제자들에게도 과거는 생계와 직결된 현실적인 문제였다.

'선인들도 과거에 응했다'는 주자의 말처럼 과거가 반드시 부정적인 것은 아니었다. 북송대의 뛰어난 재상이나 문인 가운데에는 과거 급제자가 많았다. 단, 과거 출신인 왕안석이 그랬듯 그들 가운데 상당수는 스스로 과거 출신자이면서도 그 폐해를 누구보다 강하게 비판했다. 주자의 표현을 빌리면 그들은 '마음을 단단히 매어두어' 이록에 마음이 흔들리지 않았던 것이다.

주자가 살았던 시대가 그랬듯이, 현재 우리 교육이 겪고 있는 모순이나 위기의 배후에는 입시 제도와 과열된 입시 경쟁이 있다. 시험을 통한 선발 제도가 안고 있는 모순은 다양하지만 가장 큰 문제는 교육이 출세를 위한 수단으로 전락한다는 것이다. 선발된 이가 진정한 인재라 불릴 수 없는 이유다. 그 밖에도 가난한 사람에게 불리하다는 것, 정상적인 사제관계나 교우관계를 기대하기 어렵다는 것 등, 주자의 말을 빌리면 입시 제도는 그 자체만으로 인간의 본성을 위협하는 것이다.

그러나 그렇다고 하여 과거제도를 전면적으로 부정할 수 없었듯이 입시 제도 또한 부정할 수만은 없다. 과거를 위해 공부한 것이 내 본성을 회복하는 데 아무런 도움이 되지 않는다고는 할 수 없는 것처럼, 입시 제도하의 학교 공부가 내 본성을 위한 공부와 무관하다고 할 수도 없다. 문제는 '본령'을 깨닫는 것, 우리가 공부하는 목적이 무엇인지를 잊지 않는 것, 거기서 얻은 지식으로 내 자신을 되돌아보는 것, 그것이 중요하다. 그러기 위해서는 주자의 주장처럼 먼저 교사와 학부모, 그리고 사회가 공부의 본령이 무엇인지를 제대로 인식해야 한다.

3장

깨어서 지켜보라
―퇴계

백진호

자기 본성을
회복하는 도학

우리나라에서 퇴계 이황만큼 국가로부터 많은 관직을 받고 또 그것을 사양한 사람도 드물 것이다. 조선시대의 많은 선비가 그랬듯이, 퇴계는 가난과 부모 봉양 때문에 어쩔 수 없이 벼슬길에 나갔다. 퇴계 시대에는 자신의 본성을 회복하기 위한 공부를 위기지학爲己之學으로 알았고, 명예나 공리나 관록 같은 것을 얻기 위해 하는 과거 공부를 위인지학爲人之學으로 알았다. 위인지학은 오늘날 교육 전반에 만연해 있는 자기 노동력의 가치를 높이는 일로, 본성 회복을 진정한 공부의 목표로 여기는 도학자에게는 진정한 학문이 아니었다.

퇴계는 을사사화의 체험과 귀양길에 나선 넷째 형 온계가 별세하면서 벼슬에 환멸을 느낀다. 과거 급제 후 벼슬살이를 한 지 10여 년이 지난 뒤부터 위인지학을 버리고 위기지학을 해야겠다는 각성을 하게 되는 것이다. 그래서 그는 벼슬의 품계가 높아지면 높아질수록 사퇴하려는 경향을 보였다. 퇴계는 52세 때 남명 조식에게 자신의 심경을 드러낸 다음과 같은 내용의 편지를 쓴다.

공자
혁명

「계상정거도溪上靜居圖」『퇴우이선생진적첩』, 정선, 종이에 먹, 25.3×39.8cm, 국립중앙박물관. 퇴계가 도산서당에서 서안을 앞에 두고 정좌해 있는 모습이다.

저는 어려서 옛사람을 사모하는 마음이 있었으나, 집이 가난하고 어버이가 늙고 친구들이 강권하기 때문에 과거로써 녹을 취하는 길을 걷게 된 것입니다. 저는 그때에는 실로 아는 것이 없어서 그 말에 곧 마음이 동하여, 우연히 천서薦書에 이름이 오르게 되면서부터 티끌 세상에 빠져들어가 날마다 분주히 지내다보니 다른 것이야 말할 것이 무엇이겠습니까? 그 뒤로 병이 더욱 심해지고 또 스스로 헤아려보니 세상에서 아무것도 한 일이 없다는 것을 느끼게 되어, 비로소 머리를 돌리고 발을 멈춰 옛 성현의 글을 더욱더 얻어 읽기 시작했습니다. 이로부터 척연히 깨닫고 늦게나마 길을 고쳐 잡고 방향을 돌이켜서, 늘그막 볕이나 거두어볼까 하여 벼슬자리를 사양하고 책을 메고 산중으로 들어갔습니다. 그리하여 지금까지 이루지 못한 것을 더욱 구하여 혹 하늘의 신령이 도와서 한 알 두 알, 한 치 두 치 쌓고 쌓는 와중에 만의 일이라도 얻는 것이 있으면 이 일생을 헛되이 보내게 되지는 않을 것이라고 생각했습니다.[1]

도학道學을 하는 사람에게 도의 체득과 실천은 무엇보다도 중요한 일이다. 공자가 이미 "아침에 도를 들으면 저녁에 죽어도 좋다"고 말한 바 있고, 도학 창시자의 한 사람인 정명도는 요순의 나라를 다스리고 천하를 평화롭게 하는 일 또한 도학에 비하면 뜬구름이 허공을 지나는 것 같다고 했다. 퇴계는 만년에 이르러 이러한 도학 정신을 받아들여 성인이 되는 학문의 길로 매진했던 까닭에, 임금이 주는 관작과 명예나 조정에서의 사공事功 같은 것이 모두 2차, 3차의 의의밖에 지닐 수 없게 된 것이다.[2]

1_『퇴계 이황』, 윤사순 엮음, 예문서원, 2002, 63쪽 재인용.
2_ 이상은, 『퇴계의 생애와 학문』, 예문서원, 1999, 47쪽.

공자·
혁명·

퇴계는 늙은 나이에 공부의 올바른 방향을 정하고, 성리서인『성리대전性理大全』『주자대전朱子大全』과 같은 책을 늦게 얻게 된 것을 매우 안타깝게 여기며 평생을 성리학과 심학心學을 공부하는 등 위기지학에 전념했다. 퇴계는 학문의 목적이 높은 벼슬에 이르고 명성을 얻어서 출세하는 데 있지 않고, 자신의 본성인 사랑을 회복하며 그 사랑을 다른 존재에게 전하는, 인격적으로 가장 성숙된 성인의 단계에 도달하는 데 있다고 보았다. 그러면서 그는 세상의 많은 영재가 과거 공부에서 벗어나지 못함을 크게 한탄했다.

퇴계는 '학문은 마음을 바르게 하는 데 있다'(『퇴계전서退溪全書』 권13)고 보았다. 마음을 바르게 한다는 말은, 교육이란 다른 것을 위한 수단이 아니라 그 자체가 목적이라는 말과 같다. 그래서 그는 전원에 한가롭게 거처하면서閑居 공부와 강학에 전심전력했다. 그는 도학을 무시하고 사장과 과거에만 몰두하는 관학 교육의 풍토에 크게 실망하여 서원 교육을 중시하면서 서원설립운동에 적극적으로 나서기도 했다. 그는 스승과 제자가 함께 기거하면서 전인격적인 교육을 할 수 있는 서원 교육이야말로 참다운 유학자를 길러낼 수 있다고 생각했다.[3] 그가 도산陶山에 서당을 지어 자신의 수양과 제자를 양성하기 위해 온 힘을 기울인 것은 가르치고 배우는 일이 자신의 본성을 회복하기 위한 도학이어야 함을 몸소 보여준 것이라 하겠다.

3_ 홍원식, 『경북의 유학과 선비정신』, 한국국학진흥원, 2014, 242~243쪽 참조.

亦樂齋

天光雲影臺

魚梁

浮寺

「도산서원도」, 이징, 30.0×130.0cm, 17세기, 계명대 중앙도서관.

일상에서
성현과 마주하는 마음가짐

퇴계는 주자로부터 깊은 영향을 받았지만 리기론理氣論과 심성론心性論적인 이론 천착에 머물지 않고, 실제로 성인이 되기 위해 몸소 가르치고 배우는 일을 실천하며 한평생 공부에 매진했다. 그는 일상적이고 현실적인 세계下學와 도의 세계上達는 분리되지 않고 일상에서 드러난다고 보았다.

퇴계에게 일상은 도를 실현하는 구체적인 장소이자 본성 회복을 위한 시간이었다. 퇴계는 68세 되던 해, 17세라는 어린 나이에 즉위한 선조가 성인이 되기를 바라면서 『성학십도聖學十圖』를 지어 올렸다. 『성학십도』는 퇴계가 평생 동안 이룬 학문적 노력이 담긴 책이다. 그는 10개의 그림을 한 글자로 표현하면 '경敬'이라고 했다. 특히 『성학십도』 9도와 10도에는 일상의 삶을 어떻게 살아야 하는가를 공간과 시간의 차원에서 나누어 설명하고 있다. 『성학십도』의 9도인 「경재잠도敬齋箴圖」에는 우리가 평소에 생활하는 공간인 집, 학교, 직장과 같은 곳에서의 몸과 마음가짐을 바로잡는 공부에 대해 말하고 있다.

공자
혁명

『성학십도』목판. 선조가 성군이 되길 바라면서 퇴계가 성학의 대강을 강의하고 심법心法의 요점을 설명하고자 여러 성리학자의 도설圖說에서 골라 책을 엮고, 각 도식 아래에 자신의 의견을 서술하여 왕에게 강론한 것이다.

의관을 바르게 하고 시선을 존엄하게 하고, 마음을 가라앉혀 상제上帝를 마주 모신 듯이 하라. 걸음걸이는 무겁게 하고 손은 공손하게 하며, 땅을 골라 밟는 것이 개밋둑 사이로 말을 달리듯이 하라. 문을 나가면 손님을 대하듯이 하고, 일을 처리할 때는 제사를 모시듯이 하며, 조심조심 두려워하여 감히 잠시도 안이하게 하지 말라. 입을 지키기를 병마개를 막듯이 하고 잡생각 막기를 성문 지키듯 하며, 성실하고 공경하여 감히 잠시도 경솔히 하지 말라.[4]

「경재잠도」에서 제시한 모습은 마치 상제가 자신의 앞에 계시듯이 항상 경건함을 유지하는 모습이다. 자신이 있는 곳에 상제께서 늘 함께 계신다면 행동 하나하나를 할 때나 한마디의 말을 할 때도 항상 절도를 잃지 않을 것이다. 자신이 하는 말을 모두 자각 속에서 할 것이고, 사사로운 생각이 일어나면 즉각 알아차려 이를 제거할 수 있을 것이다.

10도인 「숙흥야매잠도夙興夜寐箴圖」에서는 이른 새벽부터 늦은 밤까지 시간적 차원에서의 경의 실천을 설명하고 있다.

닭이 울 때 깨어나면 생각이 차츰 달리기 시작하니, 어찌 그 사이에 마음을 고요히 하여 정돈하지 않을 수 있겠는가! 혹 지나간 허물을 살피고 혹 새로 얻은 것의 실마리를 찾으면, 순서와 조리를 묵묵한 가운데 또렷하게 알게 될 것이다. 근본이 이미 확립되거든 이른 새벽에 일어나, 세수하고 머리 빗고 의관을 차리고 단정히 앉아 몸을 단속하라. 이 마음을 끌어모으면 떠오르는 태양처럼 환하고, 몸을 엄숙하게 정돈하여 가지런하게 하면 마음이 텅 비고

4_ 이황, 『성학십도』, 이광호 옮김, 홍익출판사, 2001, 97~98쪽.

第九　敬齋箴圖

正其衣冠
尊其瞻視
潛心以居
對越上帝

足容必重
手容必恭
擇地而蹈
折旋蟻封

出門如賓
承事如祭
戰戰兢兢
罔敢或易

守口如瓶
防意如城
洞洞屬屬
罔敢或輕

〔靜〕〔動〕〔表〕〔裏〕

從事於斯是曰持敬

〔交正〕〔弗違〕〔主一〕〔無適〕〔有差〕〔有間〕

不東以西
不南以北
當事而存
靡他其適

須臾有間
私欲萬端
不火而熱
不冰而寒

萬變是監
惟心惟一
弗參以三
弗貳以二

九法亦殽
三綱既淪
天壤易處
毫釐有差

於乎小子念哉敬哉
墨卿司戒敢告靈臺

「경재잠도」.

고요하여 전일專一하게 될 것이다. 이에 책을 펴고 성현을 마주 대하면, 공자께서 자리에 계시고 안자顔子와 증자曾子가 앞뒤로 서 있게 된다. 성인이신 선생의 말씀을 친절히 경청하고, 묻고 따지는 제자들의 말을 반복해서 참고하여 바로잡아라. 일이 생겨 그것에 응하면 행위에서 징험할 수 있으니, 밝은 하늘의 명이 환하게 빛나거든 항상 잘 살펴야 한다. 일에 응접함이 끝나면 나는 조금 전 그대로 마음을 고요하게 하여 정신을 모으고 생각을 쉬게 하라. 움직임과 고요함이 순일純一할 때 마음만이 이를 살펴, 고요할 때 보존하고 움직일 때 살펴어 두 갈래 세 갈래로 나누지 말라. 독서하다가 쉬는 여가에 틈내어 노닐며, 정신을 편안하게 피어오르게 하고 성정性情을 휴양하라. 해가 저물어 고달프게 되면 흐린 기운이 이기기 쉬우니, 재계齋戒하고 장중하게 가다듬어 정명精明한 정신을 북돋아야 한다. 밤이 깊어 잠잘 때에는 손발을 가지런히 거두어, 생각을 일으키지 말고 심신을 잠들게 하라.**5**

「숙흥야매잠도」는 도를 공부하는 사람이 실천해야 할 경건한 삶의 자세를 묘사하고 있다. 아침·점심·저녁·새벽과 같이 시기·시간에 따라 마음을 닦는 공부법을 말하는 것이다. 이처럼 「숙흥야매잠도」에서는 아침에 일찍 일어나고 저녁에 늦게 잠드는 사이, 즉 지극히 일상적인 차원에서 성현과 마주하는 마음가짐으로 행동함을 바라고 있다. 따라서 책을 읽을 때도 그 책 속에 나오는 과거의 인물인 공자와 안자, 증자가 실제로 존재하듯이, 그들을 눈앞에 모시고 있듯이 공부해야 한다고 여겼다. 아주 생생하게 깨어 있는 또렷한 정신으로 책을 펴서 성현을 마주 대하여 그 말씀을 경청하고 실행하는 일은 일용日用에 힘

5_ 이황, 앞의 책, 이광호 옮김, 105~106쪽.

공자
혁명

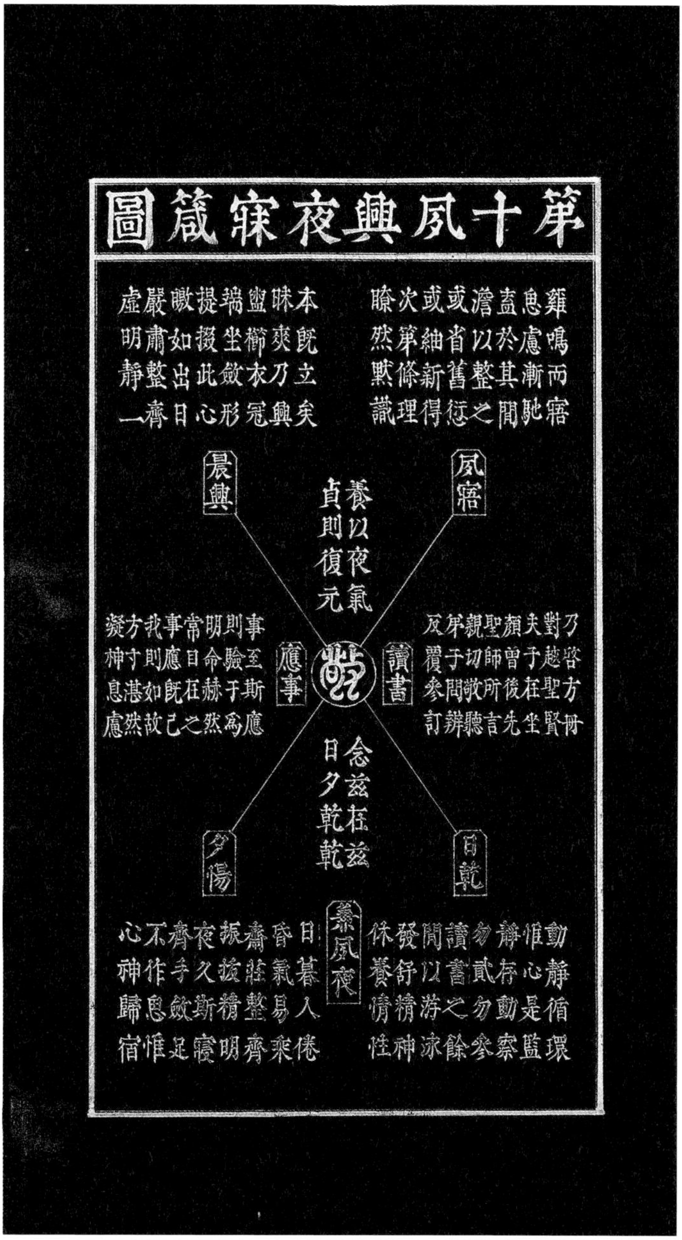

「숙흥야매잠도」, 이황, 조선시대,
국립중앙박물관.

쓰고 경외敬畏를 높이는 것이다.[6]

퇴계는 두 도圖를 통하여 흐리멍덩하게 살아가는 삶을 경계하며 구체적인 일상의 매 순간을 깨어 살아갈 것을 권하고 있다. 이것은 하루를 살아가는 순간마다 자신의 행위와 생각 하나하나를 지켜보면서 마음이 욕심으로 흐르는 것을 막고, 선한 본성이 저절로 생겨나게끔 하기 위한 일이다. 물론 공간적 차원과 시간적 차원의 구분은 구체적인 일상에서의 양자의 분리가 아니라, 단지 논리적인 것이다. 그러므로 실제 공부에서는 시간과 공간이 나누어지지 않는 '지금—여기'에서 자각 속에 살아가야 하는 일인 것이다. 이는 사욕에 휘둘리지 않고 본성을 회복하는 위기지학의 공부에 다름 아니다.

퇴계에게 일상의 강조란 불교와 도교를 비판하는 유교 교육의 중요한 잣대라고 하겠다. 그러므로 하루하루 일상을 충실히 생활한다는 것은 자신이 속한 가정·학교·사회·국가 등에서 자신이 행하는 일, 다시 말해 평이명백平易明白한 곳에서 경을 실천하는 일이었다.

> 선생에게, "주자는 항상 학자들에게 평이명백 한 곳에 힘쓰라 하였는데, 이른바 평이명백 한 곳이란, 곧 부모를 섬기고 형을 따르는, 날마다 보통 하는 일을 말한 것입니까?" 하고 물었더니, 선생은 "그렇다. 공자가 번지에게 이르기를, '거처하기를 공손하게 하고, 일하기를 공경히 하며, 사람을 대하는 데 진실하라'고 했으니 이것이 모두 평이명백 한 곳이다"라고 했다.[7]

6_ 최재목, 『퇴계선생』, 국제퇴계학회 대구·경부지부, 2004, 159쪽.
7_「언행록」『국역 퇴계집』 2, 민족문화추진회, 1967, 223쪽.

공자
혁명

이처럼 유교 교육에서 일상은 부모에게 효도하고 형제와 우애 있게 지내며 제자를 가르치는 등 자신이 늘 생활하는 매우 쉽고 명백한 일인 것이다. 퇴계는 이런 일상의 일에서 놓쳐버리기 쉬운 자신의 마음을 경을 통해 바로잡고자 했다.

> 널리 행해지는 일상생활의 일이란 그 범위가 천 가닥 만 갈래이어서 진실로 끝이 없다. 부모를 섬기는 일부터 만사 만물에 이르기까지 모든 것이 다단多端하니, 이렇게 끝없는 곳의 다단한 것을 낱낱이 만족하게 함은 궁리와 거경의 지극한 공력이 없으면 끝내 이룩하기 어렵다. 그러므로 옛사람들은 학문할 때에 비록 밤낮으로 조심하고 노력하여 한순간의 끊어짐도 용납하지 않았다.(『퇴계문집退溪文集』 권24, 「답정자중答鄭子中」)

일상의 일은 그 범위가 실로 광범위하다. 『중용』에서는 일상에서 지켜야 할 예법이 300가지이고 사회생활에 필요한 행동 규범이 3000가지라고 했다. 그러나 우리가 모든 예법과 행동 규범을 익혔다고 하더라도 잠깐 사이의 방심으로 인해 상황에 들어맞게 행위하지 못할 가능성은 늘 잠재해 있다. 뿐만 아니라 실제로 우리 일상은 실타래처럼 복잡하게 얽혀 있어 때에 맞게 정해진 규범으로 행위를 한다는 것은 사실상 불가능하다. 그래서 퇴계는 이런 일을 만족하게 처리하려면 '거경居敬과 궁리窮理의 공력을 쌓는 일敬'이 우선이라고 말한다. 경은 거울이 사물을 비추듯이 마음이 사물을 있는 그대로 인식하는 것을 의미한다. 거울이 사물이 오기 전에 사물을 비추지 않으며 사물이 지나가면 조그마한 흔적도 남기지 않듯이, 마음이 어떤 관념으로도 과거나 미래를 해석하지 않고 오직 닥친 '지금―여기'의 일에만 온전히 마음을 쏟을 때 경의 공력은 점

「석진단지石珍斷指」『오륜행실도』, 조선시대, 규장각한국학연구원.

점 더 커질 것이다.

퇴계는 위기지학을 하는 사람은 항상 경으로 일관하는 삶을 살아야 한다고 보았다. 퇴계에 의하면, 인간이 인욕에 빠지지 않고 천리를 보존하기 위해서는 마음을 항상 순일하게 깨어 있도록 하여 마음이 은미하게 드러나는 순간을 잘 살펴야 한다고 했다. 마음의 은미함이 드러나는 순간은 곧 '본성'이 '감정'으로 드러나는 순간이다. 그러므로 성性 단계에서는 존양의 노력을 하고 정情 단계에서는 성찰의 노력을 해야 하는데, 이러한 방법으로 퇴계가 제시한 것이 바로 경이다. 그러므로 경 공부가 오래 익으면 개인적인 욕망이 줄어듦으로써 마음의 지각 능력과 깨달음의 능력을 회복할 수 있으며, 최종적으로 마음을 바르게 표출할 수 있는 인仁의 경지를 체인하게 되는 것이다.[8]

처음 공부를 하는 사람에게 경으로써 사는 일은 자기 몸을 바로 하는 일로부터 시작된다.

> 처음 공부하는 사람은 정제엄숙整齊嚴肅 상에서 공부해나가는 것만큼 좋은 것이 없다. 마음을 억지로 탐색하거나 안배하는 것은 되지 않는 일이다. 다만 법도에 따라 남이 보지 않는 어둡고 은밀한 곳에서도 경계하고 삼가서 마음을 조금도 방종하고 산만하게 하지 않으면, 오랜 뒤에는 자연히 깨달음 속에 있게 되고 마음에 어떤 물건도 용납하지 않게 된다. 그래서 잊거나 조장하는 병통이 조금도 없게 된다.(『퇴계전서』「언행록言行錄」)

이처럼 퇴계는 평소 의관을 바르게 하고 사려를 오롯하게 하며 스스로를 속

8_ 백진호, 「퇴계심학의 형성과 특징」, 대구교대 대학원 석사학위논문, 2004, 39쪽.

이거나 태만하지 않는 등, 보고 듣고 말하고 행동함에 있어 항상 장엄하고 엄숙하게 갖는 노력이야말로 경의 일차적 관문임을 말하고 있다.[9]

퇴계 자신도 일상의 삶에서 늘 경을 유지하면서 도학자道學者적인 풍채를 잃지 않았다. 그는 완성된 인격의 경건한 태도로 살았으며 늘 빈틈없고, 항상 이치에 어긋남이 없어 이치대로 살아가는 완전한 인간의 삶을 지향했다.[10] 그의 삶은 제자들에게 하나의 모범이었다. 학봉 김성일은 스승의 모습을 다음과 같이 기록하고 있다.

> 거처는 반드시 정돈되어 안정했으며, 궤안은 반드시 맑고 깨끗했으며, 방 안에 도서가 가득했으나 항상 정연하여 어지러운 법이 없었다. 새벽에 일어나서 반드시 향을 피우고 정좌하여 종일 글을 읽었으며, 언제나 나태한 모습을 볼 수 없었다.(『퇴계전서』「언행록」)

퇴계의 이런 태도는 그가 일상의 삶 속에서 몸을 단정히 하고 엄숙한 태도를 유지하는 일整齊嚴肅에 얼마나 충실했는가를 잘 보여준다. 퇴계에게 일상은 우리가 잠시도 떠날 수 없는, 도道가 유행流行하는 곳으로 어디에선들 공부를 그만둘 수 없는 곳이다. 다음 퇴계의 말은 일상에 대한 그의 입장을 분명히 알 수 있다.

9_ 정재걸 외 4인, 『동양사상과 마음교육』, 살림터, 2014, 238쪽.
10_ 최재목, 「퇴계의 '경의 심학'과 양명의 '양지 심학'」 『퇴계사상의 유학사적 좌표 발표문』, 경북대 퇴계연구소, 2007.

도는 일상생활을 하는 사이에 유행하여 어디를 가더라도 없는 곳이 없다. 그러므로 이치가 없는 곳이 없으니 어느 곳에선들 공부를 그만둘 수 있겠는가? 또 잠깐 사이도 정지하지 않으므로 순식간도 이치가 없는 때가 없으니 어느 때인들 공부하지 않을 수 있겠는가? 그러므로 자사子思 선생이 말하기를, '도는 잠시도 떠날 수 없다. 떠날 수 있으면 도가 아니다. 그러므로 군자는 보지 않는 데서도 마음을 삼가고 듣지 않는 데서도 마음을 두려워한다'고 하였다.[11]

이처럼 일상은 우리가 잠시도 떠날 수 없는 도의 유행처이며, 퇴계는 일상을 자각 속에 살 것을 제자들에게 항상 당부했다.

11_ 이황, 『성학십도』, 이광호 옮김, 홍익출판사, 2001, 107쪽.

자연에서 몸과 마음을
이완하는 시간

일상생활의 모든 국면에서 자신의 행동과 생각과 느낌을 깨어서 지켜보는 것은 지극히 어려운 일이다. 그것이 몸을 단정하게 하고 엄숙한 태도를 유지하는 일整齊嚴肅이 되었든, 마음을 하나로 하여 흐트러짐이 없게 하는 일主一無敵이 되었든, 항상 자신의 행위에 깨어 있는 일常惺惺이든, 일상에서의 깨어 있음은 고도의 집중력을 요하기 때문이다. 따라서 이런 수행을 위해서는 잠깐이라도 몸과 마음을 이완하는 시간이 필요하다. 이를 우유함영優游涵泳이라고 한다. 우유함영은 경전을 공부하면서 이뤄진 팽팽한 긴장을 이완하기 위해서 자연을 이리저리 소요하면서 문득 깨닫는 공부 방법으로 고안된 것이다. 서원에서 반드시 정자를 설치하는 이유는 이런 우유함영을 위한 것이다.[12]

학문의 길에서 각고의 노력도 중요하나 심신의 이완 또한 중요하다. 왜냐하

12_ 정재걸, 『삶의 완성을 위한 죽음교육』, 지식의날개, 2010, 80쪽.

면 오랜 시간 긴장을 유지한다는 것은 삶의 한쪽만을 취하는 것이기 때문이다. 도는 긴장과 이완 모두를 사용하는 것이기에, 퇴계 역시 공부에 있어 이완의 중요성을 누구보다 잘 알았다. 그래서 그는 제자 남시보에게 화초의 감상과 자연을 즐기는 것을 통해 마음을 항상 화순한 경지에 있도록 할 것을 당부했다.

> 일상생활에서 수작을 적게 하고, 기호와 욕망을 절제하고, 마음을 비워 편안하고 유쾌히 하루하루를 보낼 것이며, 그림이나 화초, 산수와 물고기와 새를 구경하며, 진실로 정의情意를 즐겁게 할 수 있도록 하는 것을 되도록 자주 접촉하여, 심기를 항상 온화한 경지에 있도록 할 것이며 성내고 원한 품는 일이 없도록 해야 한다.(『퇴계선생문집退溪先生文集』권14, 「일답남시보―答南時甫」)

바쁜 일상에서 자연과의 접촉은 사람의 마음을 평화롭게 한다. 우리 주변에 심겨져 있는 나무 한 그루 풀 한 포기를 자신과 다른 존재로 여기지 않고 깊이 만난다면 우리는 자연물을 통해 자신의 삶을 더욱 깊이 만나게 될 것이다. 퇴계는 누구보다도 자연을 사랑했으며 강학의 장소에는 소나무, 국화, 대나무, 매화 등 자연의 친구들로 가득했다. 퇴계는 산수의 자연을 애호하고 흥취가 생기면 그 시상詩想을 시문詩文에 의탁하는 것을 즐거움으로 삼았다. 도산에서는 산꽃이 활짝 필 즈음에는 소나무 숲 사이를 소요하고 달 밝은 밤에 배를 띄워 제자들과 시를 읊는 일도 자주 있었다. 퇴계에게 산림의 즐거움이란 꽃과 물고기, 새와 같은 개체의 자연물을 관상하는 취미나 오락적인 기분 전환에 불과한 것이 아니라 좀더 심오한 정신적인 요구, 말하자면 마음의 정화라든가 인격의 도야, 더 나아가 천인합일天人合一의 경지를 구한 데서 나온 것이라 보았다.[13] 이처럼 퇴계는 자연의 비인위적인 모습을 통해 사욕이 제거될 때 저절로 드러나는 자신의 본성을 회복하는 본보기로 삼고자 한 것이었다. 그는 제자 권호문에게 준 글에서 다음과 같이 말한다.

> 산을 좋아하고 물을 좋아한다는 말은 산이 곧 어짊이고 물이 곧 슬기라는 뜻이 아닐 뿐만 아니라 사람과 산수의 본성이 같다는 말도 아니다. 다만 어진 사람은 산과 비슷하기 때문에 산을 좋아하고 슬기로운 사람은 물과 비슷하기 때문에 물을 좋아한다고 한 것이다. 비슷하다는 것은 어진 사람과 슬기로운 사람의 기상과 의사를 두고 한 말이다. 이것은 사람들이 어떤 형상을 통하여 근본을 구하고 본보기의 극치를 삼으려는 것이지, 산과 물에서 어짊과 슬기로움을 구하게 하려는 것은 아니다. 참으로 내 마음에 어짊과 슬기로움으로 가득 차서 밖으로 나타나기만 한다면, 요산요수는 간절히 구하지 않더라도 자연히 얻게 될 것이다.(『퇴계선생문집』 권37, 「답권장중호문答權章仲好文」)

퇴계의 이 말은 자연을 가까이함으로써 인위의 폐해가 없는 이상적인 생활 태도를 통해 자신에게서 본성이 흘러나오게끔 하고자 하는 삶의 태도가 반영된 것이다. 퇴계에게 자연은 사사로운 욕심 없이 모든 만물의 성장을 돕고, 스스로도 자신을 뽐내지 않는 인간의 이상과도 같은 것이었다. 시끄러운 인간 현실보다는 자연이 마음을 보존하고 본성을 기르기에 훨씬 더 알맞고, 자연 그 자체가 도의 드러남이라고 보았기 때문이다. 퇴계는 자신이 산수를 좋아하는 것에 대해 다음과 같이 말했다.

13_ 사토 진佐藤仁, 「퇴계와 송유의 자연존중 정신」 『퇴계학연구논총』 7, 박양자 옮김, 경북대 퇴계연구소, 1997, 284쪽.

공자
혁명

산수를 좋아하는 것은 그 맑고 높음을 좋아해서다. 맑은 것은 스스로 맑고 높은 것은 스스로 높으니 사람이 알아주고 알아주지 못한 것에 어찌 관여하겠는가? 산과 물은 스스로 한탄하지 않는데, 나는 한탄하니 이것은 내가 어리석은 것이다.(『퇴계선생문집』권42,「단양산수가유자속기丹陽山水可遊者續記」)

맑은 것은 스스로 맑고 높은 것은 스스로 높다. 사람들이 알아주지 않아도 전혀 아랑곳하는 않을 수 있는 것은 본성을 회복한 사람의 태도이자 도의 드러남이다. 퇴계는 이런 자연 속에, 도 안에 머물면서 자신도 자연처럼 살고 싶었던 것이다. 그가 61세 때 쓴 글을 보면 얼마나 자연을 사랑하고 포근하게 생각했는지를 잘 알 수 있다.[14]

혹은 돌에 앉아 샘물을 구경도 하고 대에 올라 구름을 바라보며, 여울에서 고기를 구경하고 배에서 갈매기와 친하면서 마음대로 시름없이 노닐다가, 좋은 경치를 만나면 흥취가 절로 일어 마음껏 즐기다가, 집으로 돌아오면 고요한 방 안에 쌓인 책이 가득하다. 책상을 마주하여 잠자코 앉아 삼가 마음을 잡고 이치를 궁구할 때, 간간이 마음에 얻은 것이 있으면 흐뭇하여 밥 먹기도 잊어버린다.(『퇴계선생문집』권3,「도산잡영병기陶山雜詠並記」)

퇴계는 산야의 아름다움을 통해 자신의 마음을 아름답게 했고 이런저런 고민을 씻어낼 수 있었으며, 재차 맑아진 마음으로 책을 읽음으로써 알 수 없었

14_ 최신호,「퇴계의 문학관에 있어서의 지의 문제」『퇴계학연구논총』5, 경북대 퇴계연구소, 1997, 148쪽 참조.

던 부분을 이해하곤 했다. 이처럼 퇴계는 자연과의 합일을 통해 긴장과 이완의 적절한 균형을 유지하면서, 인욕을 버리고 본성을 회복하는 공부의 기회로 삼았다. 부귀공명을 뜬구름처럼 알고 가난하지만 자연에 묻혀 학문을 하고 도를 닦는 일은 퇴계에게 그 무엇과도 바꿀 수 없는 즐거움이었다. 욕심을 내려놓고 바라보는 자연은 온통 도의 드러남이었고, 도학자로서 자처한 퇴계에게 도를 공부하는 장소이자 스승이었다.[15] 퇴계는 이런 자연을 통하여 자연과 인간은 둘이 아니라는 천인합일의 기쁨을 누렸다.

퇴계가 산림의 즐거움이라고 말할 때 잊지 말아야 할 것은, 그것이 성현이 지은 경전을 학습함으로써 얻는 기쁨과 표리일체를 이루고 있다는 점이다. 퇴계가 그토록 자연을 사랑한 것은 인욕이 소용돌이치는 명예와 이익만을 구하는 세계로부터 멀리 떨어져서 다른 사람에게 인정받기 위한 학문이 아닌 진정한 의미의 학문, 즉 자신이 이미 가지고 있는 본성을 회복하는 위기지학에 전념할 수 있었기 때문이다.[16]

군자의 학문은 자기를 위할 따름이다. 이른바 자기를 위한다는 것은 저 장경부가 말한 '위하는 바가 없이' 하는 것이다. 우거진 숲속에 있는 난蘭이 온종일 향기를 피우지만 스스로는 그 향기로움을 모르는 것과 같으니, 군자의 자기를 위하는 뜻에 꼭 맞는 말로서 마땅히 깊이 본받아야 할 것이다.[17]

학문하는 길에서 휴식과 휴양은 단순한 쉼이 아니라 좀더 자유로운 삶의 재

15_ 최신호, 앞의 논문, 156쪽.
16_ 사토 진, 앞의 논문, 박양자 옮김, 296쪽.
17_ 「언행록」 『국역 퇴계집』 2, 민족문화추진회, 1967, 243쪽.

창조를 위해서 매우 중요하다. 퇴계는 자연 속에서 성인의 모습을 보았고, 자연을 벗 삼으며 일상에서의 긴장을 해소할 수 있었으며, 이 긴장과 이완을 조화롭게 유지하면서 위기지학에 전념할 수 있었다.

가르치고 배우는 데
부지런한 스승

퇴계는 일흔 살의 생애를 마칠 때까지 그의 문하에서 많은 제자를 배출했다. 정승을 지닌 사람이 10명이 넘고, 시호諡號를 받은 인물이 30여 명이나 되며, 대제학을 지낸 사람은 10명이 넘는다. 명종 말부터 선조 조에 걸쳐 당시의 명성을 떨친 명사 가운데 퇴계 문하에 왕래하지 않은 사람이 없었다. 더구나 퇴계의 문인 중에는 서원과 사우祠宇에 배양된 이가 74명에 이른다.[18] 이런 사실만 보더라도 그가 제자들을 얼마나 열심히 가르쳤는지를 알 수 있다.

퇴계가 이처럼 가르침에 열성적이었던 것은, 젊은 시절 참된 스승이나 친구의 도움을 받지 못해 학문을 어떻게 해야 할지 몰라 방황하던 경험이 있었기 때문일 것이다. 퇴계는 사랑하는 제자들이 이런 경험을 하지 않도록 노력했다. 퇴계는 학문의 착수처를 몰라 방황할 때의 심정을 다음과 같이 말한다.

18_ 박재문, 「이퇴계의 교육이론 연구」 『퇴계학연구논총』 6, 경북대 퇴계연구소, 2000, 20쪽.

공자
혁명

나는 젊어서 학문에 뜻을 두었으나, 학문의 뜻을 깨우쳐줄 만한 스승과 친구가 없어서 수십 년 동안 학문을 착수하고도 들어갈 곳을 몰라서 헛되이 생각만 하고 방황했다. 때로는 눕지도 않고 고요히 앉아서 밤을 지새운 적도 있는데, 마침내 마음의 병을 얻어 여러 해 동안 학문을 중지하지 않으면 안 되게 되었다. 만약 참된 스승이나 벗을 만나 아득한 길을 지시받았더라면 어찌 심력心力을 헛되이 써서 늙은 지금에 이르기까지 이토록 얻은 바가 없기에 이르렀겠는가?[19]

퇴계 자신이 젊었을 때 겪은 애절한 심정은 제자를 교육하는 데 많은 자양분이 되었다. 자신이 겪은 학문적 방황을 제자들이 겪지 않도록 누구보다도 제자 가르치는 일에 충실히 했다는 점만 보더라도, 퇴계는 훌륭한 스승으로서의 자질을 충분히 지녔다고 볼 수 있다.

퇴계는 '공부는 성인이 되는 일'이라고 하여 제자들이 자신의 본성을 회복하는 일을 가장 중요한 일로 삼도록 가르쳤다. 그는 성인됨의 길은 먼저 입지立志에 있다고 하면서 입지의 여하에 따라 어떠한 사람도 성인과 같이 될 수 있다고 했다.[20] 그래서 늘 제자들에게 성인이 될 뜻을 세우라고 당부했다.

선비의 병통은 입지가 없는 것이다. 만약 뜻이 돈독하게 참되다면 무엇 때문에 학문이 지극하지 못하거나 진리를 깨치기 어려울까 걱정하겠는가?(『퇴계선생문집』 권24, 「답정자중유일答鄭子中惟一」)

---

19 「언행록」, 『국역 퇴계집』 2, 민족문화추진회, 1967, 221쪽.
20 정순목, 『퇴계평전』, 지식산업사, 1994, 140쪽.

그러나 퇴계는 성인이 되겠다는 뜻을 세웠다고 해서 위기지학의 공부가 저절로 가능하다고 보지는 않았다. 왜냐하면 학생이 위기지학을 하기 위해서는 배우는 사람이 사사로운 욕심에 빠지지 않는 힘인 경을 실천할 수 있어야 하기 때문이다.

> 사람이 일을 하려면 반드시 뜻을 세움으로써 근본을 삼아야 하는 것이다. 뜻이 서지 않으면 일을 할 수 없을 것이요, 또 비록 뜻을 세웠다고 하더라도 진실로 경 하여 이 마음을 갖지 않으면, 또한 범연泛然히 주장이 없어져 아무것도 하는 일 없이 날을 보낼 것이니, 다만 실속이 없는 말에 그치고 말 것이다. 뜻을 세우려면 모름지기 사물 밖으로 높이 뛰어넘어서야 할 것이고, 경 하려면 항상 사물 가운데 있으면서 이 경과 사물로 하여금 어긋나지 않게 해야 하는 것이다. 말할 때에도 경 할 것이요, 움직일 때에도 경 할 것이며, 앉아 있을 때도 모름지기 경 해야 할 것이니 잠깐이라도 이 경을 버릴 수 없는 것이다. 이 말은 학자의 생활에 가장 절실한 바이니 마땅히 체험해야 할 것이다.[21]

퇴계가 공부에서 입지와 함께 경을 강조하는 것은, 배우는 사람으로 하여금 성인이 되겠다는 뜻을 명확히 세우고 자칫 욕심으로 빠질 수 있는 자신의 마음을 알아차려 도의 마음으로 행위할 수 있게 하기 위함이다. 그러므로 공부의 뜻은 일상을 통해 드러나는 형이상形而上의 도를 체득하는 데 두어야 하는데, 그러면서도 경은 일상적이고 구체적인 일을 통해 유지해야 함을 말하는 것이다. 왜냐하면 일상을 무시하고 고원함을 찾는 것은 유교에서 그토록 비판하

21_「언행록」『국역 퇴계집』2, 민족문화추진회, 1967, 236쪽.

는 불교나 도교에 빠지는 일이 되기 때문이다.

　구체적인 일상은 본성을 회복한 사람에게는 드러남 그대로가 도이지만, 사욕에 이끌려 일상을 떠난 도의 세계를 따로 상정하고 그것을 추구하는 사람에게는 스스로를 가두는 감옥과 같다. 그러므로 공부하는 사람은 자각 속에서 일상의 구체적인 행위를 함으로써 욕심에 휘둘리지 않고 즉각적으로 본성이 드러날 수 있도록 해야 한다. 이런 이유에서 퇴계는 입지만큼이나 경을 강조하는 것이다. 그러므로 퇴계에게 경은 일상생활에서 잠시도 멈춰서는 안 되는 공부 방법이며, 공부의 시작이자 끝이었다.

　경을 배우고 경의 삶을 산 퇴계는 사람을 가르치는 것도 한결같이 경으로 했다. 그는 제자의 배움에 대한 역량의 깊고 얕음에 따라 가르치는 일을 달리했다. 인재의 자질에 따라 가르침을 펴는 것은 공자 이래로 유교에는 아주 중요한 교육 방법이었다. 이것은 교사가 학생에게 무엇이 언제 필요한지를 정확하게 알 때 가능한 일이다. 학생은 이미 자신과 모든 존재에게 사랑을 베풀 수 있는 능력이 내재해 있으므로, 스승은 학생의 자질을 정확하게 파악하여 학생이 본성을 회복할 수 있도록 적절한 도움과 상황을 만들어줄 수 있어야 한다. 퇴계는 자신뿐만 아니라 제자들에게 본성을 회복하여 성인이 되도록 돕는 일을 최선으로 생각하고 실천했다.

　　성인의 교육은 각각 그 자질에 따르는 것이다. 그 자질에 따라서 성취시키려

　　하기 때문이다. 만약 공자가 임금의 지위를 얻어서 그 도리를 실천했다면 역시

　　각자 그들의 자질에 따라서 그 장점을 취하여 임용했을 것이다. 임금은 임금

　　과 스승의 책임을 겸했으므로 인재를 기르는 데도 이것을 원칙을 삼아야 하며

　　사람을 쓰는 데도 역시 이것으로 기준을 삼았을 것이다.(『퇴계전서』「언행록」)

퇴계는 사람을 가르칠 때는 먼저 그 뜻이 향하는 곳을 살펴 그 자질에 따라 가르치되, 먼저 입지하게 하고 위기爲己 하는 학문이 되게 하고, 혼자 있을 때 삼가고 기질을 변화시켰다. 도에 뜻을 두어 정성되고 독실한 것을 보면 기뻐하여 더 나아가도록 힘쓰고, 학문을 향하는 마음이 게으르고 풀어지면 걱정하여 격려하되 부지런하고 간절하게 이끌어주고 부축해주기를 한결같은 정성으로 했다.[22]

또 퇴계는 평생을 배우는 데 부지런했고 후배에게도 묻기를 좋아하여 좋은 의견을 들으면 자신의 견해를 고치는 데 주저하지 않았다. 자신의 견해에 잘못된 점이 있으면 이를 수정하는 데에도 게을리하지 않았다.

선생은 학자와 더불어 강론하다가 의심나는 곳에 이르면, 자기의 소견을 고집하지 않고 반드시 널리 여러 사람의 의견을 취했다. 그래서 비록 문장과 구절에 비속한 선비의 말이라도 유의하여 듣고 마음을 비워 연구해보며, 또 거듭거듭 참고하고 고쳐서 끝내 바른 곳으로 귀결 지은 뒤에야 그만두었다. 그가 변론할 때에는 기운이 부드럽고 말은 온화하며, 이치가 밝고 뜻이 바르며, 비록 여러 의견이 다투어 일어나더라도 거기에 조금도 휩쓸리지 않았다. 이야기할 때에는 반드시 상대방의 말이 그친 뒤에라야 천천히 한마디로 조리를 따져 해석하지만, 꼭 자신의 의견이 옳다고 하지 않고 다만 내 소견은 이러한데 어떤지 모르겠다고만 했다.(『퇴계전서』 「언행록」)

퇴계는 제자를 가르칠 때에도 친구처럼 다정스럽게 대했으며, 자기주장을 하

22_ 정순목, 『퇴계의 교육철학』, 지식산업사, 1988, 199쪽 재인용.

지 않고, 항상 포용적이었다. 그리고 제자가 모르는 것이 있으면 끝까지 알도록 해주었다. 그는 누구보다도 가르치는 일을 좋아했고 부지런히 가르쳤다.

배우는 자들이 질문할 때는 자세하게 설명하여, 탁 트여서 아무런 의문이 남지 않도록 했으므로, 아무리 우둔한 사람이라도 모두 감발感發하여 의욕을 갖게 되었다. 여러 학생과 상대할 때에 마치 존귀한 손님이 좌석에 있는 것같이 했으며, 모시고 앉았을 때에는 감히 우러러 쳐다볼 수가 없었다. 그러나 앞에 나아가 가르침을 받을 때는 화기가 훈훈하고 강의가 다정하고 친절하여, 처음부터 끝까지 환히 통달해서 의심나거나 불분명한 것이 없었다.(『퇴계전서』「언행록」)

심지어 중한 병이 들었을 때조차 평소처럼 학생들을 가르쳤다.

병이 있어도 강론을 그치지 않았다. 돌아가시기 전달에 이미 중한 병이 들었는데도 학생들과 강론하기를 평소와 다름없이 했다. 학생들이 오랜 뒤에야 깨닫고 강론을 거두었는데, 며칠 만에 병이 이미 위독해졌던 것이다.(『퇴계전

「도산서원」, 정선, 종이에 엷은색, 56.3×21.2cm, 1734, 간송미술관.

서』「언행록」)

이처럼 퇴계에게는 제자가 본성을 회복할 수 있도록 돕는 일은 자신의 병을 치료하는 것보다도 더 중요한 일이었다. 그러면서도 그는 결코 스승으로 자처하지 않았다.

후학들을 가르침에서는 싫어하지도 않고 게을리하지도 않으며, 친구처럼 대접해서 끝까지 스승으로 자처하지 않았다.[23]

그가 스승으로 자처하지 않는 모습은 진리 앞에 항상 스스로를 부족한 존재로 여기는 겸손한 모습을 잘 보여준다. 퇴계는 경에 대해 제자인 이덕홍이 논

23_「언행록」『국역 퇴계집』 2, 민족문화추진회, 1967, 240쪽.

공자
혁명

한 글(「논경서論敬書」) 한 통을 베껴서 자신의 벽에다 걸어둔 일이 있었다. 월천 조목이 퇴계에게 그 까닭을 묻자 '내 비록 남을 가르치기는 이렇게 했지만, 내 몸을 돌이켜 살펴볼 때 아직 스스로 다 되지 못했기 때문에 이렇게 하는 것'이라고 대답했다.[24] 퇴계의 이런 태도는 진실로 배우기를 좋아하는 자의 모습으로 제자들에게 스승으로서 삶의 모범이 되었다.

---

[24]_ 정순목,『퇴계의 교육철학』, 지식산업사, 1988, 198쪽.

평생 자각하며
이치에 이르는 길

퇴계에게 경은 한 번의 실천으로 끝나는 깨달음이 아니라, 평생을 유지해야 할 생활 태도이자 공부 방법이었다. 퇴계는 제자들에게 평생을 자각 속에 살 것을 강조했다. 물론 자각 속에 사는 일은 자신의 마음에서 사사로운 욕심을 알아차려 이에 휘둘리지 않고 본성을 실현하는 것이다. 그러므로 자각이 무르익어 사욕에 휘둘리지 않으면, 하고자 하는 대로 해도 법도에 어긋나지 않는 성인의 경지에 도달하게 된다.

삶의 매 순간을 깨어서 살라고 강조하는 것은 동양의 교육 전통에 일관되게 흐르는 정신이며 퇴계 또한 이것을 강조한다. 사실 그의 수많은 가르침에 일관된 정신은 성인이 되기 위해 순간순간을 자각 속에 살라는 것이다. 그러나 퇴계의 경은 일상의 삶을 등한시한 채 고요한 곳에 머물러 마음을 수양하는 일이 아니라, 성현의 말씀을 공부하고 일상의 구체적인 일인 부모에게 효도하고 형제와 우애 있게 지내며, 가르치고 배우는 일에 정성을 다하는 등 '지금-여기'

의 일을 진실로 사는 일이다. 그러므로 퇴계는 갑작스런 깨달음頓悟이나, 한 번 깨닫고 모든 일을 끝마치는頓修 공부를 강하게 배척했다. 이런 면에서 퇴계는 주로 육상산과 진백사, 왕양명을 비판한다. 퇴계는 육상산의 심학에 대해 다음과 같이 말한다.

한 번에 뛰어넘고 갑자기 깨닫는 돈오頓悟의 학문일 뿐이며, 궁리는 정신을 피로하게 하는 것으로 여겨 묻고 배우는 공부道問學를 하지 않으니 불교의 불입문자不立文字 하고 견성성불見性成佛 하는 것과 무슨 다름이 있겠는가?[25]

퇴계는 궁리와 문학問學의 학문을 벗어나는 것은 선학禪學의 돈오에 해당되는 것이라 파악함으로써, 상산을 불교와 같은 이단으로 규정했다. 또 퇴계는 백사에 대해 「백사시교변白沙詩敎辯」을 지어 "스승의 가르침을 친히 받지 못하면 끝내 스스로 깨달을 이치理가 없다"는 백사의 말에 대해, 이것은 곧 공부의 지속적인 축적 없이 스승의 말씀을 통한 직접적인 깨달음을 말하는 것으로 불가의 돈오법이며, 유가에는 이런 공부법이 없다고 비판했다. 그러면서도 그는 백사가 글의 교훈을 다 폐하지 않고 사물의 이치를 다 녹여 없애지 않았기 때문에 많이 배반한 것이 아니므로 백사의 학문 전부를 선가禪家의 이론으로 볼 수는 없고 오히려 자신의 학문에 가깝다고 말했다.[26] 즉 퇴계는 백사의 학문이 양명의 학문에 비해서는 비교적 자신의 학문에 가깝다고 본 것이다.[27] 그러나 퇴

25_ 금장태, 『퇴계의 삶과 철학』, 서울대출판부, 1998, 30쪽 재인용.
26_ 『퇴계전서』 10, 퇴계학연구원, 1992, 37쪽·49쪽.
27_ 멍페이위안蒙培元, 「이퇴계와 진백사의 심학사상 비교」, 문지성 옮김, 『퇴계학연구논총』 8, 경북대 퇴계연구소, 1995, 3쪽.

「왕양명간죽도」. 퇴계는 주희와 대척점을 이루는 왕양명의 학문에 대해서 비판적 태도를 취했다.

계는 양명에 대해서는 분명하게 비판적 태도를 취한다. 퇴계는 「전습록논변傳習錄論辯」을 지어, 양명이 심즉리心卽理 설을 주장하며 사물상에서 이치를 구하는 것을 부정하는 것과 앎, 행위의 문제를 혼동하여 지행합일知行合一을 주장하는 것 등을 들며 그를 강하게 비판했다. 퇴계는 양명에 대해 다음과 같이 말한다.

> 선학과 같으면서 선학이 아니요, 오로지 정좌만을 주장하지도 아니하여, 그 올바름을 해침이 심하다.(『퇴계집退溪集』 권41)

> 학술이 매우 편벽하고, 그 마음이 강하고 사나워 제 마음대로 하고 (…) 인의를 해치고 천하를 어지럽히는 일은 반드시 이 사람이 아니면 할 수 없는 것이다.(『퇴계전서』)

퇴계의 이런 비판은 양명학이 조선에 뿌리 내리지 못하는 배경이 되었다. 퇴계는 유교 교육은 양명이 주장하는 돈오적인 방법과는 달리 점진적인 수양을 중시한다고 보았다. 성인이라 불리는 공자도 70세가 되어서야 비로소 '마음이 하고자 하는 바를 행해도 법도에 어그러짐이 없었다從心所欲不踰矩'고 할 만큼 한 평생 수양에 힘썼으며, 주희도 의리를 완전히 이해하고 실행하기 위해 '낮은 수준의 학문을 먼저 배운 뒤 다시 높은 수준의 학문에로 나아간다下學而上達'고 하는 점진적인 공부 방법을 강조했다. 퇴계는 점진적인 공부야말로 도에 이르는 올바른 방법이라 생각하고, 점진적인 수양 방법인 주희의 격물치지格物致知나 즉물궁리卽物窮理, 그리고 마음 공부에서 사려思慮가 생겨나기 전에는 존양存養하고 사려가 생겨난 이후에는 성찰하여 마음과 이치의 통일을 꾀하는 공부를 강조했다. 그리고 일상의 일을 전혀 도외시하지 않고 경을 통해 자각 속에 살 것을

주장했다.[28]

　퇴계에게 본성을 회복하는 일은 '이치가 자기 자신에게 스스로 이르는 일理
自到'이다. 그리고 이 일은 삶의 어느 한 시점에서 끝나지 않고 평생을 끊임없이
노력해야 하는 것이다. 사실 진리는 우리가 도달할 수 있는 무엇이 아니다. 단
지 진리가 다가올 상황을 자기 스스로 만들 때, 우리에게 찾아오는 선물인 것
이다. 이를 유학에서는 본성을 회복하는 일이라고 했다. 퇴계에게 이치가 우리
자신에게 이르게 하는 상황을 만드는 일은 존덕성과 도문학 양자의 균형을 적
절히 유지하면서 자각 속에서 한평생을 사는 일이다.

　　하늘이 부여한 이치理는 나와 본래 같으나 다만 기氣에 구속되고 욕심에 가
　　려져 겹겹으로 간격이 이뤄지는 것이다. 이치를 궁구하고 힘써서 공부에 전
　　진하여 처음에 한 겹의 벽을 뚫기는 어려우나, 그다음에 또 한 겹의 벽을 뚫
　　는 어려움은 먼저보다 덜하고, 다음에 또 한 겹을 뚫고 나면 공부의 힘이 생
　　겨서 뚫기가 점점 더 쉬워짐을 깨닫게 되니, 의리義理의 마음은 곧 물욕을 뚫
　　어 없애는 도수에 따라 점차 드러날 것이다. 비유컨대, 거울이 본래는 깨끗하
　　나 먼지와 때가 끼어서 약으로 갈고 닦는데, 처음에 아주 힘들게 긁고 닦아
　　내야 한 겹의 때를 겨우 벗겨내니 어찌 어려운 일이 아니겠는가? 계속해서 두
　　번 갈고 세 번 갈면 힘이 차츰 적게 들고 그 거울의 맑음도 때를 벗겨낸 분량
　　에 따라 점점 드러날 것이다.(『퇴계전서』「답이평숙문목答李平叔問目」)

　앞서 살펴본 바와 같이, 퇴계는 가난과 부모 봉양 때문에 어쩔 수 없이 벼슬

28_ 백진호, 「퇴계심학의 형성과 특징」, 대구교대 대학원 석사학위논문, 2004, 20쪽.

에 나간 것을 후회하며 늦은 나이에 도학을 알게 되었다. 이때부터 그는 위기지학을 진정한 학문으로 여기고 자신과 제자의 본성 회복을 위해 평생을 바쳤다. 일상의 매 순간에 경을 유지하는 일을 실천하며 자신의 마음이 사욕으로 흐르지 않게 하기 위해 끊임없는 노력을 했다. 그리고 그는 자연 속에서 자연과의 합일을 통해 긴장과 이완의 적절한 균형을 유지한 채, 부지런히 제자들을 가르쳤고 자기 스스로도 배우기를 좋아했다. 그리고 이 일을 평생 동안 실천했다.

퇴계는 교육의 목적이 자신의 본성을 회복하는 일이 되어야 함을 강조했으며 죽기 직전까지 몸소 교육자로서 모범을 보였다. 이러한 퇴계의 모습은 교육의 목적인 본성을 회복하는 일을 등한시한 채 자기 노동력의 가치를 높이는 일로 전락한 현대 교육을 바로잡는 데 필요한 교육적 인간상으로 반드시 되짚어야 할 훌륭한 가치가 있다.

4장

함께 바꾸자
─다산

이승연

공부하는 즐거움

유자가 경전을 해석함에 그릇됨이 있으면 이처럼 그 화가 천하에 미치고 그 독이 후세에 미친다. 경이라는 것은 가르침의 근본이며 풍속의 근원이니, 군자가 경전을 읽을 때는 삼가고 또 삼가야 한다.(『논어고금주論語古今註』 권2, 「공야장하公冶長下」)[1]

유학자라면 누구나 그렇듯이, 다산에게도 위대한 성현들의 행적을 기록해둔 경전은 우리 자신이 직면한 문제, 우리 자신에게 닥친 가장 절실한 문제를 해결해줄 안내자이자 조력자였다.

일표이서一表二書로 불리는 경세서, 즉 사회제도의 전면적 개혁을 추구한 『경세유표經世遺表』, 한국 최초의 율학 연구서로 평가되는 『흠흠신서欽欽新書』, 그리

1_ 儒者解經有誤, 其禍天下而其毒後世如此. 經也者, 世教之本, 風俗之原, 故君子慎之.

공자
혁명

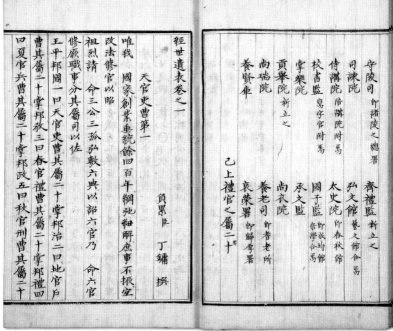

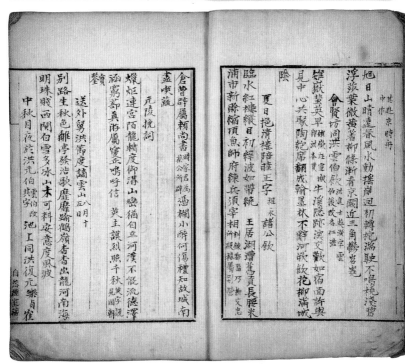

『경세유표』, 정약용, 19세기, 한국학중앙연구원(위). 『여유당집』, 정약용, 19세기, 규장각한국학연구원.

고 관리의 지침서로 일컬어지는 『목민심서牧民心書』를 저술했으며, 거중기 발명, 배다리 가설, 새로운 임금 제도 도입 등 효용성에 바탕을 둔 기술 혁신을 주장하여 조선 후기 실학의 집대성자라 불리는 그가 가장 심혈을 기울였던 작업은 사서오경을 새롭게 해석하는 일이었다. '경전이 가르침의 근본이고 풍속의 근원'이라면 그 경전의 원 뜻을 파악하는 일이야말로 사회 개혁에 선행되어야 하는 중요한 과제였을 것이다.

그렇다면 다산은 기존의 경전 해석에서 어떤 문제점을 발견했을까? 무엇이 그로 하여금 '그 화가 천하에 미치고 그 독이 후세에 미친다'라고 한탄케 한 것일까? 또 그가 생각한 경전의 진정한 의미는 무엇이었을까?

다음은 다산이 학문의 본령을 밝힌 『논어』 「학이」 편 첫 장, "배우고 때로 익히면 또한 즐겁지 아니한가學而時習之, 不亦說乎"를 주해한 것이다.

> 배움이란 아는 것이고 익힘이란 이를 실천하는 것이다. 그러므로 학이시습學而時習이란 지식과 실천을 병행하는 것이다. 후세의 학문은 배우기만 할 뿐 익히지 않으니(알려고만 할 뿐 실천하지 않으니) 즐겁지 않은 것이다.(『논어고금주』 권1, 「학이」)**2**

여기서 다산이 문제 삼은 것은 '시습'에 대한 해석이다. 배움이란 어떤 것에 대한 지식을 획득하는 것이다. 그런데 이 지식을 '익힌다'는 것은 무슨 뜻일까? 후세 학자들은 '익힌다'는 말의 의미를 자신이 획득한 지식을 반복적으로 사고하여 머릿속에서 온전히 이해하는 것이라 해석했다. 그러나 실천을 도외시한

2_ 學所以知也, 習所以行也. 學而時習者, 知行兼進也. 後世之學, 學而不習, 所以無可悅也.

『논어고금주』, 정약용, 1813, 단국대.

丁若鏞先生肖像

實事求是創始
牧民經世大聖

「정약용 초상」.

채 머리로만 이해하는 것이 무슨 의미가 있겠는가? 또 머리로만 이해하는 것에서 어떻게 학문하는 즐거움을 맛볼 수 있겠는가?

다산은 말한다. 우리가 제례를 배우는 것은 제례를 행해야 하기 때문이며, 제례를 배운 즐거움은 제례를 완벽하게 행했을 때 비로소 얻을 수 있는 것이라고, 학문하는 즐거움을 맛보기 위해서는 지식을 획득하는 것만으로는 부족하며 반드시 실천으로 옮기지 않으면 안 된다고 말이다. 과거의 유산을 계승하여 오늘날 우리나라는 세계 어떤 나라보다 높은 교육열을 자랑하고 있다. 그런데 우리 아이들은 다산이 말했던 그 공부하는 즐거움을 맛보고 있을까?

2013년 경제협력개발기구OECD가 발표한 '2012 국제학업성취도평가' 결과에서 우리나라는 수학 평균점수가 554점으로 OECD 회원국 가운데 1위를 차지했다. 2006년 조사에서 1~2위에 오른 이후 2009년 1~2위, 이번 조사에서도 1위를 차지하여 줄곧 세계 선두를 유지해온 것이다. 그러나 아이러니하게도 이처럼 높은 성취 수준에도 불구하고, 학습 관련 태도를 조사한 정의적 성취 지수를 살펴보면 우리나라는 세계 최하위권을 맴돌고 있다. 정의적 성취지수는 크게 '수학 학습 동기'와 '자아 신념' 분야로 나누어 측정하는데, 학습 동기에서는 수학에 대한 흥미와 즐거움에 따른 동기를 평가하는 '내적 동기'에서 65개국 가운데 58위를, 그리고 그 유용성을 묻는 '도구적 동기'에서는 62위를 기록했다.

우리나라 학생들은 뛰어난 수학 성적에도 불구하고 수학에 대한 흥미도 없을 뿐 아니라 수학이 앞으로 자신의 삶에 유용할 것이라는 생각도 하지 않는다는 것이다. 더구나 수학에 대한 자신감은 62위로, 수학 평균점수가 OECD 10위권에 드는 대부분 나라가 수학에 대해 높은 자신감을 보였던 것과는 대조적이었다. 아마도 이러한 현상은 수학 과목에 한정되지 않을 것이다.

전국교직원노동조합은 "교육 당국은 학생들에게 배움의 즐거움과 진정한 성취감을 느끼게 할 정책을 마련하는 데 행정력을 집중해야 한다"라고 제언했지만 과연 우리 아이들이 공부하는 즐거움을 느끼도록 만들기 위해서는 어떤 정책을 마련해야 할까?[3]

　『논어』는 학문하는 즐거움을 찬미하는 것에서 시작한다. 내가 하는 학문이 가치 있는 것이라면 그 학문을 통해 즐거움을 느끼는 것은 당연한 일이다. 다산은 당시 사람들이 학문하는 즐거움을 알지 못하는 것은 지식을 머릿속에서 이해할 뿐 행동으로 옮기지 않기 때문이라고 생각했다. 물론 그 지식을 행동으로 옮기기 위해서는 그 지식이 행동을 요구하는 것이어야 하며 또 행동으로 옮겨야 할 만큼 내게 유용한 것이어야 한다.

3_「한국학생 수학성적 1위지만 흥미·자신감은 '꼴찌'」『연합뉴스』, 2013년 12월 3일 자.

공자
혁명

시대를 읽고
또 뛰어넘을 학문

조선을 대표하는 사상가 다산 정약용은 1762년(영조 38)에 태어나 1836년(헌종 2)에 몰했다. 벌열들이 권력을 장악하고 정치를 농단하던 시대에, 권력으로부터 소외되었던 근기 남인 가문에서 태어난 그는, 한때 정조의 비호 아래 정치 개혁을 주도했으나 신유사옥에 연루되면서 18년간의 긴 유배에 처해졌다. 그러나 그는 이 현실적 고난에 굴하지 않고 사서오경의 전면적인 재해석을 통해 시대의 한계를 극복하고자 했으며 마침내 자신의 학문을 완성했다.

자찬 묘지명에 따르면 그가 학문에 뜻을 두게 된 것은 15세 때 이가환과 이승훈을 만나면서부터라고 한다. 그는 이들을 통해 당시 근기 지역에서 최대 학파를 형성하고 있던 성호 이익의 학문과 사상에 접했으며 이로부터 깊은 감동을 받았다. 왕조 말기적 현상이 팽배했던 당시 조선은 성리학을 뛰어넘을 새로운 사상과 학문을 기다리고 있었으며, 다산은 성호를 통해 그 가능성을 엿보았던 것이다.

是唯洌水丁鏞之墓也本名曰若鏞字曰美庸號曰俟菴父諱載遠蔭仕至晉州牧使母淑人海南尹氏以 英宗壬

午六月十六日生鏞于洌水之上馬峴之里幼而穎悟長而好學二十二以經義為進士專治儷文二十八中甲科第

二人大臣選啓隷 奎章閣月課文臣旋入翰林為藝文館檢閱升為司憲府持平司諫院正言弘文館修撰校理成

均館直講備邊司郎官出而為京畿暗行御史乙卯春以 景慕宮上號都監郎官由司諫擢拜通政大夫承政院同

副承旨由右副至左副承旨出為兵曹參議嘉慶丁巳出為谷山都護使多惠政己未復入為承旨刑曹參議理冤獄庚

申六月蒙 賜漢書選是月 正宗大王薨於是乎福作矣十五聚豊山洪氏武承旨和輔女也既娶游京師則聞

湖孝先生漢學行醇萬從李家煥李承薰等見其遺書目此留心經籍讀上庠從見李蘗游聞西教見西書丁未以後

四五年頗傾心為辛亥以來邦禁嚴絶意乙卯夏蘇州人周文謨來邦內洶洶出補金井察訪受 旨誘戢辛酉春

臺臣閔命赫等以西教事發啓與李家煥李承薰下獄既而二兄若銓若鍾皆被逮一死二生諸大臣議白放唯徐

龍輔配長鬐縣銓配薪智島秋逆賊黃嗣永就捕惡人洪羲運等謀殺鏞百計得 朝旨鏞與銓又

被逮按事無與知狀獄又不成蒙 太妃酌處鏞配康津縣銓配黑山島癸亥冬 太妃命放鏞相臣徐龍輔止之庚

午秋男學淵鳴冤命放逐鄉里因當時臺啓禁府格之後九年戊寅秋始還鄉里己卯冬朝議欲復用鏞以安民

人本旨詩文所編七十卷多在朝時作雜纂國家典章及攷民按獄武備疆域之事醫藥文字之辯始二百卷皆本

諸聖經而務適時宜不泯則或有取之者矣鏞以布衣結人主之知 正宗大王寵愛嘉獎踰於同列前後受賜書

稽疑馬文皮及珍異物不可勝記與間機密許入懷以筆札條陳立 賜忠常在奎瀛府校書不以職事督過每

每夜 賜珍饌以飫之凡內府秘籍許因閣監請見皆異數也其為人好古而果於行為辛此取禍命也夫

平生罪孼極多尤悔積於中至於今年日重逢壬午世之一周所謂回甲如再生然滌除閒務蠲夜省察以復于天命之

性自今至死庶弗畔矣夫丁氏本貫押海高麗之末居白川我 朝定鼎遂居漢陽始仕之祖校理子伋自茲時否徙居

提學壽崗兵曹判書玉亭在贊成應斗大司憲瑞鳳觀察使好善校理彥璧兵曹參議潤皆入玉堂自玆時否徙居

馬峴三世皆以布衣終高祖諱道泰曾祖諱恒鎮祖父諱志諧曾祖為進士也洪氏產六男三女夭者三之二唯二

男一女成立男曰學淵學游女適尹昌謨卜兆于家園之北子坐之原尚能如願銘曰

荷主之寵入居宥密為之股心朝夕以眈荷天之寵牖其愚衷精研六經妙解徹通愍人既張天用玉汝斂而藏之將

用矯矯然遐舉

先生平年 憲宗二年丙申享年七十五歲也 先生沒後百二十三年己酉西紀一九五九年 月 日

丁茶山先生記念事業會建碑於墓前碑文則仍用與猶堂全書所載先生自撰墓誌銘

「자찬묘지명」. 다산이 회갑을 맞아 자신의 죽음에 대비하여 스스로 지은 묘지명이다. 가계, 관직생활, 18년 동안 강진에서의 유배생활과 경학 연구, 1818년 마현으로의 귀향 등 자신의 일생을 정리해두었다.

한나라 선제가 태자를 나무라며 말하기를 속유는 시의에 통달하지 못하니 어찌 일을 맡길 수 있겠는가? 이 말은 그렇다고 할 수 없으니 (…) 진정한 유자의 학문이란, 본래 나라를 다스리고 백성을 편안하게 하며 오랑캐를 물리치고 국가의 재정을 넉넉하게 하는 데 있고, 문무에 두루 능하며 감당할 수 없는 것이 없다.(『시문집詩文集』 12권, 「논論」 「속유론俗儒論」)[4]

유학의 목적은 무엇인가? 그것은 한마디로 '나라를 다스리고 백성을 편안하게 하는 것'이다. 나라를 다스리고 백성을 편안하게 하기 위해서는 먼저 시대의 흐름을 읽어야 하며 시대적 요청에 부응해야 한다. 유학이 '시의'를 중시하는 이유였다. 그러나 당시 조선의 학문은 그러지 못했다.

요즈음 사람들은 오직 힘을 정·주의 말에만 쏟으니 (…) 양렴과 같은 학자는 (…) 정자와 주자가 이렇게 말씀하셨느니라는 말만 하고 나는 그밖의 것은 알지 못한다고 했다. 이는 정·주의 말만 말하고 정·주의 행실만 행하며 정·주의 의복만 입은 것이라 하겠다. 그러나 세상의 흐름은 한결같지 않고 마땅함도 상황에 따라 각각 다른데 어찌 옛것만을 인용하는 데 그치겠는가?(『성호사설星湖僿說』 10권, 「인사문人事門」 「진파적전眞派嫡傳」)[5]

누구보다 이 시대적 요청을 강조한 사람은 성호였다. 다산은 성호를 통해 '시

4_ 漢宣帝責太子曰, 俗儒不達時宜, 何足委任. … 眞儒之學, 本欲治國安民, 攘夷狄裕財用, 能文能武, 無所不當.
5_ 今人專用力於程朱許多說話 … 如楊廉之學 … 程朱云云, 吾不知其他. 可謂言程朱之言, 行程朱之行, 服程朱之服者也. 然事勢不一, 處義各殊, 豈合引古而止乎.

대'를 읽었고 그 시대를 뛰어넘고자 했던 것이다. 그렇다면 기존의 학문 그것은 왜, 또 어떻게 시대적 요청을 외면하였는가?

세상을 망치는 학문

다산이 당시 학문을 비판할 수밖에 없었던 이유는 그의 '오학론'에 잘 나타나 있다. 여기서 오학이란 당시를 대표하는 학문으로 성리학·문장학·과거학·술수학·훈고학 등을 일컫는다. 다산은 훈고학에 대해서는 도덕적 실천성의 결여를, 문장학에서는 현실 인식의 부족을, 그리고 술수학에 대해서는 미신적 요소를 각각 비판했지만, 그가 가장 극렬하게 비판한 것은 성리학과 과거학이었다. 양자는 유학의 옷을 걸치고 있으면서 유학이 본래 추구해야 할 목적, 즉 나라를 다스리고 백성을 편안하게 하는 것에서는 오히려 멀어져 있었던 것이다.

본분을 망각한 성리학

이단과 정통을 준별하는 역사 인식, 불교 비판, 왕도 정치의 표방과 역성혁명의 용인, 리기심성론에 바탕을 둔 수양론 등, 조선 초기 성리학은 건국 이념으로서 최적의 조건을 갖추고 있었다. 그러나 시대가 변화하면 구시대를 지배하던 이념 체계는 새로운 시대 앞에 무력해질 수밖에 없다. 다음은 다산이 당시의 성리학을 비판하는 구절이다.

오늘날 성리학을 하는 사람들은 리를 말하고 기를 말하고 성을 말하고 정을 말하고 체를 말하고 용을 말한다. 또 본연기질을 말하고 리발기발, 이발미발을 말한다. (…) 옛사람들은 도를 공부하는 사람을 선비라 불렀다. 선비란 벼슬하는 사람이다. 위로는 공을 섬기고 아래로는 대부를 섬겨, 이로써 임금을 섬기고 백성(의 삶)을 윤택하게 하니 천하 국가를 위하는 사람을 선비라 하는 것이다. (…) 지금 성리학을 하는 사람들은 스스로를 명하여 은일이라 한다.(『시문집』권11, 「논」 「오학론五學論」)[6]

유학자의 본분은 자신의 내적 덕성을 기르는 수기와 백성의 삶을 편안하게 하는 안민으로 대별된다. 이때 수기가 안민을 위한 전제 조건이라면 유학자의 삶이란 안민을 위한 삶이라 할 수 있다. 그러나『목민심서』서문에도 밝히고 있듯이 당시 선비들은 '안민'에 힘써야 하는 자신의 본분을 망각한 채, 리기성정체용과 같은 형이상학적 담론에 함몰되어 있었고 스스로를 산림이라 칭하며 그들만의 세계에 안주하고 있었다. 이것이 조선 후기 성리학의 모습이었다. 벌열들의 전횡으로 부정부패가 극심하여 나라의 재정이 고갈되고 백성의 삶이 곤궁해졌음에도 성리학은 어떤 해결책도 제시하지 못했다. 다산이 사회 개혁을 위해 먼저 성리학을 척결하자고 한 이유였다.

출세의 도구가 된 과거학

건국 초 과거제는 신진 관료의 등용문으로서 조선의 관료 체제를 지탱해주는 실질적인 기반이었다. 그러나 후기에 이르면 과거제는 전면적인 개혁이 불가피할 만큼 심각한 모순을 노정하고 있었다. 17세기 이후 과거 응시 자격을 완

6_ 今之爲性理之學者, 曰理曰氣曰性曰情曰體曰用, 曰本然氣質, 理發氣發, 已發未發 … 古者學道之人, 名之曰仕. 士者仕也, 上焉者仕於公, 下焉者仕於大夫, 以之事君, 以之澤民. … 今爲性理之學者, 自命曰隱.

화하고 시험 횟수를 늘린 것은 사족들의 사기를 진작하기 위한 것이었으나, 응시 인원이 폭발적으로 늘어나고 말았다. 그리하여 결과적으로 과장 관리를 비롯해 급제자의 지역적 편중, 부정행위 등의 문제를 야기했으며, 무엇보다 정치 권력을 독점하기 위한 투쟁과 반목이 이어졌다.[7] 누구보다 과거제의 폐해를 통감하고 있던 다산은 그 모순을 다음과 같이 고발했다.

> 거짓된 말을 토로하고 허황하기 짝이 없는 내용의 글을 지어 스스로 박학함을 자랑함으로써 과거라는 도박에 이기는 것이 과거학이다. (…) 혹 명성을 얻은 자가 있으면 아비가 이를 위로하며 효자라 하고 임금은 기뻐하며 어진 신하라 하며 종족들이 이를 사랑하고 친구들이 존경한다. 과거에 낙방한 사람은 비록 그 행동이 증미와 같고 지혜가 저서와 같다 하더라도, 모두 곤궁하여 한을 품고 세상을 마친다. 도대체 이것이 무슨 법인가?(『시문집』 권11, 「논」 「오학론 4」)[8]

과거란 무엇인가? 기껏해야 '거짓되고 허황하기 짝이 없는' 글이 마치 나라를 구할 중요한 지식이라도 되는 양 떠벌려 급제의 영광을 거머쥐는 것이다. 그런데도 사람들은 과거에 급제하면 효자, 충신, 훌륭한 벗이라 칭송하는 반면, 과거에 낙방하면 아무리 재주가 뛰어나고 인품이 훌륭해도 그저 무능한 인간으로 낙인찍어 평생을 수치스럽게 살도록 했다. 이 얼마나 어처구니없는 일인가?

7_ 박현순, 「정조조 과거제 운영과 정비」 『한국문화』 62, 2013, 40쪽~41쪽.
8_ 吐虛吹假, 構幻織誕, 以自衒其贍博之聞, 以賭一日之捷而已. … 有或徼幸以成名者, 父撫之曰孝子, 君慶之曰良臣, 宗族愛之, 朋舊尊之. 其落拓而不得志者, 雖行如曾尾, 智如著犀, 牽龍鍾蕉悴, 齎哀恨以死. 嗚呼, 此何法也.

공자·
혁명·

더 우스꽝스러운 것은 이미 소수의 벌열들이 정권을 장악한 상황에서 과거제는 공정한 시행조차 불가능한 상태였다. 과장에서의 소란이나 부정행위 등은 17세기 이후 줄곧 제기되던 문제 가운데 하나였다. 다산은 다음과 같이 당시 상황을 비판했다.

이제 과거학도 쇠퇴했다. 그래서 명문거족의 자제들은 과거 공부를 하려고 하지 않으며 오직 시골의 헐벗고 굶주린 사람만이 공부하고 있다. 문예를 겨누는 날에는 권세가의 자제들이 시정 노예들을 불러 모아 자기 주인의 시험지를 먼저 올리기 위해 첨간만 바라보며 서로 다투어 몽둥이를 휘두른다. 급기야 합격자를 보면 시豕자와 해亥자도 구분하지 못하는 어린아이가 장원을 차지하기 일쑤다.(『시문집』 권11. 「논」 「오학론 4」)[9]

과거가 관료를 선발하기 위한 제도라면, 과거 급제는 권력으로 가는 지름길이다. 집권 세력은 자신들의 권력을 유지·강화하기 위해 부정한 방법을 동원하여 급제자를 배출하고 있었다. 권력으로부터 배제된 사람들은 실제로 이룰 수 없는 꿈을 위해 세월을 허비하고 있었던 셈이다.

---

[9] 今也括天下聰慧之才, 壹皆投之於科擧之臼, 而春之撞之, 唯恐其不破碎靡爛. 豈不悲哉. 一陷乎科擧之學, 卽禮樂爲外物, 刑政爲雜事, 授之以牧民之職, 則蒙蒙然唯吏指是承, 入而爲財賦獄訟之官, 則尸居素食而唯故例是問. 今科擧之學, 亦已衰矣. 巨室名閥之子, 不肯業此, 唯田間寒餓者爲之, 而戰藝之日, 嘯呼市井奴隸, 摺巾短襦, 怒目豪拳, 以爭其先登, 但見簽竿相戳, 棓楎互擊. 而及其唱名也, 乳臭之兒不辨家亥者.

나라를 다스리고 백성을 윤택하게 하는 학문

|

누차 언급했듯이 유학에서 학문이란 나라를 다스리고 백성의 삶을 윤택하게 하는 것이다. 그렇다면 무엇이 '나라를 다스리고 백성의 삶을 윤택하게 하는 학문'인가?

> 학문하는 데서 가장 중요한 것은 먼저 근본을 정하는 것이다. 그다음에야 책이 유용할 수 있다. 대체로 우리 도는 효제를 근본으로 삼으며 예악으로 이를 문식하고 감형, 재부, 군려, 형옥을 겸하게 하며 농사, 의약, 역상, 산수, 물건을 만드는 기술을 씨줄로 삼으면 그 덕이 완전해질 것이다.(『시문집』 권20, 「서書」 「상중씨上仲氏」)[10]

위 내용을 현대식으로 해석하면 학문은 윤리학을 기초로 삼고 여기에 경제학·군사학·법학을 더하며 농학·의학·천문학·수학·공학 등으로 보완하는 것이 가장 바람직하다는 것이다.

성리학적 문치주의는 중앙집권적 관료 체제의 정비와 더불어 학문과 사상의 발달, 붕당정치의 실현과 실록의 편찬 등 수많은 업적을 이룩했지만 양 난 이후 조선 사회가 봉착해 있던 사회적 모순에 대응하지 못했다. 다산은 부정부패의 척결과 국가 재정의 확보, 그리고 국방력 강화를 축으로 국가 개혁을 추진했다. 물론 유가 지식인이라면 누구나 그러했듯이, 다산은 이 국가 개혁은 학

10_ 學問宗旨, 先定大綱, 然後著書, 爲有用耳. 大抵此道, 本之以孝悌, 文之以禮樂, 兼之以鑑衡, 財賦, 軍旅, 刑獄, 緯之以農圃, 醫藥, 曆象, 籌數, 工作之技, 庶乎其全德.

공자
혁명

문의 재정립으로부터 출발해야 한다고 생각했다.

> 지금 천하의 총명하고 인재들을 모아 하나같이 과거라고 하는 틀에 맞추어
> 빻고 찧으니 어찌 슬프지 않겠는가? 과거학에 한번 빠지고 나면, 예악은 자
> 신과 관계없는 것이라 하고 형정은 잡일이라 하며 지방 관리라도 되면 일을
> 몰라서 아전들이 하라는 대로 할 뿐이다. 내직으로 들어와 재부나 옥송을 담
> 당하는 관리가 되면 자리만 지키고 봉급이나 축내며 오직 전례를 물어 일을
> 처리하려 한다.(『시문집』 권11. 「논」 「오학론」)[11]

 학문이 현실을 외면하는 동안 현실은 심각한 모순에 직면하고 있었던 것이
다. 실무 능력이 전무한 관리는 송사에서는 바른 판결을 내리지 못했고 재무나
부역은 아전에게 일임했으며 군사는 자신들의 할 일이 아니라고 했다. 성리학
과 과거학이 배출한 무능한 인재였다.
 건국 이래 우리 교육과정은 10여 차례 개편을 되풀이했다. 기존의 교과가 폐
지되고 새로운 교과가 생겨나기도 했으며 교육 내용도 국내외 정세에 맞춰 수
정, 보완되었다. 그러나 이런 개편 작업에도 불구하고 한 가지 분명한 점은 우
리 아이들은 여전히 학교 공부에 그다지 흥미를 느끼지도 못하며 또 유용하다
는 생각도 하지 못한다는 것이다.
 강진 유배지에서 처음으로 아이들을 가르치기 시작한 다산은 아이들이 좀더

11_ 今也括天下聰慧之才, 壹皆投之於科擧之臼, 而舂之撞之, 唯恐其不破碎靡爛, 豈不悲哉. 一陷乎科擧
之學, 卽禮樂爲外物, 刑政爲雜事. 授之以牧民之職, 則蒙蒙然唯吏指是承. 入而爲財賦獄訟之官, 則尸居
素食而唯故例是問.

「과장풍경」, 김호도 필, 강세황 발문, 개인.

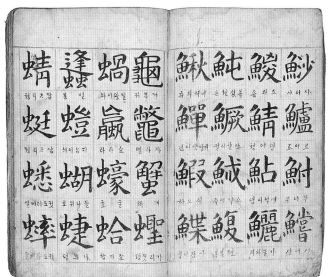

『아학편훈의兒學編訓義』, 정약용 저, 필자미상, 32.0×21.0cm, 강진군.

쉽게 배울 수 있고, 또 실질적인 도움을 줄 수 있는 교재를 제작하고자 했으며 그 결과 『아학편兒學編』『소학주관小學珠串』『제경弟經』 등을 편찬했다. 아이들이 좀더 쉽게, 또 흥미를 가질 수 있는 교재 개발은 오늘을 사는 우리들 또한 고민해야 할 문제다. 그리고 그 전에 국가 경쟁력 강화라는 미명 아래 우리가 아이들에게 지나치게 많은 내용을, 또 지나치게 어려운 내용을 무리하게 주입하고 있는 것은 아닌지 반성해야 할 것이다.

마음속의 인을 행위의 인으로

공소한 사변철학이 아닌, 또 출세의 도구가 아닌 이 현실을 위한 학문이란 어떤 것일까? 앞서 언급했듯이 다산은 효제의 실현, 즉 '인륜의 회복'을 추구하는 학문을 그 첫째로 꼽았다. 부정이 판을 치는 불의한 세상에서 백성의 삶은 고단할 수밖에 없다. 다산은 이 불의한 세상에 맞서기 위해 먼저 지적 유희에 빠져버린 성리학적 세계를 타파하고 인仁을 기반으로 새로운 이론 체계를 정립하고자 했다.

리기론을 해체하라

성리학이 지닌 가장 큰 문제점은 그것이 현실로부터 유리되어 있다는 점이었다. 다산은 성리학의 공소성을 타파하기 위해 먼저 리기론을 해체하고자 했다.

176

리기설은 동이라 해도 좋고 서라 해도 좋으며 백이라 해도 좋고 흑이라 해도 좋다. 왼쪽으로 당기면 왼쪽으로 기울고 오른쪽으로 당기면 오른쪽으로 기우니, 일생 동안 서로 다투다가 자손에게 물려주어도 끝남이 없다. 사람의 삶에는 (할) 일도 많은데 형과 내가 이런 것을 할 겨를이 없다.(『시문집』권19, 「서」「답이여홍재의答李汝弘載毅」)[12]

리기설에 대한 다산의 입장이었다. 주자의 거대한 형이상학적 이론 체계를 극복하기 위한 방법으로 그는 리기론에 맞서기보다 이를 해체시키는 길을 선택한 것이다. 또 리기론을 해체시키는 대신에 그는 유학 사상의 핵심이라 할 수 있는 인을 새롭게 해석하여 성리학을 대체할 수 있는 이론적 근거를 마련하고자 했다.

내 평생 한 일은 인仁을 벗어나지 않는다. 왜냐하면 인이란 인륜의 사랑이기 때문이다. 천하 일은 인륜을 벗어나지 않으니 부자·형제·군신·붕우에서 천하 만민에 이르기까지 모두 인륜을 행한다. 인륜에 좋은 것은 선이며 인륜에 나쁜 것은 악이니, 공자께서는 인 외에 아무것도 없다는 것을 잘 알고 계셨기에 이를 이루기 어렵다고 하신 것이다.(『논어고금주』권6, 「안연」편)[13]

인이란 무엇인가? 인이란 사람과 사람이 서로 기대고 있는 모양에서 본뜬 글

12_ 理氣之說, 可東可西, 可白可黑. 左牽則左斜, 右牽則右斜, 畢世相爭, 傳之子孫, 亦無究竟. 人生多事, 兄與我不暇爲是也.
13_ 吾人之一生行事, 不外乎仁一字. 何則仁者人倫之愛也. 天下之事, 有外於人倫者乎. 父子兄弟君臣朋友. 以至天下萬民, 皆倫類也. 善於此者爲仁. 不善於此者爲不仁. 孔子深知仁外無事. 故曰爲之難.

자로 관계를 전제하는 것이다. 사람과의 관계란 무엇인가? 그것은 바로 인륜이다. 사람과 사람의 관계 속에서 사랑을 실천하는 것, 그것이 바로 인인 것이다. 또 다산은 이렇게 말한다.

> 맹자는 인의예지는 마음에 뿌리를 두고 있다고 했다. 인의예지는 비유하자면 꽃의 열매와 같은 것으로, 근본은 마음에 있을 뿐이다. 불쌍히 여기고 부끄러워하는 마음은 안에서 발하고 인의예지는 밖에서 이뤄진다. (…) 오늘날 유학자들은 오장이 배 속에 있듯이 인의예지가 마음속에 있다고 생각하여 사단이 이로부터 나온다고 여긴다. 이것은 잘못된 것이다. 효제 역시 덕을 닦는 것을 이르므로 밖에서 이뤄진다. 어찌 효제라고 하는 것이 간이나 폐처럼 사람 배 속에 있겠는가?(『논어고금주』권1, 「학이」편)[14]

주자는 인을 '사랑의 이치愛之理, 마음의 덕心之德'이라 해석했다. 주자에게도 인은 인륜 속에 구현되는 사랑이었다. 그러나 그는 이를 '사랑'이라 하지 않고 '사랑의 이치'라고 정의했다. 그가 그렇게 주해할 수밖에 없었던 것은 인이 사랑이라는 감정에 머물러서는 안 된다고 생각했기 때문이었다. 감정이란 외부의 자극에 끊임없이 요동치는 불완전한 것이다. 그렇기 때문에 주자에게 인이란 그 불완전한 감정을 넘어 하나의 이치, 즉 절대선으로 존재해야 했던 것이다. 인이라는 절대선이 마음속에 내재하지 않는다면 인간의 선행은 존립 근거

14_ 孟子曰仁義禮智根於心. 仁義禮智. 譬則花實, 惟其根本在心也. 惻隱羞惡之心發於內, 而仁義成於外. … 今之儒者,認之爲仁義禮智四顆, 在人腹中. 如五臟然. 而四端皆從此出. 此則誤矣. 然孝弟亦修德之名. 其成在外. 又豈有孝弟二顆在人腹中. 如肝肺然哉.

를 상실하기 때문이다.

그러나 인을 인간 내면의 도덕 원리로 보는 주자의 해석은 결국 인을 관념화·추상화·사변화하는 결과를 낳았다고 다산은 비판한다. 인을 실천하지 않는다면, 인이 우리 삶 속에 구현되지 않는다면 설령 그것이 내 마음속에 있다고 해도 무슨 의미가 있겠는가? 그러니 인은 내 마음속에 있는 것이 아니라 내 행위 속에 있어야만 한다고 다산은 생각했던 것이다. 다산은 주자의 리기론을 무력화하는 한편 '마음속의 인'을 '행위 속의 인'으로 전환함으로써 유학을 이 현실 속으로 복귀시켰다.

먼저 가정에서 인을 실천하라

'수신제가치국평천하'라 천명한 『대학』이 잘 보여주듯이, 유가에서 '가'는 '평천하'의 기반이었다. 인이 사람을 사랑하는 마음이라면, 그 사랑하는 마음이 최초로 실현되는 장소는 가정이며 또 가장 쉽게 실현될 수 있는 곳도 가정이기 때문이다. 핏줄을 함께하는 집단, 희생이 자연스럽게 이뤄지는 그곳에서조차 인을 실현하지 못한다면 어떻게 타인에게, 또 더 큰 집단에 인을 실현할 수 있겠는가?

그러나 '제가' 또한 쉬운 일은 아니었다. 그것은 인의 실천이라는 측면만이 아니라 '가'의 확보, 즉 가족의 물리적 결합 자체가 용이하지 않았기 때문이다. 전쟁, 가뭄과 흉년, 학정 등 가족의 결합을 위협하는 요소는 무수히 많았다. 북송대의 명재상이었던 한기도 자신의 부모 묘소를 알지 못했다는 일화가 전해주듯이 어지러운 세상에 태어나 부유하며 살아가는 인간들에게는 가족의 끈을 지키는 것조차 쉽지 않았던 것이다.

주자는 중국 고대 가족 제도인 종법을 부활시켜 이 '가'를 확립하고자 했다. 4대 조상을 함께 모시는 사람으로 가족의 범위를 설정하고 공동 재산의 확보, 종자권의 확립, 제사를 통한 유대감 강화 등 그는 다양한 장치를 마련하여, 이 가족 공동체가 어지러운 세상에서 개인을 지켜주는 안전망이 되기를 바랐다. 그러나 주자의 종법 사상을 구현하고자 한 조선은 주자가 미처 예측하지 못한 갖가지 모순에 휘말리고 있었다. 입양과 파양으로 인한 모순으로 얼룩졌으며 종자의 횡포, 재산을 둘러싼 가족 간의 분쟁, 그리고 그 무엇보다 가족이기주의의 팽배 등, 공동체 유지를 위해 강화한 종법은 '가'를 강화하기보다 오히려 이산을 재촉했고 각종 사회 문제를 야기하고 있었다. 다산은 주자의 종법을 수정·보완하는 한편 효제의 강화를 통해 '가'의 결속을 기도했고 그 '가'를 바탕으로 사회를 재편하고자 했다.

> 형을 섬기는 일을 바탕으로 어른을 섬기고 자식을 기르는 일을 바탕으로 하여 무리를 부린다. 부부란 함께 이 덕을 닦아서 집안을 다스리는 사이고, 친구란 함께 이 도리를 익혀서 바깥일에 도움을 주는 사이다. 그런데 오직 자식을 사랑하는 마음만은 노력하지 않아도 이룰 수 있으니, 성인은 입교할 때 효제만을 강조한 것이다. 맹자에서 말하기를 인이란 어버이를 섬기는 것이고 의란 형을 따르는 것이며 예란 이 두 가지를 절문하는 것이고 악이란 이 두 가지를 즐기는 것이며 대학의 명덕은 이 두 가지를 밝히는 것이고……(『시문집』 권20, 「원原」 「원교原敎」)[15]

주자는 『예기』 가운데 한 편인 『대학』을 분리하여 자기 학문의 출발점으로 삼았다. 그에게 『대학』은 '치국평천하'라는 학문의 궁극적인 목적을 밝힌 것이었을 뿐만 아니라, 그 '치국평천하'가 실은 이 마음속 밝은 덕을 밝히는 데서 출발한다는 것을 명시한 책이었다.

그러나 다산은 '원교'에서 학문의 출발점은 내 마음속 밝은 덕을 밝히는 데 있지 않고 효제의 실천에 있음을 강조했다. 인이 내 마음속에 있는 것이 아니라 행위 가운데 있다면 그 인이 실현되는 최초의 형태, 효제를 실천하는 것이야말로 학문의 출발점이 될 수밖에 없다.

현실로 돌아온 학문, 그것은 먼저 '가'를 바로 세우는 것이다. 그 방법은 바로 '가'가 인을 실천하는 장이 되는 것이다. '형을 섬기는 마음으로 어른을 섬기고 자식을 기르는 마음으로 아랫사람을 다스리면' 나라는 저절로 평화로워질 것이라 다산은 믿었던 것이다.

오늘날 사교육은 우리의 가정을 위협하고 사회를 위협하며 더 나아가 국가 미래를 위협한다. 사교육비 마련을 위해 여성들이 값싼 일거리를 찾고 있으며, 사교육비에 대한 부담으로 젊은이들은 출산을 포기한다. 국가 발전의 원동력이 되어야 할 교육이 오히려 국가 미래를 위협한다는 것은 얼마나 아이러니한 일인가?

그러나 이 끔찍한 사교육 시장을 양산한 것은 다름 아닌 가족이기주의다. 내 자식만이 성공해야 한다는 부모의 이기심이 사교육 시장을 부추기고 있는 것이다. 다산이 말하지 않았는가? 내 자식을 사랑하는 마음으로 세상의 아이들

15_ 資於事兄以長長, 資於養子以使衆. 夫婦者, 所與共修此德, 朋友者, 所與共講此道, 而助其外者也. 然唯慈者, 不勉而能之, 故聖人之立敎也, 唯孝弟是訓. 孟子曰, 仁之實, 事親是也. 義之實, 從兄是也. 禮之實, 節文斯二者也, 樂之實, 樂斯二者是也….

을 사랑하라고. 이 교육의 장이 경쟁이 아니라 협력으로 이뤄져야 한다는 것은 우리 부모들이 인지하지 못한다면 교육의 악순환은 사라지지 않을 것이다.

배움이 시작되는 곳은 학교가 아니라 가정이다. 다산의 주장을 빌리지 않더라도 가정은 인류의 출발점이다. 우리가 고통스러운 교육 현장으로부터 벗어나기 위해서는 먼저 가정이 협력을 가르치는 인류의 장으로 거듭나야 할 것이다. 그것이 가장 현실적인 공부인 것이다.

공자
혁명

세상에 유용한 학문

'가'를 기반으로 한 사회에서 가족 해체, 또는 가족이기주의가 수많은 사회적 모순의 근저에 있다면, 또 빠뜨릴 수 없는 것 하나가 가난이다. 그 가난의 원인이 가뭄과 같은 천재지변이나 학정 등과 같은 정치적 문제가 아닌 학문에 있다면 그것은 더욱 심각한 문제일 것이다. 다음은 성호가 당시 선비들을 비판한 것이다.

> 내가 오즈음 세상(돌아가는 것)을 보면, 훌륭한 선비가 간혹 문학에 뜻을 두어 집안 책무를 소홀히 하여 수습할 수 없을 지경에 이르곤 한다. 조상에게 제사를 지낼 수도 없고 양친을 봉양하지도 못하며 처자는 추위와 굶주림에 시달린다. (뒤늦게) 뜻을 바꾸어 비록 후회한다 하여도 할 수 있는 일이 없다.(『성호사설』권9,「인사문」「위학치생爲學治生」)**16**

『마과회통』, 정약용, 조선 후기, 국립중앙도서관.

　만약 부모를 봉양하지 못하고 처자를 굶주리게 한다면 어떻게 그것을 학문하는 것이라 할 수 있겠는가? 과거에 매달려, 또는 성리학적 담론에 함몰되어 가족의 곤궁함을 외면하는 풍토를 비판한 것이다.

　다산 또한 학문은 사람들의 삶에 직접적인 도움을 줄 수 있어야 한다고 생각했다. 그것은 다산이 『마과회통麻科會通』 서문에서 "내가 책을 읽고 도를 배우는 것은 천하의 생명을 살리기 위함이지만, 만약 그렇지 못하다면 황제서를 읽

16_ 余見今世, 善士或一意文學, 荒棄家務, 至無可收拾. 不能奉先養親, 妻子凍餒, 志隨而遷變, 雖悔無及也.

공자
혁명

고 의술을 탐구하여 사람을 살릴 것이다"라고 한 데서도 짐작할 수 있다.

현실로 돌아온 학문은 먼저 '인륜을 실현하라'고 했다. 그렇다면 다른 하나는 무엇인가? 직접적으로 우리 삶, 또는 생계에 도움이 될 학문일 것이다. 그것은 의술일 수도 있고 과학적 또는 농업적 지식일 수도 있으며, 단순한 기술일 수도 있다. 다산은 성호와 마찬가지로 양반의 농업 종사를 옹호했으며, 상업 종사 또한 거부하지 않았다.

선비도 나가서 밭을 갈아라
|

국가 재정의 고갈과 가난에 시달리는 백성의 삶을 개선하기 위해 다산은 전면적인 국정 개혁을 주장했지만 그 가운데 가장 관심을 가진 것은 물론 농업이었다. 그는 벌열들의 토지 독점을 개혁하기 위해 '능력에 따른 토지의 배분'이라는 전대미문의 혁신적인 토지개혁론을 제창하는 한편, 관직에 오르지 못한 양반 계급은 농업에 종사할 것을 주장했다.

> 진부하고 새롭지 못한 이야기나 지루하고 쓸모없는 논의와 같은 것은 다만 종이와 먹만 허비할 뿐이니, 좋은 과일나무를 심고 좋은 채소를 가꾸어 생계를 이을 방도를 찾는 것만 못할 것이다.(『시문집』 권18, 「가계家誡」「시이자가계示二子家誡」)[17]

17_ 與夫陳腐不新之談, 支離無用之論, 徒費紙墨, 不如手植珍果佳蔬, 以博生前之生理也.

강진 유배 시절, 다산이 아들에게 보낸 편지글이다. 성호가 이미 말했듯이 '진부하고 새롭지 못한 이야기나 지루하고 쓸모없는 논의로 종이만 허비하는' 동안 가족은 추위에 떨며 굶주림에 허덕이고 있지 않았는가? 다산은 차라리 농사를 지어 생계를 이을 방법을 찾으라고 말한 것이다.

> 향리에 살면서 과원이나 채소밭을 가꾸지 않는다면 천하에 쓸모없는 사람이다. 나는 지난 번 국상이 나서 경황이 없는 중에도 만송 열 그루와 향나무두 그루를 심었다. (…) 채소밭을 가꾸는 요령은 모름지기 지극히 평평하고 반듯하게 해야 하며……(『시문집』 권21, 「서」 「기량아寄兩兒」)**18**

거기서 한 걸음 더 나아가 시골에 살면서 채소밭을 가꾸지 않는다면 천하에 쓸모없는 사람이라는 극언도 서슴지 않았다. 그러면서도 그는 선비의 본분이 이익을 추구하는 데 있지 않음을 끊임없이 깨우치고 있다.

> 네가 닭을 기른다는 말을 들었는데 닭을 기른다는 것은 참으로 좋은 일이다. (…) 남의 집 닭보다 더 살찌고 번식하게 하며, 또 간혹 시를 지어 닭의 정경을 읊어 그 일로써 그 일을 풀어버리는 것, 이것이 바로 독서하는 사람의 양계법이다. 만약 이익만 보고 의리를 알지 못하며 기를 줄만 알고 취미는 모르는 채 부지런히 힘쓰고 골몰한다면 (…) 이는 졸부의 양계법이다.(『시문집』 권21, 「서」 「기량아」)**19**

18_ 居鄕不治園圃, 天下之棄也, 吾於國哀奔忙之中, 猶種十株蔓松一雙栝, … 治圃須令極平極方正….

공자 혁명

선비란 더 좋은 결과를 얻기 위해 공부하기를 소홀히 하지 않으면서도 그 일에 매몰되지 않는 사람이다. 그 일에 매몰되는 사람은 그 일이 주는 즐거움을 알려고 하지 않는 채, 그 결과 즉 이익을 얻는 것에만 몰두하여 남을 속이고 이웃과 다투는 사람이다.

성호는 「영남풍속고」에서 선비도 농사를 짓고 길쌈을 하는 영남 풍속을 칭찬하는 한편, 인품과 학식이 풍부하면 관직에 오르지 못해도 세족世族이라 칭하며 사람들로부터 존경받는 풍속을 본받아야 한다고 주장했다. 그것은 17세기 이후 정권으로부터 완전히 소외되었던 영남 남인이 어쩔 수 없이 선택한 삶의 방식이었지만, 사족 신분을 유지하기 위해 헛되이 과거 공부에 매달리고 있는 조선 사회를 개혁하기 위해서는 대안적 삶이 필요했을 것이다. 다산 역시 아들에게 보내는 편지에서 다음과 같은 말을 남기고 있다.

> 모두 효제를 근본으로 삼고 경사와 예악, 병농과 의약의 이치를 통달하게 하여 4~5년이 지나면 문채를 볼 만하게 할 수 있을 것이다.(『시문집』 권21, 「서」 「기량아」)[20]

이미 과거를 통해 관료가 될 길이 막혀버린 아들들에게 그는 학문, 당시 사람들이 좇고 있던 공소한 학문이 아니라 내게 절실히 필요한 학문, 진정한 학문에 매진할 것을 권유하고 있는 것이다.

19_ 聞汝養雞, 養雞固善. … 使雞之肥澤繁衍, 勝於他家. 又或作詩, 寫雞情景, 以物遣物, 此讀書者之養雞也. 若見利不見義, 知養不知趣, 蓁蓁滾滾, … 拙夫子之養雞也.
20_ 皆使之本之孝弟, 而又能貫穿經史禮樂兵農醫藥之理, 庶幾不出四五年, 斐然可觀.

기술을 혁신하라

병자호란 이후 지속된 북벌론적 대청對淸 의식은 선진 기술이 유입되던 중국과의 통로를 차단시켰고 그 결과 조선의 기술 수준을 낙후시켰다. 이에 기존의 대청 의식을 비판하며 청나라로부터 선진 기술을 도입하자는 사상가나 학자가 대거 등장하게 된다. 다산은 북학파 계통은 아니었지만 그들의 사상을 수용하여 낙후된 조선의 상황을 타개하고자 했다. 특히 그는 「기예론技藝論」에서 기술의 중요성을 다음과 같이 역설했다.

> 농업 기술이 정교해지면 땅이 좁아도 수확은 많을 것이며 그 힘을 적게 사용해도 열매는 좋을 것이다. (…) 직조 기술이 정교해지면 자료를 적게 사용해도 실은 많이 뽑을 수 있을 것이며 시간을 덜 들이고도 직물이 촘촘하고 좋을 것이다. (…) 백공의 기술이 정교해지면 궁실에 필요한 물품을 만드는 데서부터 성곽, 배, 수레의 제도까지 모두 견고하고 편리해질 것이다. 그 방법을 모두 얻어서 힘써 행하면 나라는 부유해질 수 있고 군대는 강해질 수 있으며 백성은 넉넉해지고 장수할 수 있을 것이다.(『시문집』 권11,「논」,「기예론 2」)[21]

특히 다산은 기술자를 우대하지 않는 현실을 비판했는데, "우리나라 풍속에는 목수나 대장장이 중에 나무를 베고 쇠를 단련하는 방법을 조금이라도 아는

21_ 農之技精則其占地少而得穀多, 其用力輕而穀美實. … 織之技精則其費物少而得絲多, 其用力疾而布帛緻美. … 百工之技精則凡所以製造宮室器用, 以至城郭舟船車輿之制, 而皆有以堅固便利矣. 苟盡得其法而力行之, 則國可富也, 兵可强也, 民可裕而壽也.

공자 혁명

사람은 관장이 일을 시키는 데 고용하면서 삯도 주지 않고 매질이 잦다"고 고발하며 우수한 기술자를 종6품에 등용하자는 제안을 했다.[22]

다산은 농업 기술에서부터 선박·수레·직조·의술 등 실용적인 지식이나 기술에 관심이 많았다. 그것은 그가 늘 주장했던 '백성의 삶을 편안하고 윤택하게 만들기 위한 것'으로 그의 모든 학문적 관심은 이 가난한 백성의 삶에 있었다.

다산은 '실용'이라는 말을 즐겨 사용했지만 흔히 오늘날 우리가 말하는 실용주의자는 아니었다. 이미 언급했듯이 그는 학문의 근본은 경학에 있다고 했으며 인륜의 실현이 그의 일차적 과제였기 때문이다. 실은 '실용', 즉 내 자신에게 유용하고 이 세상에 유용한 학문을 추구하는 것은 유학의 본래 이념이었다. 주자 역시 인륜과 유용함을 무기로 선학을 비판하지 않았던가? 다만 어떤 이념이든 한 시대가 저물면 낡은 이념은 새로운 이념으로 대체되어야 한다. 다산은 새로운 시대에 걸맞은 새로운 이념을 추구했을 뿐이다.

최근 초등학교에서는 '수포학생' '영포학생'이라는 말이 유행하고 있다. 막 시작해보기도 전에 수학이나 영어를 포기하는 것이다. 무엇이 포기를 종용하는가? 자신에게 부과된 엄청난 양의 공부, 그리고 경쟁에 대한 두려움이다. 이 경쟁에 살아남을 수 없다고 스스로 진단하는 순간, 공부는 더 이상 자신을 위한 것이 아니며 외부로부터 강압적으로 부과되는 부채일 뿐이다. 이제 우리는 지금 아이들에 배우고 있는 교육 내용들이 정말 유익한 것인지 한번쯤은 반성해보아야 하지 않을까? 내 아이만 살아남으면 된다는 부모의 이기심, 국가 부를 증대시켜야 한다는 초조감이 우리 아이들을, 또 우리 교육을 망치고 있는 것은 아닐까?

22_ 김영식, 「정약용 사상과 학문의 '실용주의적' 성격」 『다산학』 21, 다산학술문화재단, 2012.

제3부

어떻게 새로운 가르침을
펼 수 있나

1장

사제관계의
유교적 해석

이현지

사랑하지 않는 스승,
존경하지 않는 제자

교육이란 인간이 가진 가치를 끌어내고 향상시키는 것을 말한다. 인류의 역사를 돌이켜보면 각 시대적 상황에 따라 교육의 목표는 변화해왔으며, 교사의 역할과 교육의 내용 및 방법은 그 목표에 따라서 요구받아왔다. 이러한 변화를 인정하더라도 교육 효과에 사제관계가 직접적인 영향을 미친다는 점을 누구도 부정할 수 없을 것이다.

부모와 같은 역할을 기대받았던 동양의 전통적 스승이나 새로운 지식을 전달해주는 고용된 일꾼, 즉 노동자로 치부되던 근대 초기 교사라고 하더라도 학습자와 어떤 관계를 형성하는가에 따라서 교육의 효과는 매우 다르게 나타났다. 이처럼 교육에서 사제관계의 신뢰와 사랑은 매우 중요한 변수로 작용한다고 할 수 있다.[1] 이것은 교육이 그 내용과 합리적 지식의 전달로만 효과를 거두는 것이 아니라는 점을 잘 보여준다.

그런 의미에서 오늘날 교육 현장이 직면한 위기를 타계하려면 사제관계를 다

공자
혁명

시 돌아보고, 새로운 대안을 모색해봐야 할 필요성이 제기된다. 왜냐하면 오늘날 사제관계는 심각하게 파괴되는 양상을 보일 뿐만 아니라, 교육 문제의 근본인 시대와 교육 목표의 부정합성과도 직결되어 있기 때문이다.

현대사회를 지배하고 있는 교육의 목표는 여전히 현대화 초기의 노동자를 양성하고자 하는 데 정체되어 있다. 그러나 현금의 시대적 변화는 교육 목표가 더 이상 직업 교육에 천착해서는 안 된다는 것을 보여주고 있다. 노동 현장의 기계화와 자동화로 인해 일자리가 축소되고 있으며, 삶에서 여가가 차지하는 비중이 지속적으로 증가하고 있다. 노동의 종말에 대응하는 교육을 모색할 것을 요청받는 시대가 도래했다.[2]

최근 현대 교육은 직업능력을 갖기 위한 이성의 계발과 도덕적 생활을 위한 이성의 계발로 구성되고 있으며, 이것을 '창의 인성 교육'이라고 한다.[3] 현대사회의 전 영역에서 이러한 창의 인성 교육의 필요성은 강조되고 있다. 이러한 필요성에 공감하면서도 정작 현대 교육은 현실적인 대안을 모색하지 못하고 필요성에 대한 공허한 주장만 반복하고 있는 실정이다. 창의 인성 교육이 강조되는 현실과 그에 역행하는 과도한 경쟁과 입시 위주의 교육이 팽배하다. 교육 현장은 더욱 파국으로 치닫고 있으며, 그 중심에 사제관계의 파괴가 있다고 할 수 있다.

오늘날 교육 현장에서 우리는 선생님을 존경하지 않는 학생과 학생들의 태

1_ 이재권, 「전통적 교사관의 현대적 해석-『논어』에서 경사經師와 인사人師를 중심으로-」, 『동서철학연구』 51, 2009, 7쪽.

2_ 정재걸, 「현대 문명과 교육」, 『경북의 유학과 선비정신』, 경북선비아카데미 엮음, 한국국학진흥원, 2014, 181쪽.

3_ 정재걸, 앞의 책, 19~20쪽.

도에 불만을 품고 있는 교사를 쉽게 볼 수 있다. 교권은 추락했고, 교사는 진정한 스승이라기보다는 직업적 교사로 전락하는 경향이 있다. 교사들은 학생 지도의 어려움을 호소하고 있으며, 학생들은 학교와 교사를 자신들을 통제하는 귀찮은 존재로 폄하한다.

지난 교육감 선거 공약의 이슈 가운데 하나는 학생인권조례 공포에 대한 것이었다. 학생인권조례는 경기도, 광주광역시, 서울특별시 교육청에서 2012년에 공포했고, 전라북도 교육청은 2013년에 공포했다. 이 조례의 의미에 대해서는 찬반 입장이 대립하고 있다. 찬반 입장의 논리가 어떻다고 하더라도 이러한 조례를 통해서 학생 인권을 지켜야 하는 교육 현실과 사제관계에 대한 우려는 간과할 수 없을 것이다.

이러한 사제관계의 문제에 대해 교육계에서도 오래전부터 심각성을 인식하고 다각적인 개선의 노력을 펼치고 있다. 그러나 근본적인 문제 해소를 위한 방안이 마련되지 않고 있다. 이것은 즉 사제관계의 해답을 찾지 못하고 있다는 말이다. 오늘날 사제관계가 직면한 위기는 현대 교육의 위기이며 현대 교육관의 태생적인 문제와 직결되어 있다. 이에 대해서 구체적으로 살펴보면 다음과 같다.

첫째, 현대 교육은 교육이 무엇을 목표로 해야 하는가에 대한 방향성을 상실했다. 그로 인해서 현대 교육은 문제가 발생하면 그것을 해결하는 데 급급할 뿐 근본적인 문제의 해소 방법에 대해서는 무능력하다. 그 이유는 더 이상 현대의 문제를 해결할 수 있는 대안을 제시할 수 없는 태생적인 한계를 안고 있는 현대 세계관을 바탕으로 형성되었기 때문이다.

둘째, 오늘날 교육계는 스승이 어떤 역할을 해야 하는가에 대한 비전을 상실했다. 한국사회는 다른 사회보다 스승의 역할에 대한 기대감이 높은 사회다.

직업인으로서의 전문적인 교사에 대한 기대를 넘어서서, 학생들에게 부모와 같은 사랑을 베푸는 역할 혹은 '사람들을 교화하여 이끌어가는 역할'[4]을 해야 한다고 인식하는 경향이 있다. 교사의 역할에 대한 사회적인 기대감은 높지만 그에 합당한 권위는 인정하지 않는 불합리한 인식 구조를 가지고 있다. 이러한 기형적인 사회문화적 인식으로 시대적 요구에 부합하는 스승의 역할에 대한 비전은 찾기 어렵다.

셋째, 현대 교육은 사제관계에서 제자의 자세에 대한 문제의식을 결여하고 있다. 사제관계란 스승과 제자가 함께 만드는 것이며 교육의 효과를 결정짓는 핵심적인 요소다. 그럼에도 불구하고 현대 교육에서 제자, 즉 학습자는 교육 소비자로 치부되거나 권위적인 교권으로부터 보호되어야 할 약자로만 인식되는 경향이 있다. 이로 인해 학습자들이 가지고 있는 문제에 무관심하여 교육 현장에서 초래되는 문제에 대한 실질적인 해결책을 모색하는 데 한계를 가지게 마련이다.

이러한 문제를 해결할 수 있는 방법은 무엇일까? 여기서는 유가적 사제관계의 이상적인 모델에서 그 해답을 찾아보고자 한다. 유가적 사제관계의 이상은 '본으로서의 스승과 스스로 구하고자 하는 제자' '스승과 제자의 사랑'이라고 할 수 있다. 그렇다면 어떻게 이러한 이상적인 사제관계에 도달할 수 있을까? 유가에서는 '교학상장'과 '이상의 공유'를 방법으로 말하고 있다.

4_ 이우진·이권재, 「조선시대 사림의 스승담론 연구─사설류師說類 분석을 통해」 『한국교육사학』 36(1), 2014, 35쪽.

본을 보이는 스승,
스스로 구하고자 하는 제자

유가에서의 이상적인 사제관계란 본으로서의 스승과 스스로 구하고자 하는 제자의 만남이다. 먼저 본으로서의 스승에 대해서 살펴보도록 하자. 스승이 어떤 역할을 담당해야 할 것인가에 대한 대표적인 논점은 '전달자로서의 교사관' '조력자로서의 교사관' '본보기로서의 교사관'이다.[5] 이 세 가지의 교사관은, 스승이라면 정도의 차이는 있겠지만 누구나 담당하고 있는 역할이다. 다만 사회·문화적 조건 속에서 시대가 어떤 스승상을 요구하는가의 차이는 분명하게 나타나고 있다.

유가의 교육에서는 지식의 전달자 혹은 조력자로서의 교사관보다는 참된 삶을 사는 본보기로서의 교사관을 중심으로 여겨왔다. 쉼 없이 도道를 구하고 학문함에 있어서 스스로 성실한 스승의 모습은 존재 자체만으로도 제자들에게

5_ 정재걸, 『오래된 미래 교육』, 살림터, 2010, 207~208쪽.

공자
혁명

살아 있는 교과서 역할을 한다. 이에 유가에서는 제자를 가르치는 스승의 학문에 대한 자세가 삶의 본으로서 의미를 가진다. 다음 구절에서 퇴계의 학문하는 자세를 살펴보자.

> 내가 비록 늙도록 (도에 대하여) 들은 것이 없으나, 다만 젊을 때부터 성현의 말씀을 독실하게 믿어서 세간의 훼예毀譽와 영욕榮辱에 구애받지 않았으며, 또 색다른 주장을 하여 사람들로부터 괴이쩍게 여김을 받지도 않았다. 만약 학문을 하는 자가 훼예와 영욕을 걱정한다면 스스로를 세울 방법이 없을 것이며, 또한 안으로 충실한 공부가 없으면서 갑자기 색다른 주장을 해서 남들이 괴이쩍다 여기게 되면 스스로를 보전할 수 없을 것이다. 요컨대 배우는 자는 모름지기 꿋꿋해야만 비로소 그것을 근거로 지킬 바가 있을 것이다.[6]

퇴계는 성현의 말씀을 스승으로 삼아서 그것을 놓치지 않고자 애쓰며 스스로 노력해온 삶을 겸손한 태도로 자평하고 있다. 이때 스승의 가르침에 충실할 수 있는 바탕은 바로 스승에 대한 존경심이라고 할 수 있다. "성리학의 교육은 시작도 스승에 대한 존경이고, 교육의 마지막도 스승에 대한 존경이었다"[7]라고 할 만큼, 스승에 대한 존경심은 교육의 효과가 드러나는 데 각별하다. 이러한 퇴계의 스승으로서의 성현에 대한 존경심과 학문에 임하는 진지한 자세는 다음의 구체적인 일화에서 잘 나타난다.

6_ 퇴계학연구원 엮음, 『퇴계를 알면 마음이 열린다』, 글읽는들, 2007, 15쪽.
7_ 정재걸, 「초등학교 전통문화 교육을 위한 기초연구(2): 사제관계」 『초등교육연구』 16, 2000, 235쪽.

퇴계는 성현을 존경하고 흠모하여 공경하기를 마치 신명神明이 위에 있는 것
처럼 했다. 글을 읽을 때는 반드시 이름자를 피하여 그냥 '모某'라고만 읽어서
그를 범하는 일이 없었다.[8]

위 구절은 제자로서 퇴계가 성현의 삶과 글에서 스스로 배우고 구하고자 하
는 모습을 보여준다. 이러한 퇴계의 자세는 그가 유가를 대표하는 큰 학문을
이루는 토대가 될 수 있었을 것이다. 바로 유가적 사제관계에서 제자가 어떤 자
세를 가져야 할 것인가에 대한 답이 여기에 있다.

공자는 스스로가 학문을 사랑하고 즐김으로써 제자들이 자발적으로 배우고
자 하는 자세를 가질 수 있도록 본이 되었다. 배움을 구하고자 하는 스스로의
필요성을 자각하지 않은 사람에게서 교육적 효과를 기대하기는 어렵다. 이에
공자는 제자가 배우고자 하는 의지만 가지고 있으면 가르침을 베풀었다.

공자는 가르치는 자의 역할을 무엇이라고 생각했을까? 공자는 진정한 교육
자의 역할은 지식을 전수하는 것이 아니라 도덕적인 인간으로서 인의예지를 체
득한 삶의 본으로 실천하는 것이라고 보았다. 자신의 삶에 대한 경계와 반성을
게을리하지 않는 변화를 추구하는 스승의 삶은, 어떤 지식보다도 제자들에게
어떻게 살아야 할 것인지에 대한 살아 있는 해답을 제공해줄 수 있다.

공자는 스스로 가장 훌륭한 스승으로서 본이 되었다. 공자는 3000명의 제
자를 가르쳤고, 그의 문하에서 72명의 현인을 배출했다. 그는 스스로 성聖과 인
仁의 경지에 대해서는 겸손한 입장을 보이면서도 가르치는 일은 게을리하지 않
았다. 다음 구절을 보자.

8_ 퇴계학연구원 엮음, 앞의 책, 22쪽.

공자
혁명

공자께서 말씀하셨다. "성과 인으로 말하면 내가 어찌 감히 자처하겠는가? 행함을 싫어하지 아니하며 사람 가르치는 것을 게을리 아니함은 곧 그렇다고 말할 수 있을 따름이다." 공서화가 말했다. "바로 저희 제자들이 배울 수 없는 것입니다."(『논어』「술이」)[9]

공서화가 말했듯이 교육자로서 공자는 누구도 따라잡을 수 없는 성실한 사람이었다. 공자의 존재 자체가 제자들에게는 교과서와 같은 의미를 지니고 있었다. 공자의 삶을 통해서 제자들은 지식으로 얻을 수 없는, 어떻게 살아야 할 것인가에 대한 지혜를 얻을 수 있었다.

유가 교육에서 스승이 차지하는 의미는 크다. 공자에서부터 조선시대 유학자에 이르기까지, 이들은 인격적으로 모범인 스승을 본받고자 끊임없이 노력했다.[10] 공자는 도와 덕에 부합하는 삶의 준거를 요순에게서 찾고자 했으며, 그들의 덕행에 미치지 못하는 것을 안타까워했다. 그런가 하면 조선시대 유학자들은 공자나 주자를 생활 속으로 끌어들여 매일 알현했고, 존경하는 유학자의 모습을 꿈에서라도 볼 수 있기를 소망했다.[11] 그 이유는 그들이 자기 삶의 본이 되는 스승이었기 때문이었다.

이처럼 삶 자체가 본이 되는 스승의 존재는 중요한 의미를 지녔다.[12] 다른 한편으로 중요한 의미를 부여할 수 있는 것은 수신을 통해서 도덕적 인간이 되고자 하는 제자의 태도다. 공자는 배움을 구하는 자의 자세를 다음과 같이 말하

9_ 子曰 "若聖與仁 則吾豈敢. 抑爲之不厭 誨人不倦 則可謂云爾已矣". 公西華曰 "正唯弟子不能學也".
10_ 박연호, 「교사로서의 공자」, 『교육사학연구』 12, 2002, 16쪽.
11_ 장흥효, 『경당일기敬堂日記』, 강정서·김영옥·남춘우·전백찬 옮김, 한국국학진흥원, 2012, 157쪽.
12_ 장윤수, 「공자의 발문을 통해서 본 유가적 교학이념의 특징」 『철학논총』 38(4), 2004, 67쪽.

고 있다.

> 열심히 하지 않으면 열어주지 않으며, 답답해하지 않으면 말해주지 않으며,
> 한 모퉁이를 들어 세 모퉁이를 증명하지 않으면 다시 말해주지 않는다.(『논
> 어』「술이」)**13**

위 구절은 교육이 제대로 이뤄지기 위해서 훌륭한 스승의 존재 못지않게 중
요한 것은 배우고자 하는 제자의 자세임을 말해준다. 위대한 스승이었던 공자
마저도 열심히 하지 않고, 궁금해하지 않으며, 가르침을 주었을 때 나아지는 바
가 없는 제자라면 교육하기를 포기했다.

공자 문하에서 많은 제자가 배출되었는데, 그의 도통을 이었다고 평가받는
맹자는 공자 사후 100년이 지나서 태어났다. 맹자는 공자의 학문을 직접 배우
지는 못했으나 그럼에도 마음속으로 공자의 도道와 학문을 본받아 배웠다고 했
다. 『맹자』「이루離婁」 편에는 다음과 같은 구절이 있다.

> 맹자께서 말씀하셨다. "군자가 미친 영향도 5대가 지나면 끊기고, 소인이 미
> 친 영향도 5대가 지나면 끊긴다. 나는 공자의 문하가 되지는 못했지만, 나는
> 여러 사람을 통해서 도를 듣고 사숙私淑했다."(『맹자』「이루하」)**14**

위 구절에서 맹자가 스스로 밝히고 있듯이, 그는 공자를 직접 계승한다는

13_ 不憤不啓 不悱不發 擧一隅 不以三隅反 則不復也.
14_ 孟子曰 "君子之澤五世而斬 小人之澤五世而斬, 子未得爲孔子徒也, 子私淑諸人也".

큰 뜻을 품고 학문에 정진했다.[15] 그 결과 맹자의 제자 공손추는 스승이 공자와 같은 성인의 경지에 도달했다고 생각하고 "선생님은 성인이십니까?"라고 질문했다. 이에 맹자는 공자가 스스로 배우는 일을 싫어하지 않고 가르치는 일을 게을리하지 않을 뿐이라고 자평한 것을 인용하여, 자신은 공자를 따라 배우기를 원할 뿐이라고 답했다.[16]

맹자가 후대에 공자의 계승자로 인정을 받고 아성亞聖으로 불릴 수 있었던 것은, 시대를 초월한 스승으로서 본을 보여준 공자가 있었고, 그러한 스승처럼 되고자 하여 스스로 구하고자 했던 제자로서의 바른 자세가 있었기 때문이다. 이처럼 유가의 사제관계에서는 스승의 역할뿐만 아니라, 스스로 구하고자 하는 제자의 역할이 중요한 의미를 지니고 있다. 반면 서구 근대 교육은 노동자 자녀를 대상으로 하는 대중 교육이 확대되는 과정에서 학습자의 자세와 의욕에 대한 논의는 간과하고 교사의 교육 방법만을 논의 대상으로 삼았다. 그러나 교육의 본질은 학습자의 스스로 구하고자 하는 학습 의욕을 전제로 하고, 학습자 스스로 그러한 필요성을 느낄 때까지 기다려주는 것 또한 스승의 중요한 역할 가운데 하나라고 할 수 있다.[17]

공자 또한 배우려고 하는 자의 지위와 신분에 관계없이 배움에 뜻을 세우고 기본적인 예禮만 갖춘다면, 그의 스승이 되기를 마다하지 않았다. 공자 스스로 그러한 자신의 교육자로서의 입장을 다음과 같이 표명하고 있다.

속수束脩의 예를 행한 자가 있다면, 내가 일찍이 가르치지 아니한 적이 없

15_ 고전연구회 엮음,『스승과 제자』, 포럼, 2006, 157쪽.
16_ 고전연구회 엮음, 위의 책, 174~175쪽.
17_ 정재걸 외 3인,『주역과 탈현대』1, 문사철, 2014, 83쪽.

다.(『논어』「술이」)**18**

위의 구절에서 말하는 속수는 말린 고기 10개를 말한다. 당시 사람들이 만날 때 이러한 물건으로 예를 표했는데, 이것은 지극히 작은 것이라고 한다.**19** 여기서 말하는 속수의 예를 행한다는 것은 배우고자 하는 마음의 자세를 표현한 것이라고 할 수 있다. 공자는 이와 같이 기본적인 예를 갖추고 배우고자 하는 뜻이 있는 자라면 빈부귀천을 따지지 않고 교육의 기회를 부여했다. 공자의 이런 입장이 분명하게 드러나는 구절이 있다.

가르침에 있어서 차별類이 없다.(『논어』「위영공衛靈公」)**20**

위 구절에서 유類는 다양한 의미로 해석할 수 있다. 선한 사람과 악한 사람으로 볼 수도 있으며, 혈연이나 계층이 같은 무리로 볼 수도 있다.**21** 유가 어떤 뜻으로 해석되더라도, 공자가 교육에 있어서 평등한 기회를 부여하고자 한 원칙에는 변함이 없다. 실제로 공자의 제자는 당시 노나라 사람이 대부분이었으나, 주변의 제齊 · 위衛 · 진晉 · 송宋 · 진陳 · 채蔡 · 태泰 · 초楚 등 여러 나라 출신이 많았다고 한다. 그리고 신분적으로는 대부분이 사士 계급이었으나, 가난한 제자가 많았던 점도 특징이다.**22** 당시의 시대적 상황을 생각한다면 공자는 파격적인

18_ 自行束脩以上 吾未嘗無誨焉.
19_ 『논어』, 유교문화연구소 옮김, 성균관대출판부, 2006.
20_ 有敎無類.
21_ 이재설, 「공자의 교육사상 연구」, 고려대 대학원 석사학위논문, 2005, 22쪽.
22_ 박연호, 앞의 논문, 27쪽.

공자
혁명

교육자였다고 할 수 있다.

공자는 제자들이 스스로 배우고자 하도록 했다. 공자는 지식을 강연하기보다는 배움의 즐거움이 무엇인지를 스스로 느낄 수 있도록 도와주고자 했다. 이런 교육 방법을 펼치기 위해서 공자 스스로가 배움을 즐겼으며 배움에 대한 열정을 잃지 않았다. 이러한 공자의 열정이 잘 드러나는 구절이 있다.

배우고 때때로 그것을 익히면 기쁘지 않겠는가.(『논어』 「학이學而」)[23]

공자의 기쁨이 바로 배우고 그것을 익히는 일이었음을 말해준다. 공자는 옛 성현이 한 일과 천하 만물의 이치를 배우는 일과 그것을 스스로 실천하여 몸에 익혀서 행하는 즐거움을 누렸다. 스승이 본이 되어서 배움의 즐거움을 누리는 것보다 제자의 배움에 대한 열정을 촉발할 수 있는 방법은 없을 것이다. 배움에 대한 자세를 말해주는 다음 구절을 보자.

배움은 따라가지 못할 듯이 하고, 오히려 배움을 잃을까 두려워해야 한다.(『논어』 「태백泰伯」)[24]

배움이란 스승이 제자에게 주입할 수 있는 것이 아니다. 배움은 배우려는 자가 스스로 구하고자 하여, 그것을 좇지 못할까 애쓰고 배움을 잃을까 두려워하는 마음을 가짐으로써 얻을 수 있는 것이다. 여기서 공자는 배우고자 하는

23_ 學而時習之 不亦說乎.
24_ 學如不及 猶恐失之.

자의 자발적인 의지가 가장 중요하다는 것을 말하고 있다.

오늘날 교육 현장에서 사제관계는 매우 심각한 양상을 보이며 파괴되고 있다. 유가 교육은 현대사회에 나타나는 이와 같은 문제에 실천적인 해답을 제공해주고 있다. 유가 교육에서는 스승이란 삶의 본이 되고, 제자는 어떻게 살아야 할 것인지에 대한 해답을 구하고자 하여 스스로 배우려고 해야 하며, 학교는 '자기 극복과 공동체에 헌신을 배우는 도량'[25]이 되어야 한다.

---

[25] 정재걸, 「유가 교육 사상의 탈근대적 의미」 『동양사회사상』 2, 1999, 161쪽.

공자
혁명

사제지간의 사랑

사제로서 공자와 안연의 관계는 '아버지 같은 스승과 자식 같은 제자'라고 평가할 수 있다. 두 사람의 관계는 역사상 가장 모범적이고도 이상적인 사제관계였다고 할 수 있다.[26] 공자는 안연을 진심으로 사랑했으며, 안연은 공자가 경탄할 정도로 성실하고 경지가 높은 제자였다. 안연은 스승보다 30살이나 아래였지만, 31살의 젊은 나이로 세상을 떠났다. 이때 공자는 하늘이 자신을 버렸다고 통곡을 했다.

　유가의 전통에서는 인간의 스승 인사人師와 경서의 스승 경사經師를 나누어본다. 공자와 안연은 유교의 전통 교육에 나타나는 인사로서의 스승 및 경사로서의 스승과 그 제자의 관계를 동시에 잘 보여준다. 공자는 자식처럼 안연을 사랑하고 아꼈으며, 자신의 사상을 안연에게 온전히 전수했다. 안연은 공자를

26_ 고전연구회, 앞의 책, 27쪽.

지식 전달자로만 인식하지 않고 부모를 대하듯이 한결같은 마음으로 믿고 스승의 뜻을 따랐다. 그러므로 이들의 사제관계는 오늘날까지도 이상적인 사제관계로 칭송받고 있다.

유가에서 스승의 제자에 대한 사랑은 어떤 모습이었을까? 퇴계의 제자에 대한 인애仁愛의 모습을 살펴보자.

> 선생은 여러 학생과 상대할 때에 마치 존귀한 손님이 좌석에 있는 것같이 했다. 모시고 쳐다볼 수가 없었으나, 앞에 나아가 가르침을 받을 때에는 화기和氣가 훈훈하고 강의가 다정하고 친절하여 처음부터 끝까지 환히 통달해서 의심나거나 불분명한 것이 없었다.[27]

위의 구절은 제자에 대한 따뜻한 퇴계의 마음과 자세가 그들을 대하는 태도에서 그대로 드러남을 설명하고 있다. 그런가 하면 스승인 퇴계에 대한 제자의 자세는 어떠했을까? 퇴계학파의 문인 가운데 백담 구봉령은 20세에 퇴계를 스승으로 삼아서 도道를 물었다. 이후 제자의 예를 갖추고 학문에 정진하여 법도에 어긋나는 바가 없었다고 한다. 스승이 세상을 떠났을 때는 부모의 상과 같이 애통해했으며, 소복으로 상례에 임했고, 대소재大小齋를 지켜서 부친과 같이 섬겼다고 한다.[28] 이러한 관계에서 가르침이란 특별한 교수법을 사용하지 않는다고 하더라도 자연스럽게 제자의 삶에 녹아들 것으로 예측할 수 있다.

27_ 박경환, 「유학의 현대적 의의」, 『경북의 유학과 선비정신』, 경북선비아카데미 엮음, 한국국학진흥원, 2014.

28_ 장윤수, 「공자의 발문을 통해서 본 유가적 교학이념의 특징」, 『철학논총』 38(4), 2004, 293쪽.

유가적 사제관계의 대표적인 모델로 다산 정약용과 제자 황상을 들 수 있다. 다산의 개인적인 삶으로 볼 때 가장 참담한 시기였던 유배 시기에, 그는 제자를 양성하고 사상적인 발전을 이루는 데 주력했다. 그 시절 다산에게는 황상이라는 제자가 있었다. 다산과 황상의 사제관계는 깊은 정을 잘 보여준다. 다산은 황상과 학문적으로 깊이 교류했을 뿐만 아니라, 삶의 전반에 대해 조언하고 기쁨을 나누는 깊은 인연을 만들어갔다. 황상이 자식을 보지 못하자 다산이 깊이 염려하고 부자附子를 넣은 처방을 해주기도 했다. 그래서인지 황상은 득남 소식을 스승에게 가장 먼저 알렸다고 한다. 그 소식을 듣고 다산은 다음과 같은 편지를 보냈다.

네가 능히 아들을 낳았다니 기쁨을 형언할 수 없다. 내 아들은 아직 이러한 일이 없으니, 네 아들이 내 손자와 무에 다르겠느냐? 새로 부자를 써서 이 아들을 얻었으므로 이름을 천웅天雄이라 짓도록 해라. 와서 내 축하를 받거라.[29]

위 구절을 보면, 다산은 생활인으로서의 제자의 삶에도 깊은 애정을 가지고 있었으며 아버지의 마음으로 제자를 사랑으로 대하고 있다는 것을 잘 보여준다. 이러한 스승의 내리사랑에 대해, 제자인 황상은 어떤 자세를 지니고 있었을까? 스승이 세상을 떠나고 황상의 거처인 백적산 자락은 1년이나 적막했다고 한다. 그는 어느 날 꿈에서 스승을 뵙고 「몽곡夢哭」이라는 시를 지었다.

　　간밤에 선생님 꿈꾸었는데

29_ 정민, 『삶을 바꾼 만남: 스승 정약용과 제자 황상』, 문학동네, 2011, 256쪽.

나비 되어 예전 모습 모시었다네

나도 몰래 마음이 몹시 기뻐서

보통 때 모시던 것 다름없었지 (…)

선생의 문도라기 이름 부끄러워

소와 양에 뿔조차 없는 격일세

한 마음 순수하긴 처음과 같아

잠자리서 전날 공부 펼쳐본 것을[30]

　　황상은 스승이 세상을 떠난 뒤에도 스승의 가르침을 잊지 않고자 노력했으며, 스승이 그리워서 다산초당을 찾기도 했다. 그리고 스승의 자취를 보고 시를 남기며 그리워했다.[31] 황상은 다산을 그리워하고 평생 잊지 않음으로써 생을 마감하는 순간까지 스승이 자신에게 내려준 "문사文史를 공부하라"는 말을 실천했다.[32]

　　황상이 다산을 스승으로 모시게 된 것은 그의 나이 15세 때였다. 황상은 스승이 어린 시절 자신에게 써준 일명 '삼근계三勤戒'를 가슴에 품고 스승에게 받은 가르침을 잃지 않고 제자로서 스승을 저버리지 않는 삶을 살고자 했다. 이들의 사제관계는 사랑을 바탕으로 하고 있었다.

30_ 정민, 앞의 책, 450쪽.
31_ 정민, 앞의 책, 458쪽.
32_ 안대회, 『부족해도 넉넉하다』, 김영사, 2009, 210쪽.

교학상장과 이상의 공유

유가적 사제관계의 이상형은 삶의 본이 되는 스승과 그런 스승에게서 스스로 가르침을 구하고자 하는 제자가 깊은 존경과 사랑을 바탕으로 형성하는 것이다. 그렇다면 이러한 이상에 도달하기 위해서 유가에서는 어떤 방법을 말하고 있는지 살펴보자.

『예기』「학기學記」에서는 교학상장教學相長을 말하고 있다. 교학상장이란 '가르치고 배우는 것으로써 서로 성장한다'는 말이다. 나아가서 누구나 스승이 될 수 있으며 누구나 제자가 될 수 있음을 말하고 있다.[33] 이와 같은 유가의 사제관계에 도달하기 위해서는 스승의 지위에 있더라도 끊임없는 배움의 자세를 가지고, 삶의 한순간도 배움을 방치하지 않는 자세로 삶 자체가 수행의 연속이라는 것을 인식해야 한다. 즉 유가에서 '학學'과 '교教'의 이념은 기본적으로 상통

---

[33]_ 김병희, 『전통교육의 현대적 이해』, 공동체, 2008, 61쪽.

하고 있다.[34]

퇴계의 제자인 학봉 김성일은 스승이 후학을 가르침에 있어서 싫증을 내거나 권태로워하지 않았다고 회고하고 있다.

> 친구처럼 대하고 끝내 스승으로 자처하지 않았다. 선비들이 멀리서 찾아와서 물으면, 그들 각각의 깊이에 따라 일러주었는데, 반드시 뜻을 세우는 것을 우선으로 했고, 주경主敬과 궁리窮理를 공부할 곳으로 삼아서 자상하고 친절하게 인도하여 깨우쳐주고야 말았다.[35]

위 구절을 통해 퇴계가 일상에서 얼마나 성실한 배움의 자세를 유지한 스승이었는지를 알 수 있다. 그는 먼저 배운 바를 가르치는 일에만 관심을 기울인 것이 아니라, 제자들의 의문을 통해서 뜻을 바로 세우며 스스로 공부하고 후학들의 성장을 도왔다.

퇴계의 도학을 발전시킨 대표적인 제자 조목과의 일화를 통해서 이들 사제 관계의 교학상장을 살펴보자. 조목은 15세부터 퇴계의 문하에서 학문을 했는데, 그는 보지 않은 책이 없었고 몸소 배운 바를 실천하여 퇴계로부터 높이 평가받았다.[36] 그는 퇴계가 초록한 『주자서절요朱子書節要』를 중시해서 자신의 행동 지침으로 삼았을 뿐만 아니라 후학의 공부에 도움을 주었고, 이론뿐만 아니라 마음으로도 『심경心經』을 체득했다. 그는 지속적으로 퇴계와 토론하며 서로

34_ 장윤수, 「공자의 발문을 통해서 본 유가적 교학이념의 특징」, 『철학논총』 38, 2004, 72쪽.
35_ 퇴계학연구원 엮음, 『퇴계를 알면 마음이 열린다』, 글읽는들, 2007, 46쪽.
36_ 장윤수, 앞의 논문, 279쪽.

공자
혁명

의 학문적인 발전을 도모했으며, 그의 이러한 학문적 자극은 퇴계가 『심경후론心經後論』을 짓도록 기여했다. 이것이 바로 사제 간의 진정한 교학상장이다. 이에 장윤수는 퇴계와 조목의 관계를 다음과 같이 평하고 있다.

> 월천의 아름다운 바탕은 퇴계를 스승으로 얻어 완성될 수 있었고, 또한 퇴계의 도학은 월천을 제자로 얻어 빛날 수 있었다.[37]

교육을 통해 진정으로 가르쳐야 하는 대상은 역설적이지만 교사 자신이라고 할 수 있다. 가르쳐야 할 대상이 학생이 아니라 교사 자신이라는 말은 무슨 의미일까? 그것은 교사가 어떤 경험을 통해서든 스스로 배움을 얻겠다는 수용의 자세를 가져야 한다는 것이다. 『논어』에서 공자는 "선善을 보고는 그것에 미치지 못할 듯이 하고, 선하지 못한 것을 보고는 끓는 물을 더듬듯이 한다"(『논어』「계씨季氏」)[38]고 했다. 이 구절의 본래 의미는 스스로 몸을 깨끗이 하고 세상을 구하고자 하는 자의 모습을 공자가 설명한 것이다. 이러한 모습은 자기 변화를 추구하는 스승의 모습에도 그대로 적용된다고 할 수 있다.

조선시대 사림의 사설류師說類를 살펴보면 다양한 스승 담론을 분석할 수 있다. 그 가운데 이간은 스승과 제자의 관계는 체통과 명분이라고 했다. 이간은 스승이 도를 보존한 사람이기 때문에 마땅히 존경받아야 할 뿐만 아니라, 제자에게 도를 전수했다는 점에서 선후先後와 존비尊卑의 구별이 정해진다는 입장을 가지고 있다. 이러한 입장에도 불구하고 그가 주장하는 스승을 섬기는

37_ 장윤수, 앞의 논문, 284쪽.
38_ 見善如不及 見不善如探湯.

도의 핵심은 '범하지도 숨기지도 않는 것無犯無隱'이다. 이간의 이 말은 스승의 말이나 뜻에 무조건 복종하고 스승의 잘못이 있더라도 말하지 않는 것이 아니라, 도를 보존하고자 하는 스승의 도가 완벽하지 못하더라도 사제관계를 끊지 않고 스승의 과실을 솔직하게 언급하고 바로잡고자 하는 것을 말한다.[39]

이러한 관점은 공의론적인 관점에서 사제관계를 모색하는 것으로써, 스승과 자신의 입장이 다르더라도 숨김없이 그것을 소통할 수 있는 관계를 추구하는 것이 옳다는 입장이다. 이와 같은 관계를 통해서 제자만이 스승을 통해서 발전하는 것이 아니라, 스승 또한 제자로 인해서 발전의 기회를 얻을 수 있게 진정한 교학상장을 하는 것이다.

교학상장 하는 사제관계의 근본이 되는 것은 스승과 제자가 공유하는 이상이라고 할 수 있다. 스승은 교육을 통해서 자신의 학문적 이상을 제자에게 전수하고, 제자가 스승에게 진정으로 배움을 구했다면 그것은 바로 스승의 이상을 추구하는 삶을 선택하는 것이다. 공자는 안연을 일컬어 다음과 같이 말했다.

> 공자께서 안연에게 말씀하셨다. "써주면 행하고 놓아두면 숨는 것을 오직 나와 네가 할 수 있을 것이다."(『논어』「술이」)[40]

> 공자께서 말씀하셨다. "알려주면 게을리하지 않는 자는 안연일 뿐이다."(『논어』「자한」)[41]

39_ 이우진·이권재, 앞의 논문, 46쪽.
40_ 子謂顏淵曰 "用之則行 舍之則藏 唯我與爾有是夫".
41_ 子曰 "語之而不惰者 其回也與".

공자
혁명

위 구절은 공자의 이상이 안연에 의해서 실현되었음을 말하는 것이며, 자신의 학문적 지향을 이해하고 실천하기 위해서 애쓰는 제자에 대한 자부심이 잘 드러난다. 사제관계란 이들의 관계처럼 한 방향을 향해 나아가면서 함께 이상사회를 꿈꾸고, 이상을 공유함으로써 서로 믿고 의지하는 큰 뜻의 동지가 되는 것이다.

유교 교육의 전통에서 자주 언급되는 '사제동행'이라는 말은, 스승은 가르치고 제자는 배운다는 위계적인 관계를 넘어서는 함의를 내포하고 있다. 김병희는 유교적 교육 전통에서 사제관계는 위계적 상하관계가 아닌 동반자적 관계라는 점에 주목한다.[42] 이러한 동반자적 관계로 사제관계를 인식한 예는 주자에게서도 잘 드러난다.

주자는 문생에 대해 사제라는 상하관계보다는 동지애로 임했다고 한다. 주자가 문인들을 자주 '내 친구' '붕우' '노형'으로 부른 것도 단순한 언어상의 표현을 넘어서 이상을 공유하는 신념을 함께 한다는 의미가 내포되어 있었던 것이다. 사제관계에서 이와 같이 이상을 공유한 사례는 퇴계의 사제관계에서도 볼 수 있다. 퇴계 또한 그의 제자에게 다음과 같이 이상을 공유하고 있음을 상기시키고, 자신과 달리 대인관계에 관심이 깊은 김성일에게 서로 경계하여 발전을 도모할 것을 말했다. 다음 구절을 보자.

우리가 이미 성리학을 탐구하는 일에 대하여 뜻을 두었으며 남들도 역시 우리를 그렇다고 지목한다. 그러니 각자 노력하여 그 이름에 부합하도록 할 일이지 헛된 이름으로 실제로 닥칠 화를 취해서는 안 된다. 우리는 서로가 서로

42_ 김병희, 「유교적 교육 전통에서의 사제관계의 성격」 『사회사상과 문화』 7, 2003, 143쪽.

를 경계해야겠다.[43]

위의 구절은 사제관계란 궁극적으로 이상을 공유하는 관계로 인식되기 때문에 스승이든 제자든 그 이상에 부합하는 노력을 기울여야 함을 말하고 있다.

또 다른 사례로 퇴계와 제자 박승임의 일화를 들 수 있다. 박승임은 언제나 편지로 학문적 궁금증을 질문했으며, 기회가 닿을 때마다 퇴계 곁에 머물면서 질의하고 답을 듣는 시간을 가졌다. 이러한 교류의 시간이 길어진 후 퇴계는 박승임을 일컬어 서산西山의 노우老友가 되었다고 했다. 주자가 문하의 제자 서산 채원정蔡元正의 학문을 높이 평가하여 자신의 노우라고 칭한 것을 인용한 것이다.[44]

퇴계와 박승임의 사례와 같이, 제자가 언제나 스승의 학문에 대해서 질문하고 스승의 답을 통해서 스스로의 학문을 향상해나가는 과정은 사제관계가 진리와 이상을 공유하고 같은 방향을 향해서 나아가는 것을 잘 보여준다. 이들의 사제관계는 스승의 학문과 사상을 지지하고 상호 발전을 위해 협력하는 도반道伴이었다.

기론氣論과 도학道學을 융합한 화담 서경덕과 제자 사암 박순은 하나의 이상을 공유했기 때문에 학문뿐만 아니라 삶의 모습에서도 동일한 지향을 추구했다.

그(박순)는 일용지도日用之道로서의 유학을 기본적으로 긍정하지만, 그러나 그

43_ 퇴계학연구원 엮음, 『퇴계를 알면 마음이 열린다』, 글익는들, 2007, 56쪽.
44_ 장윤수, 앞의 책, 249~250쪽.

공자
혁명

리理를 밝히지 않으면 일에 바름을 얻을 수 없으므로 격치格致를 수신修身 앞에 두게 되는 것이라 함으로써, 주지적인 성리학자의 특징을 보이고 있다. 그러나 동시에 그는 책이나 문자에 어떤 절대성을 인정하지 않는다. 이런 점은, 바로 도서보다는 직접적인 격물을 통해서 천지의 이치에 도달하려 했던 서경덕의 학문 방법에 대한 계승과 옹호의 모습인 듯하다.[45]

위의 구절에서 볼 수 있듯이 박순은 제자로서 스승의 실천적인 학문관을 본받았다. 이에 그는 학문뿐만 아니라 삶에서도 이론보다는 실천을 중시하고 스승의 이상을 실현하기 위해 노력을 기울였다. 이와 유사한 또 다른 사례를 살펴보면 다음과 같다.

수양과 실천의 통일을 이루었던 남명 조식은 당시 관학이었던 주자학이 현실 문제와 유리된 사변적인 경향으로 흐르는 것을 비판했고, 지나치게 문文을 숭상하는 반면 무武를 천시하던 풍토를 극복하고자 무에 대한 관심과 공부를 게을리하지 않았다. 이러한 조식의 이상은 제자들에게도 영향을 미쳐서, 임진왜란 당시에 그의 제자들은 국난을 극복하는 데 앞장서기도 했다.[46]

조식의 제자 내암 정인홍은 스승의 사상을 받들어 가장 치열하게 사상적인 논쟁을 벌이는 일생을 살았다. 조식이 경학에 치중하여 천도론과 심성론에 치우치는 것을 경계하고, 유가의 실천 정신을 계승하고자 했듯이, 정인홍은 현실 대처능력을 상실하고 형이상학화하던 당시 학문에 대해서 철저하게 비판함으

45_ 장숙필, 「기론과 도학 정신의 융합―화담학파」, 『조선 유학의 학파들』, 한국사상사연구회 엮음, 예문서원, 2000, 127쪽.
46_ 손병욱, 「수양과 실천의 통일―남명학파」, 위의 책, 183쪽.

로써 조식 사상의 진정한 계승자가 되었다. 조식은 평생 정치에 나아가지 않고 세상을 맑게 하고 풍속을 가르치는 일에 종사하는 처사로서의 삶을 살았다. 조식이 정치에 나가지는 않았지만 한순간도 우국애민을 잊지 않았듯이, 실천 위주의 학문에 대한 지향을 가진 스승의 뜻을 계승한 정인홍은 스승의 이상을 현실에서 정치로 실천하고자 했다. 이와 같이 사제관계가 이상을 공유함으로써, 그들은 후대에도 높이 평가받는 유가의 이상적인 사제관계에 도달할 수 있었다.

유교적 사제관계 실현

율곡은 사회 개혁론의 핵심적인 방안으로 교육 개혁을 주창한 바 있다. 율곡
은 당시 교육제도는 심각한 위기에 직면했음에도 불구하고 해결 방안을 모색하
지 않는다고 비판했다. 특히 그 시대에는 교직을 천하게 여기고 굶주림을 면하
는 것을 목적으로 선택할 정도로 교육자가 교육 방향을 상실하고 있음을 비판
했다.[47] 그는 교육의 3요소인 교사, 학생, 교육 내용 가운데 교사의 열의가 가
장 중요한 측면이라고 강조했다. 이에 율곡은 교사에 대한 경제적·사회적 우대
가 곧 인재 교육의 밑거름이 될 수 있다고 보았다.[48]

    율곡의 이러한 문제의식은 시대를 초월하여 그 의미를 생각해볼 만하다. 이

47_ 민족문화추친위원회 엮음, 『국역 율곡집』, 솔출판사, 1996, 375쪽.
48_ 조남국, 「율곡 사상에 나타난 화(和)의 의미」 『율곡 이이』, 예문동양사상연구원·황의동 편저,
예문서원, 2002, 122쪽.

와 같은 인식에 의존하지 않더라도 교사에 대한 사회문화적 기대와 그들의 역할은 교육의 효과에 실질적인 영향을 미친다고 할 수 있다. 유가적 사제관계에서 현대사회의 사제관계가 안고 있는 문제를 해소할 수 있는 대안을 모색해보면 다음과 같다.

첫째, 유가적 사제관계는 방향을 상실하고 있는 현대 사제관계의 문제를 해소할 수 있는 해답을 제공해준다. 유가적 사제관계의 이상형과 그 이상에 도달하는 방법은 오늘날 사제관계의 한계를 극복할 수 있는 대안으로 활용할 수 있을 것이다. 유가에서는 본이 되는 스승과 스스로 구하고자 하는 제자의 관계와 사랑을 바탕으로 지식의 전수뿐 아니라, 인간적인 삶에도 지속적으로 상호 영향을 미치는 사제관계를 제시하고 있다. 또한 이러한 사제관계에 도달하기 위해서는 스승과 제자의 경계가 따로 없이 끊임없이 배우고자 하는 자세로 관계를 형성하고, 삶과 학문에서 하나의 이상을 공유하는 태도를 제시하고 있다.

둘째, 유가적 사제관계는 스승뿐만 아니라 제자의 역할에 대한 현실적이고 구체적인 해답을 제공해준다. 사제관계라는 말 그대로 스승과 제자가 함께 관계를 형성하는 것이다. 이에 스승의 역할에 대한 논의도 중요하지만, 그것 못지않게 배움을 구하는 제자의 자세도 중요하다. 현대 교육에서는 제자의 역할과 태도에 대한 논의는 간과하거나 충분히 의미를 부여하지 않는 경향이 있다. 이러한 현대 교육의 한계에 대해 유교의 사제관계는 명쾌하게 해답을 제시하고 있다.

유가적 사제관계에서는 스승은 스스로의 변화를 끊임없이 추구해야 하고, 제자는 배움을 구하고자 하는 자세를 바로 세워야 함을 강조한다. 스스로 구하고자 하는 제자에게만 가르침을 베푼 공자의 교수법의 원칙은 교육의 기회를 제공하기 전에 학습자에게 배움을 구하고자 하는 열정을 불어넣는 것이 얼

공자
혁명

마나 중요한지 잘 보여준다.

셋째, 유가적 사제관계는 현대 교육이 안고 있는 근본적인 문제의 해소가 필요하다는 문제의식을 제기해준다. 즉 오늘날 사제관계의 위기는 스승과 제자의 관계가 파괴되는 문제에 국한되지 않는 점을 인식할 수 있도록 도와준다. 이에 사제관계의 위기를 해소하기 위해서는 교육 목표를 포함한 현대 교육의 근본 틀에 대한 새로운 비전을 모색해야 한다.

유가적 사제관계는 유가적 이상을 실현하고자 하는 인간으로서 스승의 삶이, 어떻게 살아야 할 것인지에 대한 해답을 구하는 제자에게 교육되는 관계다. 이러한 사제관계가 형성되기 위해서는 먼저 사제 간의 사랑이 바탕이 되고, 그것을 토대로 신뢰와 존경의 관계가 형성되어야 한다. 유가적 사제관계는 현대 교육과는 상이한 교육 목표를 전제로 하고 있다. 유가의 교육 목표는 사제관계에 대한 새로운 비전을 모색할 수 있을 뿐만 아니라 오늘날 현대 교육이 절실히 필요로 하는 인성 교육의 해답을 모색하는 데 활용할 수 있을 것이다.

『유엔미래보고서 2040』는 2030년이 되면 공교육과 교실이 사라질 것으로 예측한다. 대부분의 교육은 온라인으로 이뤄질 것이며, '교사는 지식을 가르치는 사람이 아닌 학생의 조력자, 인성 훈련 담당, 상담사 역할'로 변화할 것이라고 전망한다.[49] 이러한 변화의 조짐은 이미 오늘날의 교육 현장에서도 나타나고 있다. 오늘날 온라인 교육이 급속도로 확산되고 있으며, 이러한 변화는 사제관계의 변화에도 영향을 미칠 것으로 보인다.

이제 교육은 새로운 판짜기를 해야 할 시점에 왔다. 가장 우선되어야 할 것

---

[49] 박영숙·제롬 글렌·테드 고든·엘리자베스 플로레스큐, 『유엔미래보고서 2040』, 교보문고, 2013, 70쪽.

은 교육을 바라보는 인식의 전환이다. 현대 교육의 틀을 고수하면서 사제관계의 위기를 극복할 방안을 찾는 것은 불가능할 것이다. 이제 현대 교육의 무대에서 내려와서 탈현대의 인프라를 전제로 하는 새로운 사제관계의 역할을 모색해야 할 것이다.

2장

뜰을 지나며
배운다는 것

정재걸

자녀를 바라보는
극단적 대응

우리나라의 출산율이 전 세계에서 최하위권이 된 것은 벌써 오래전 일이다. 2014년 6월 16일 미국 중앙정보국의 『월드 팩트북The World Factbook』에 따르면 올해 추정치 기준으로 한국의 합계출산율은 1.25명에 그쳐 분석 대상 224개국 중 219위였다. 합계출산율이란 여자 1명이 평생 낳을 것으로 예상되는 평균 출생아 수를 뜻한다. 인구 1000명당 출생아 수를 나타내는 조출생률도 비슷하다. 우리나라국의 조출생률은 8.26명으로 224개국 중 220위였다.

이유가 무엇일까? 많은 학자는 살인적인 집값과 전·월세비, 사교육비가 아이 낳는 것을 꺼리게 만들고 있다고 본다. 그러나 과연 그것이 전부일까? 우리나라의 젊은 부부들이 아이 낳는 것을 거부하는 이유는 아이가 주는 행복을 알지 못하기 때문이 아닐까? 아이를 낳는 것이란 인간이 할 수 있는 모든 것 중에서 가장 창조적인 일이라 하겠다. 스스로 새로운 생명을 탄생시키는 것은 상상하기 어려울 정도의 기적이며 황홀한 기쁨이다. 뿐만 아니라 아이가 태어나서 자라는 과정을 바라보는 것은 매 순간 가슴 벅찬 일이기도 하다. 그런데 우리나라의 젊은 부부들은 그런 감정을 모르는 성싶다. 그들이 아는 것이 출산의 고통과 높은 비용, 그리고 출산 후 산후조리원에서 보내야 하는 힘든 시간과 비싼 산후조리원 비용뿐일까 걱정이다. 나아가 앞으로 아이에게 들어갈 각종 경제적 비용을 부담해야 할 걱정과 아이가 잘 자라서 이 각박한 세상에서 잘 살아갈 수 있을까 하는 두려움이 전부다.

맹자는 우리의 삶에서 무엇이 중요하고 무엇이 사소한지를 모르는 것을 '유類를 알지 못함不知類'이라고 했다.(『맹자』「고자장구상告子章句上」)[1] 유를 알지 못한다는 것은 삶에 있어서 무엇이 중요하고 무엇이 중요하지 않은지 그 경중을 모른다는 것이다. 아이를 낳고 기르는 기쁨과 비교할 때 아이의 앞날에 대한 걱정과 두려움은 비교할 수도 없을 만큼 중요하지 않다 하겠다. 이와 관련하여 오늘날 우리 젊은이들이 유를 알지 못하는 또 하나의 중요한 어리석음이 있다. 그것은 바로 아이를 갖는 사랑의 행위에 대한 것이다. 우리는 물품을 구입할 때 요모조모 꼼꼼히 따져본다. 그렇지만 사랑의 행위를 할 때는 어떤 아이를 갖게 될지, 어떤 유형의 영혼을 초대할지에 대해서는 생각하지 않는 것이 아닐까. 아이를 갖기 위해 사랑의 행위를 할 때는 먼저 기도하고 명상해야 한다. 육체적인 에너지와는 전혀 다른 에너지로 충만해진 뒤에 사랑을 해야 한다. 사주당 이씨는 그의 『태교신기胎教新記』에서 잉태 순간의 중요성을 다음과 같이 말했다.

아비가 아이를 잉태시키는 것과 어미가 뱃속에서 길러내는 것, 스승이 가르

1_ 今有無名之指屈而不信(伸) 非疾痛害事也 如有能信之者 則不遠秦楚之路 爲指之不若人也 指不若人 則知惡之 心不若人 則不知惡 此之謂不知類.

치는 것, 이 세 가지가 합해야 완전한 사람을 만들 수 있다. 훌륭한 의원은 병이 생기기 전에 치료하고 훌륭한 교육자는 태어나기 전에 가르치는 법이다. 그러므로 스승이 10년 동안 가르치는 것도 어미가 열 달 동안 잘 양육하는 것에 비할 수 없고, 어미가 열 달 동안 뱃속에서 가르치는 것도 아비가 잉태시키는 한순간의 중요성에 비할 수 없다.(『태교신기』 제1장)

오늘날과 달리 전통사회에서의 출생과 육아는 유교의 특징상 매우 중요한 일이었다. 유교에서의 자식이란 부모 몸의 일부고 조상의 생명을 잇는 존재였다. 따라서 자식은 조상을 추모하고 받드는 역할을 담당했다. 그런 이유로 전통사회의 부모는 아이를 낳고 기르는 데 매우 세심한 주의를 기울였다. 어질고 총명한 자식을 얻기 위해서는 먼저 부부의 신체적 조건을 구비하기 위한 노력이 중요했다. 그래서 배우자를 선택할 때 상대의 부모와 당사자의 신체적·정신적 조건을 세밀하게 관찰했다. 또 부부가 합방하는 시기와 장소의 선택도 매우 중요했다. 계절에 따른 천지의 기운과 기상의 조건은 합방하는 장소와 시일을 택하는 데 큰 영향을 끼치는 요소였다. 아이를 잉태한 후에는 산부가 지켜야 할 여러 금기 사항이 제시되었는데 이를 태교라고 했다. 해산 후에도 태반 처리와 아이 목욕, 이름 짓기, 질병 치료 등 다양한 노력이 이뤄졌다. 이를 통해 우리는 전통사회에서 아이가 얼마나 소중한 존재였는지 잘 알 수 있다.

오늘날 산후우울증을 앓고 있는 젊은 여성이 많다. 심한 경우 아이와 함께 자살을 시도하는 사람도 있다. 왜 그런 것일까? 이에 관한 근본적인 문제는 서구로부터 받아들인 근대적 개인주의에 기인한다. 개인주의는 세계를 구성하는 기본 요소인 개인이 원자처럼 분리되어 홀로 느끼고 생각하고 행동하는 존재라는 신념에서 출발한다.[2] 따라서 개인은 독자적으로 자신의 삶을 판단하고 결정하는 존재다. 삶의 전략과 행동을 스스로의 의지에 따라 바꿀 수 있으며 자신을 소외시킬 수 있는 외부 압력을 받아들이지 않고 자신의 이익·욕망·정념에 따라 살고자 하는 존재인 것이다. 이런 개인에게 자식이란 어떤 의미를 가질까? 두 가지 극단적인 대응이 가능하다. 한 가지는 자식을 자신과 동일시하여 자기 의지에 따라 변화 가능한 존재로 여기는 것이다. 다른 한 가지는 자신의 자유로운 삶을 제한하는 장애물로 여기는 것이다. 그런데 문제는 이 두 가지 방식이 동전의 앞뒷면과 같이 밀접하게 연결되어 있다는 점이다.

한병철은 현대사회를 '정보피로증후군에 따른 나르시시즘의 사회'라고 주장한다.[3] 정보피로증후군이란 지나치게 많은 정보에 노출되어 모든 일에서 독자적으로 판단하고 결정하는 일에서 피로를 느끼는 현상이고, 바로 여기서 나르시시즘 우울증이라는 현대의 질병이 나타난다. 나르시시즘 우울증을 낳는 것은 병적일 정도로 극단적인 자기중심적 태도다. 나르시시즘적 우울증의 주체인 개인은 자기 목소리의 반향밖에는 듣지 못한다. 그에게 세계는 자아가 드리운 그림자 속에서만 모습을 드러내, 결국 그는 자기 자신에 의해 소진되고, 녹초가 되어 자기 속에서 익사하고 만다.[4] 자녀에 대한 동일시나 장애물로서의 자녀나 모두 나르시시즘적 우울증의 표현이다. 아이를 안고 아파트 베란다 밖으로 뛰어내리는 엄마는 자식을 자신의 일부라고 여긴다. 반면 밤낮을 가리지 않고 컴퓨터게임에 몰두하다 자식을 방치하여 죽인 디지털 히키코모리 엄마에게 자식은 단지 장애물로 보일 뿐이다.

2_ 알랭 로랑Alain Laurent, 『개인주의의 역사』, 김용민 옮김, 한길사, 2001, 9~11쪽.
3_ 한병철, 『투명사회』, 김태환 옮김, 문학과지성사, 2014, 195~196쪽.
4_ 한병철, 위의 책, 198쪽.

좋은 부모 되기

유교의 가정교육은 태교에서 비롯된다. 태교는 아이가 출생하기 이전 태중에서 이뤄지는 교육을 말한다. 물론 태교에서 가장 중요한 것은 아버지의 '하루 낳는 역할'이다. 부부관계를 통해 아이가 수정되는 것을 입태入胎라고 한다. 입태가 태교에서 가장 중요하기 때문에 남녀가 좋은 배필을 만나 절차를 갖추어 혼례를 올리고 법도에 맞게 부부생활을 하는 것이 태교의 핵심이 된다. 입태가 된 이후의 태교는 주로 어머니가 담당한다. 어머니는 남편과 잠자리를 같이 해서는 안 될 뿐만 아니라, 옆으로 누워서도 안 되고, 가장자리에 앉지 않으며, 자극적인 맛을 가진 음식이나 바르게 자르지 않은 음식은 먹지 않는다. 이것은 산모와 태아가 한 몸이라는 동체성同體性에 근거한 것이다. 어머니의 몸가짐과 마음가짐이 그대로 태아에게 영향을 끼치기 때문이다

그런데 오늘날 젊은 부모들처럼 자식을 애지중지하며 키우는 것이 진정으로 사랑하는 것일까? 절제되지 못한 사랑은 결국 자녀를 망친다는 것을 옛사람들

은 이미 알고 있었다. 다음 두 편의 글을 읽어보자.

아이가 사람의 얼굴을 알아보고 다른 사람의 기쁨과 성냄을 깨달을 때가 되면 즉시 하라는 것은 하고 못하게 하는 것은 하지 않도록 가르쳐야 한다. 다시 몇 살을 더 먹게 되면 회초리와 꾸지람이 어떤 뜻을 담고 있는지 깨닫게 해야 한다. 부모가 자애롭되 위엄을 갖추게 되면 자식들은 두려워 행동을 삼가면서도 효성스런 마음을 지니게 된다. 그러나 내가 볼 때, 세상 사람들은 그렇게 행동하지 않는다. 자식들에게 무작정 사랑만 베풀기 때문이다. 자기하고 싶은 대로 음식을 먹고 행동을 해도 내버려두고, 마땅히 가르쳐야 할 것은 오히려 격려하고, 꾸짖어야 할 것은 웃어넘겨버린다. 그리하여 자식이 자라 나름대로 식견이 생길 때, 모든 일을 평소 해오던 대로 하면 되는 줄 알게 된다. 이제 부모가 제재를 가하고 죽도록 매질을 한다고 해도 이미 교만함이 몸에 밴 자식에게 위엄이 설 리가 없다. 오히려 부모에 대한 분노와 원망만 날로 키워 성장해서는 끝내 패륜을 저지른다. 그래서 공자는 "어려서 형성된 습관은 천성과 같다. 습관에 따라 형성된 것은 자연스럽게 배어나온다"고 말씀하셨다. 또한 속담에서는 "며느리는 처음 맞아들였을 때 가르쳐야 하고, 아이들은 갓난아이였을 때 가르쳐야 한다"고 했다. 진실로 옳은 말이다.(안지추, 『안씨가훈顔氏家訓』 「교자敎子」)

어머니가 된 사람은 자식에게 자애롭지 못한 것을 근심하지 말고, 사랑할 줄만 알고 가르치지 못할 것을 근심해야 한다. 옛사람들은 "인자한 어머니에게서 패륜아가 나온다"고 말했다. 사랑만 하고 가르치지 않으면 어질지 못한 곳에 물들며, 큰 악에 빠져 형벌을 받아 몸을 망치게 된다. 다른 사람이 그 자식을 망친 것이 아니라 어머니가 자신이 낳은 자식을 망친 것이다. 예부터 오늘날에 이르기까지 이와 같은 사람이 너무 많아 그 수를 헤아리기조차 어려울 지경이다.(사마광, 『가범家範』 「모母」)

서덕희는 생물학적·법적 부모라고 해서 자동적으로 부모가 되는 것은 아니라고 말한다. 즉 부모라는 이름으로 자녀가 받아들일 수 없는 행동을 강요하거나 미래의 성공을 빌미로 자녀의 현재를 저당 잡고자 할 때 그 사람은 더 이상 부모가 아니라는 것이다. 또 자녀의 불행을 학교 혹은 사회의 책임으로 전가하기만 할 때 그 역시 부모가 아니라고 한다.[5] 그녀는 레비나스의 '타인의 얼굴' 개념을 통해 부모가 자녀의 얼굴을 타자의 얼굴로 만날 때 비로소 부모가 될 수 있다고 말한다. 곧, 진정으로 사랑하는 사람을 만났을 때, 혹은 자신의 삶을 송두리째 흔드는 사람을 만났을 때 그들의 얼굴을 통해 삶이 근본적으로 바뀌는 계기를 말한다. 즉 그 계기를 통해 나는 처음으로 '나'라는 딱딱한 껍질을 벗어나게 되는 것이다. 이처럼 '부모-되기'의 과정은 내 안에서 자아실현과 확대를 추구하던 것을 넘어 자녀에게로, 타인에게로 그 교육적 책임을 확대하고 요구함으로써 더 큰 나로 성장시키는 교육적 과정이라고 할 수 있다.[6]

부모가 된다는 것은 그런 의미에서 분리 독립된 개체로서의 나를 넘어서는 중요한 기회다. '부모-되기'는 작은 나, 즉 에고ego를 넘어서 우주적인 나, 즉 셀프Self를 만날 수 있는 계기 중의 하나인 것이다.

5_ 서덕희, 「"나를 넘어선다는 것": 홈스쿨링을 통해 본 '부모-되기'의 교육적 의미」 『교육철학』 41, 2010, 137쪽.
6_ 서덕희, 위의 글, 146쪽.

공자 혁명

절제된 자녀 교육 –
과정과 역자교지

유교의 자녀 교육 원리는 자녀를 사랑의 존재로 키우는 것이다. 그렇지만 자녀를 직접 가르치다보면 자식에게 부당한 강요를 하거나, 자녀의 미래를 볼모로 현재를 희생하게 만드는 일이 잦다. 실제로 조선시대 자녀 교육을 보면 그런 사례가 많이 보이는데, 대표적인 인물이 다산 정약용이다. 다산은 6남 3녀를 낳았으나 대부분 홍역·천연두·종기 등의 병으로 잃고 2남 1녀만이 살아남았다. 자녀 교육이 절실히 필요한 대부분의 시기를 유배지에서 보낸 다산은 두 아들 학연과 학초의 교육에 남다른 열의를 가졌다. 그의 자녀 교육은 주로 편지글을 통해 이뤄졌다. 주된 내용은 지금의 폐족廢族의 신세를 벗어나 청족淸族이 되도록 권면하는 내용이었다. 그러나 유배지로 다산을 찾아온 큰아들 학연은 옛날에 가르쳐준 경학의 이론을 하나도 대답하지 못한 채 좌우만 돌아보며 두리번거리는 한심한 모습을 보여주었다.[7] 다산은 학연이 아버지 앞에서 옷깃을 여미지 않고, 무릎 꿇고 앉으려 하지 않았으며 단정하고 엄숙한 빛이 전혀 보이지

않았던 일에 대해 편지로 크게 나무랐다.[8]

　다산의 경우가 예외적인 것은 아니다. 조선시대 양반가의 자녀 교육은 자녀를 사랑의 존재로 키우는 유교 교육의 본래 목표와는 거리가 먼, 가문과 문벌의 영화를 위한 것이었다. 정무곤은 조선시대 가훈을 종합적으로 분석한 글에서 조선시대 가정교육에서 공부론의 영역은 앎을 통한 욕망의 소거를 목적으로 하며, 집의 영역은 개인·가정·사회의 맥락에서 가家의 유지와 계승, 발전이라는 욕망의 확장을 목적으로 한다고 했다.[9] 이 두 가지의 모순은 어떻게 해결될 수 있었던 것일까? 정무곤은 "이 두 가지가 교차되는 장면이 발생하는 것은 욕망의 확장을 위한 현실적 삶의 처세에서도 욕망의 소거를 향한 수신 공부가 적용되어야 한다고 믿었기 때문"[10]이라고 했다. 즉 경전 공부를 통한 수신 역시 궁극적으로는 가문의 번영이라는 후자의 목적에 종속될 수밖에 없었다는 것이다. 이유태의 「정훈庭訓」에는 다산의 염려와 같은 조선시대 가정교육의 목적이 잘 드러난다.

　　나는 지은 죄가 크고 이미 늙었으므로 곧 죽음을 맞게 된다 해도 누구를 원망하거나 후회할 것이 없다. 다만 집안일이 흩어지고 아이들이 배움을 잃게 되어, 그로 인해 가문이 몰락하고 선대로부터 이어져 내려온 전통을 계승하지 못할까 두려울 뿐이다. (…) 선친께서는 임종 시에 "너희가 장차 시골 사람이 되고 말겠다"고 유언을 하시면서 슬퍼하셨다.(『초려전집草廬全集』상, 「잡

7_ 박균섭, 「가정교육의 범주와 지향: 정약용의 가훈을 중심으로」, 『교육철학』 41, 2010, 104쪽.
8_ 박균섭, 위의 글, 110쪽.
9_ 정무곤, 「조선시대 가훈서의 교육학적 해석」, 한국학중앙연구원 박사학위논문, 2007, 122쪽.
10_ 정무곤, 위의 글, 125쪽.

공자
혁명

저雜著」「정훈庭訓」, 서序)**11**

　　조선 후기 유학자인 윤증의 경우 비록 자신은 벼슬할 생각을 하지 않았지만 자식의 출사는 적극 지원했다. 그는 맏아들 행교에게 보낸 편지에서 다음과 같이 말했다.

　　　과거의 일은 한 집안으로 말하면, 부지런히 공부한 자는 모두 입격하고 게으르고 노는 자는 모두 떨어졌다. 모두 인사로 말미암았으니 너희들은 한탄할 필요 없고 모쪼록 지금부터 노력하기 바란다. 자질이 열등하면서도 배우지 않는 자가 곧 하등의 인간이다.(『명재유고明齋遺稿』 권28, 「여자행교與子行敎」)**12**

　　이처럼 조선시대 가정교육이 유교의 가정교육이 지향하는 모범이 될 수 없음을 알 수 있다. 이는 '가문의 품격', 즉 가격家格 때문이라 하겠다. 가문의 격은 조선시대 양반 문화에서 혼인을 성사시키고 명문 집안과의 사회적 교유를 가능케 하며, 심지어 과거나 벼슬 혹은 관직생활에까지 영향을 미치는 요소로 작용했던 것이다.**13** 그렇기 때문에 조선시대 양반가의 자녀 교육에서 가장 중요한 것은 자식을 과거시험에 합격하도록 돕는 것이 될 수밖에 없었다. 윤선도의 가훈인 『충헌공가훈忠憲公家訓』에는 낙방한 아들에게 과거에 합격하기 위한 답안 작성 요령을 친절하게 가르쳐주는 내용도 있다.**14**

11_ 정무곤의 위의 글 128쪽에서 재인용.

12_ 송수진, 「조선시대 자녀 교육의 한 사례: 윤증의 '여자행교'를 중심으로」 『한국교육사학』 36(3), 2014, 90쪽에서 재인용.

13_ 송수진, 위의 글, 130쪽.

그렇다면 자녀를 사랑의 존재로 키우기 위한 유교 자녀 교육의 전형은 어떤 것일까? 먼저 유학의 근원이라고 할 수 있는 『논어』를 통해 가정교육의 사례를 살펴보자. 다행히 『논어』에는 자녀 교육과 직접 관련된 글이 한 편 남아 있다. 공자가 뜰을 가로지르며過庭 자신의 아들인 이鯉를 어떻게 가르쳤는지 보여주는 글이다.[15]

진항이 백어에게 물었다. "그대는 특이한 들음이 있는가?" 백어가 대답하였다. "없었다. 일찍이 홀로 서 계실 때에 내가 빨리 걸어 뜰을 지나는데 '시를 배웠느냐?' 하고 물으시기에 '못 하였습니다' 라고 대답하였더니, '시를 배우지 않으면 말을 할 수 없다' 하시므로 내가 물러가 시를 배웠노라. 다른 날에 또 홀로 서 계실 때에 내가 빨리 걸어 뜰을 지나는데, '예를 배웠느냐?' 하고 물으시기에 '못 하였습니다' 하고 대답하였더니, '예를 배우지 않으면 설 수 없다' 하시므로 내가 물러나와 예를 배웠노라. 이 두 가지를 들었노라." 진항이 물러나와 기뻐하면서 말하였다. "하나를 물어서 셋을 들었으니, 시를 듣고, 예를 들었으며, 또 군자가 그 아들을 멀리하는 것을 들었노라."(『논어』 「계씨」)[16]

14_ 『충헌공가훈』, 정무곤, 위의 글, 132쪽.

15_ 공자는 19세 때 송宋나라 견관씨의 딸과 결혼했다. 결혼한 지 1년 만에 아들 백어伯魚를 낳았고, 그 뒤 딸 하나를 더 낳았다. 백어는 이름이 이鯉다. 백어는 공자에게는 단 하나뿐인 아들이었는데, 나이 50세에 공자보다 먼저 죽었다. 그러나 다행하게도 백어는 공급孔伋(자사)을 낳아 공자의 가계를 이을 수 있게 했다. 그리고 공자의 손자인 자사子思는 증자曾子(증삼) 문하에서 학문을 배워 유학의 정통 학맥을 이었다.

16_ 陳亢 問於伯魚曰 子亦有異聞乎 對曰 未也 嘗獨立 鯉趨而過庭 曰 學詩乎 對曰 未也 不學詩 無以言 鯉退而學詩 他日 又獨立 鯉趨而過庭 曰 學禮乎 對曰 未也 不學禮 無以立 鯉退而學禮 聞斯二者 陳亢 退而喜曰 問一得三 聞詩聞禮 又聞君子之遠其子也.

공자
혁명

공자는 왜 아들을 멀리했을까? 아니, 왜 애써 사랑을 감추려고 했을까? 실제로 『논어』에는 공자가 아들인 백어에게 『시경』의 「주남周南」과 「소남召南」을 배웠는지 묻고 이를 배우지 않으면 담장을 정면으로 마주하고 있는 것과 같다고 말하는 장면만이 있다. 반면 다른 제자들에게는 시를 배우는 장점을 여섯 가지나 들어 상세하게 설명하고 있다.(『논어』 「양화」) 공자는 다산과 달리 아들에게 가르치고 싶은 열정이 부족했던 것일까? 결코 그렇지는 않았을 것이다. 그렇다면 왜 공자는 제자들에 대한 교육에 비해 자녀 교육에 열성을 쏟지 않았을까? 이를 짐작케 해주는 내용이 『맹자』에 나온다.

> 공손추가 말했다. "군자가 (직접) 자식을 가르치지 않음은 어째서입니까?" 맹자께서 말씀하셨다. "형세가 행해지지 않기 때문이다. 가르치는 자는 반드시 올바름으로써 하는데, 올바름으로써 가르쳐 행하지 않으면 노여움이 뒤따르고, 노여움이 뒤따르면 도리어 (자식의 마음을) 해치게 된다. (자식이 생각하기를) '부자夫子(아버지)께서 나를 올바름으로 가르치시지만 부자도 올바름에서 나오지 못하신다' 한다면 이는 부자간에 서로 해치는 것이니, 부자간에 서로 해침은 나쁜 것이다. 옛날에는 자식을 서로 바꾸어 가르쳤었다. 부모 자식 간에는 선善으로 꾸짖지 않는 것이니, 선으로 꾸짖으면 멀어지게 된다. 멀어지면 상서롭지 못함이 이보다 더 큼이 없는 것이다."(『맹자』 「이루」)

선으로 꾸짖음責善이란 불가피한 것이다. 그 과정에서 필연적으로 자식의 원망하는 마음을 불러일으키게 된다. 맹자가 염려한 것은 그런 마음으로 인해 부모와 자식 간의 가장 중요한 본성인 사랑을 잃을까 하는 것이다. 맹자는 자식을 바꾸어 가르침, 곧 역자교지易子敎之가 이런 딜레마를 극복할 수 있는 유일한 방

『예기』, 31.5×21.0cm.

법이라고 본 것이다.

『예기』에는 삼생三生이라고 하여 부모는 낳아주고 스승은 가르쳐주고 임금은 먹여주는 관계라고 하되, 각각의 관계에 있어서는 서로 다른 대응을 하여야 한다고 하고 있다. 즉 '부모에 대해서는 숨기는 일은 있어도 대들어서는 안 되고有隱無犯, 임금에 대해서는 대들기는 해도 숨기지는 말아야 하며有犯而無隱, 스승에 대해서는 숨기지도 대들어서도 안 된다無犯無隱'고 했다. 또 『논어』에는 자식이 도둑질을 했을 때 아버지가 자식을 관가에 고발해야 하느냐 하는 질문이 있다. 공자는 이에 대해 "아버지는 자식을 숨겨주고 자식은 아버지를 숨겨주는 데 의로움이 있다"고 하였다.(「자로」) 『맹자』에서도 순임금의 아버지 고수가 살인을 저질렀다면 순임금은 아마도 아버지를 업고 달아나 먼 바닷가에서 살았을 것이라고 말하고 있다.(「진심상」) 이것은 부모와 자식 사이의 사랑이 옳고 그름보다 우선시되는 유학의 입장에 따른 것이다.

본성의 회복과 효

유교의 자녀 교육은 앞서 언급한 바와 같이 자녀를 사랑의 존재로 키우는 것이다. 그러기 위해서는 어떻게 해야 할까? 유교에서는 인간은 누구나 태어날 때부터 무한한 용량의 사랑의 샘물을 가지고 태어난다고 한다. 이 사랑의 샘이 곧 유교에서 가장 중요시하는 인仁이다. 그렇다면 이것은 저절로 터져서 나오는 것일까? 안타깝게도 그렇진 않다. 샘물이 솟아나는 것을 방해하는 것이 있다. 바로 '나'라고 하는 본능적 이기심이다. 따라서 유학의 자녀 교육은 어떻게 하면 자녀들이 본능적 이기심을 넘어 이타적 본성인 인을 발현할 것인가에 초점을 맞추었다.

유학의 자녀 교육이 중요한 것은 그것이 단순히 오늘날의 자녀 교육이 갖는 문제를 해결해줄 수 있기 때문만은 아니다. 이타적 본성의 회복은 현대 문명이 안고 있는 핵심적인 문제, 즉 본능에 따른 무한한 이기심에 가득 찬 개인을 넘어서 새로운 문명을 출현시킬 유일한 대안이기 때문이다.

현대 문명은 도덕적 삶을 위한 비판적 이성을 통해 본능적 이기심을 제어할 수 있다는 가정에서 출발했다. 그러나 인류의 역사를 볼 때 도덕적 삶을 위한 비판적 이성이 생존 경쟁을 위한 욕망을 이긴 적이 없었다. 그 이유는 명백하다. 비판적 이성과 달리 본능적 이기심은 이름처럼 인간의 본능에 뿌리를 박고 있는 것이기 때문이다. 김형효는 『마음혁명』(2011)이라는 책에서 도덕적 선의지는 결코 본능적 이기심과 싸워 이길 수 없다고 했다. 도덕적 선의지는 인간 이성의 한 부분이며, 역사적으로 볼 때 이성과 본능의 싸움에서는 언제나 본능이 승리했기 때문이다.

현대 문명을 설계한 계몽주의자들처럼, 순자는 인간은 태어날 때부터 자신의 이익을 탐하고 맛있는 음식을 먹으려 하고 아름다운 여자를 탐한다고 했다. 그리고 이러한 것을 얻기 위해서 다른 사람을 미워하기도 하고 해치기도 한다고 했다. 그렇기 때문에 순자는 인간의 본성은 악한 것이라고 주장했다. 순자는 사람이 타고난 본성과 후천적 학습으로 이를 교정 순화하는 인위를 구분하지 못한 것이라고 맹자의 성선설을 비판하고 사람의 본성은 악하니, 그 선함은 인위(『순자』「성악性惡」)[17]라고 말했다. 따라서 인간은 반드시 스승의 교화와 예의 법도에 따르는 인위적인 학습으로 본성을 교정·순화하는 후천적인 노력이 있어야 남에게 양보할 줄도 알고 사회질서를 지킬 줄도 알게 되어서 세상의 평화가 유지된다고 보았다.

같은 시대 묵자는 사람이 자기 부모나 자식만을 사랑하고 남의 자식이나 부모를 사랑하지 않는 것이 악의 근원이라고 하면서 모든 사람을 똑같이 사랑하자는 겸애설兼愛說을 주장하였다. 순자와 묵자의 주장이 갖는 공통점은 모두 교

17_ 人之性惡 其善者偽也.

육을 통해 바람직한 가치관을 가질 수 있으며 이것이 바람직한 사회를 만드는 기초가 될 수 있다는 것이다.

반면 맹자는 인간의 본성이 선하다고 보았다. 그 증거로 우물에 빠지려는 어린아이를 보면 누구나 달려가 그 아이를 끌어안는다는 것을 들었다. 여기서 중요한 것은, 아이를 구하는 사람은 이 아이를 구하면 칭찬받는다거나 혹은 아이를 구하지 않으면 비난을 듣는다고 '생각'하지 않는다는 것이다. 여기서의 '생각'이 중요하다. 생각이란 이성의 활동이다. 즉 아이를 구하는 일은 이성적으로 판단하여 이뤄지는 일이 아니라는 것이다.

맹자가 말하는 본성은 선험적이고 즉각적인 것이다. 맹자는 이를 양지양능良知良能이라고 하였다. 양지란 배우지 않고도 아는 것이고, 양능은 배우지 않고도 실천할 수 있음을 말한다. 그래서 『대학』에서는 본성으로서의 인이 아름다운 여인을 좋아하고 악취를 싫어하는 것과 같다고 하였다.(『대학』「전문육장傳文六章」)[18] 이처럼 본성은 생각이나 느낌 이전에 발현되는 것이라는 점에서 본능과 같다. 그렇지만 본성은 본능과 같이 저절로 발현되는 것은 아니다. 본성은 '나'라는 딱딱한 껍질을 벗어나야만 비로소 발현될 수 있다. 그렇지만 일단 본성이 발현되면 그것은 본능과 같이 커다란 힘을 가지게 된다.

맹자의 주장처럼 인간에게는 본능적 이기심과 함께 '나'를 넘어서는 이타적 본성이 존재한다. 이런 이타적 본성은 본능적 이기심처럼 그 자체로 무한한 에너지를 가지고 있다. 따라서 우리가 추구해야 할 교육은 자연의 한 부분으로서 인간의 본성을 발견하고 계발하는 것이다. 우리의 본성은 우리의 이성이 쉬는 그 자리에 존재한다. 그렇기 때문에 본성의 소리는 당위적인 도덕 명령이 아

18_ 所謂誠其意者 毋自欺也 如惡惡臭 如好好色 此之謂自謙.

공자·
혁명·

니라 본능처럼 마음이 스스로 하고자 하는 기호적 욕망이다. 동물의 경우 본성과 본능은 조화를 이룬다. 그러나 현대 문명에서 인간은 이성의 계발을 통해 인위적인 욕망이 자연과 조화를 이루는 본성을 벗어나 무한대로 확장된다.

이마누엘 칸트는 『실천이성비판』을 통해 옳은 일이란 궁극의 완전한 목적, 즉 최고선에 따라 의지를 규정하는 것이며 결론적으로는 도덕을 보편적으로 타당하게 하는 도덕적 이성이라고 주장했다. 칸트의 실천 이성이란 이론 이성에 대하여 의지를 규정하는 이성, 즉 의지 능력을 말한다. 칸트는 도덕적 행위에서는 의지의 내용이 자연적 욕망에 의해 규정되는 것을 배척하고 오직 이성이 자기 자신에게 주는 법칙에 의하여 의지의 형식을 규정한다고 보았다.

칸트는 인간이 생명체로서는 자연적 존재이지만, 이성적 존재로서는 자신의 자연적 한계를 넘어서는 능력을 지니고 있다고 주장했다. 인간이 단순히 자연적 존재이라면 다른 동물과 다름없이 자연의 법칙에 따라 본능적으로 행동할 것이다. 그러나 인간은 본능을 넘어서 자연 세계와는 다른, 도덕의 세계를 추구할 수 있는 힘을 지니고 있다. 즉 칸트는 인간을 현상들의 자연 법칙, 곧 현상 상호간의 인과 법칙과는 전적으로 독립적인 것으로 보이는 의지, 곧 자유 의지를 지니고 있는 존재로 여긴 것이다. 따라서 칸트는 도덕 법칙이란 전적으로 자유 의지를 지닌 인간에게만 적용된다고 말했다.

이처럼 칸트는 인간이 도덕 법칙의 지배를 받는 것은 누가 시켜서 그렇게 한 것이기보다 인간이 스스로에게 부여한 것이라고 보았다. 그래서 칸트는 그것을 '자유'라고 일컫는다. 자유란 어쩔 수 없이 하는 것이 아니다. 진정한 자유는 그렇게 하지 않을 수도 있음에도 그렇게 하는 것을 말한다. 즉 도덕 법칙이란 신이나 초자연적인 존재로부터 타율적으로 주어진 것이 아니라 인간 이성이 스스로에게 부여한 것이다. 따라서 칸트에게 도덕은 오로지 순수 실천 이성의 힘에 의해 이뤄지기 때문에 도덕을 위해서는 어떤 종교도 필요하지 않다. 이처럼 칸트는 도덕 법칙의 원천은 바로 인간의 이성이라고 본 것이다. "내 머리 위의 빛나는 별과 내 안의 도덕 법칙"이 바로 『실천이성비판』의 결론이다. 칸트 자신의 묘비명으로도 사용된 이 말은 칸트의 도덕관을 집약적으로 보여주는 문구다.

그렇다면 도덕적 선의지로서의 실천 이성과 맹자가 말하는 본성 중 어느 것이 실천력 있을까? 한 가지 예를 들어보자. 요즘 유행하는 행복심리학에서는 상대방을 '용서'하는 것이 행복의 중요한 열쇠라고 주장한다. 그렇다면 도덕적 선의지를 통해 용서하는 것은 어떻게 하는 것일까? 나에게 부당한 잘못을 저지른 상대방을 어떻게 용서할 것인가? 도덕적 선의지는 이성의 활용을 통해 용서하는 것이 최선의 방법임을 추론하도록 한다.

그 추론과정은 대개 다음과 같다. 용서하지 못하면 결국 자신이 상대방에 대한 증오의 에너지를 품고 있는 것이며, 그것은 결국 자신을 해치는 일이다. 잘못은 상대방이 했는데 내가 그 피해를 보고 있는 것은 잘못된 것이 아닌가? 결국 상대방을 용서하는 것은 상대방을 위한 것이 아니라 나를 위한 것이다. 그런데 이런 결론에 도달했다고 해서 우리는 과연 상대방을 용서할 수 있을까? 용서가 도덕적 선의지로 가능한 것일까? 영화 「밀양」에서 주인공은 도덕적 선의지를 통해 자기 자식을 납치하여 살해한 범인을 용서하기로 결정한다. 그러나 면회를 가서 범인이 자신은 이미 하나님으로부터 용서를 받았다고 하자 극도로 분노한다. 도덕적 선의지의 허망함을 잘 보여주는 장면이라고 할 수 있다.

근대 계몽주의자들은 칸트의 실천이성, 즉 도덕적 선의지를 통해 더 가치 있는 사회를 이룰 수 있다고 보았다. 그들은 이성의 합리적인 운용을 통해 불합리한 제도와 관행을 척결하고 인간의 본능적 이기심을 통제할 수 있을 것으로 생각했다. 근대 계몽주의의 영향을 받은 미국의 독립운동, 프랑스 대혁명, 러시아 혁명은 칸트의 실천 이성이 발현된 결과물이라 할 수 있다. 그런데 그들의 도덕적 선의지가 과연 선을 위한 것이었을까? 혹시 혁명의 에너지가 압제자와 구세력과 자본가들에 대한 증오심은 아니었을까? 또한 과연 그들은 혁명을 통해 본능적 이기심을 극복했을까? 지난 수 세기에 걸친 근대의 계몽은 인간을 더 높은 수준으로 변화시켰을까?

유학의 본성은 한마디로 인이다. 인이 무엇인가를 묻는 안회의 질문에 공자는 '자기를 극복하여 예로 돌아가면 인이 된다'(『논어』 「안연顏淵」)[19]고 대답하였다. 인은 본능과 같이 저절로 발현되는 것은 아니다. 자기를 극복해서 예로 돌아가야만 가능한 경지다. 그렇다면 자기를 극복한다는 말은 무엇일까? 맹자는 '인의 샘물론'을 주장했다. 인간은 누구나 자신의 마음속에 무한한 용량을 가진 사랑의 샘을 가지고 있으며, 한번 그 샘에서 물이 솟아나기 시작하면 주변의 구덩이를 채우고, 흘러 넘쳐 들판을 적시고 넓은 바다로 흘러간다고 했다. 그런데 문제는 이 샘의 입구를 막고 있는 바위가 있다는 것이다. 그 바위의 이름이 바로 '나'라고 하는 생각이다. 극기복례克己復禮란 바로 그 바위를 치우면 예로 돌아갈 수 있고 그것이 인이 되는 길이라는 뜻이다.

맹자의 주장과 같이 인간은 누구나 마음속에 무한한 용량을 가진 사랑의 샘을 가지고 있다면, 그 샘을 막고 있는 장애물인 '나'라고 이름을 붙인 바위를 치워야 한다. 어떻게 치울 수 있을까? 유학에서는 효제孝悌를 통해 이것이 가능하다고 말한다. 정말 부모에게 효도하고 연장자를 공경하면 저절로 바위가 치워질까? 부모에게 효도하는 것은 정말 힘든 일임에 분명하다. 자식에 대한 사랑과는 달리 부모에 대한 사랑은 엄청난 노력을 필요로 한다.

19_ 克己復禮爲仁.

어떤 의미에서 부모에 대한 사랑은 '사랑할 수 없는 것을 사랑하는 것'이기도 하다. 부모에게 효도하기 위해서는 매 순간 '나'라는 바위와 마주쳐야 한다. 그 바위를 조금씩 치우다보면 마침내 바위가 사라지는 순간이 올까? 그런가 하면 어른을 공경하기도 어렵다. 요즘 정말로 공경할 만한 어른이 있는가? 전통사회 와는 달리 대부분의 노인들은 모두 편협하고 완고하고 자기중심적이다. 어떻게 이런 노인들을 공경할 수 있을 것인가?

공자는 절사론絶四論에서 의도하고 기필하고 고집하고 나라는 마음을 끊었다 고 했다.[20] 이 구절에 대한 해석에서 주자는 의意란 움직이는 정情이 어떤 지향 을 갖는 것이며, 꾀하고 헤아리는 것이라고 했다.(『주자어류朱子語類』 권5)[21] 기필 한다는 것은 반드시 그러리라고 기대하는 것이다. 무엇을 어떻게 하려고 하는 마음이 있으면 그것이 반드시 되어야 한다고 기필하게 되고 고집하게 된다. 그 리고 그렇게 되지 않았을 때 노여움과 미움의 감정이 일어나게 된다. 이러한 것 의 원인은 결국 '나'라고 하는 생각에서 비롯되는 것이다. '무아毋我'에 대해서는 증자曾子가 안회顔回를 묘사한 것을 보면 자세히 알 수 있다. 즉 "능하면서 능하 지 못한 이에게 물으며 학식이 많으면서 적은 이에게 물으며 있어도 없는 것처 럼 여기고 가득해도 빈 것처럼 여기며 자신에게 잘못해도 따지지 않는다"(『논 어』 「태백」)[22]고 했다. 이 구절에 대한 사씨謝氏의 해석에서 이러한 모습은 무아 의 경지에 가까운 자가 아니면 능하지 못하다고 했다.

결국 '나'라는 바위를 치워야 본성이 발현된다. 그 바위를 치우기 위해서는

20_ 정재걸, 「『주역』 화천대유괘의 교육학적 의미」 『동양사회사상』 23, 2011, 202쪽.
21_ 性是不動 情是動處 意則有主向.
22_ 以能問於不能 以多問於寡 有若無 實若虛 犯而不校.

나라고 하는 것이 어떻게 작용하는지 잘 살펴봐야 한다. 후대의 유학자들이 '경敬'을 중시한 것은 바로 그런 까닭이다. 경은 퇴계의 「숙흥야매잠도夙興夜寐箴圖」에 나오는 '심자재자心茲在茲' 한마디로 요약할 수 있다. 즉 끊임없이 내 마음을 '지금─여기'에 있도록 하는 것이다.[23]

23_ 이현지, 「『논어』에서의 덕, 도 그리고 마음공부의 탈현대적 함의」『동양사회사상』 26, 2012, 25쪽.

공감의 시대, 공감하는 본성

미래학자 제러미 리프킨은 인간의 본성과 사회의 미래를 다룬『공감의 시대The Empathic Civilization』라는 책에서 인간이 세계를 지배하는 종이 된 것은 자연계의 구성원들 중에서 가장 뛰어난 공감능력을 가졌기 때문이라고 주장했다. 그는 이러한 인간을 '호모 엠파티쿠스Homo Empathicus'라고 불렀다. 리프킨은 인간의 공감능력을 최근 뇌과학자들이 발견한 '거울 뉴런mirror neurons 이론'을 통해 뒷받침했다.

거울 뉴런 이론이란 인간이 무엇에 공감을 할 때 우리의 뇌에서는 어떤 일이 일어나는지 살펴보면서 만들어진 이론이다. 거울 뉴런은 다른 행위자가 행한 행동을 관찰하기만 해도 자신이 직접 그 행위를 할 때와 똑같은 활성을 내는 신경 세포를 말한다.

거울 뉴런은 처음 원숭이의 뇌에 대한 연구에서 발견되었다. 이탈리아 파르마 대학의 신경과학 연구팀이 원숭이의 특정 행동과 특정 뉴런의 활성화 관계

공자
혁명

를 연구하고 있었는데, 어느 날 원숭이가 뭔가를 쥘 때 활성화되는 복측 전운
동피질이 갑자기 활발해지는 일이 발생했다. 그런데 그때 원숭이는 실제로 뭔
가를 쥐었던 것이 아니라 인간 피실험자가 무언가를 쥐는 행동을 보고 있었던
것이다. 행동을 관찰함으로도 반응을 보이는 거울 뉴런계 대한 연구는 지난
10여 년 동안 수많은 성과를 이루었다.[24]

인간은 거울 뉴런계를 통해 다른 사람의 행동을 바라보는 것만으로도 그 행
동을 온몸으로 이해할 수 있다. 한의학에서는 외부에 대해 민감하게 깨어 있음
을 인이라는 개념으로 표현한다. 인은 씨앗인데, 씨앗은 외부에 민감하게 깨어
있기 때문에 언제든지 조건만 되면 싹을 틔운다고 하는 것이다. 그래서 불인不
仁이란 특정 부위가 마비되어 외부의 자극에 반응할 수 없는 상태를 지칭하는
것이다.

인간은 누구나 타인의 마음을 읽는 능력을 선천적으로 가지고 있다. 맹자는
이를 인과 의라고 했다. 감각기관이 사람마다 유사하다면 인간의 마음도 유사
함이 있으니, 그것이 바로 측은한 마음이고 부끄러워하고 미워하는 마음이라
는 것이다.

> 그러므로 사람들의 미각은 맛에 대해 동일한 기호를 가지고 있고, 귀는 소리
> 에 대해 동일한 청각을 가지고 있으며, 눈은 색에 대해 동일한 미감을 가지고
> 있다고 할 수 있다. 마음에만 유독 동일한 것이 없겠는가? 마음의 동일한 것
> 은 무엇일까? 그것은 리理이며 의義다. 성인은 우리들 마음의 동일한 바를 먼

24_ 장대익, 「거울 뉴런과 공감 본능」『뇌과학 경계를 넘다』, 신경인문학연구회 엮음, 바다출판사,
2012.

저 체득한 분이다. 그러므로 리와 의가 우리 마음을 기쁘게 하는 것은 동물의 고기가 우리 입을 기쁘게 하는 것과 같다.(『맹자』「고자장구상告子章句上」)[25]

사람은 누구나 고통스러운 자극이 주어지면 대뇌의 대상피질에서 고통과 연관된 뉴런이 반응을 한다. 그런데 놀라운 점은 자신에게 주어진 고통이 아니라 다른 사람에게 가해진 고통스러운 자극을 보는 것만으로도 대상피질에 있는 그 뉴런 중 일부가 활성화된다는 사실이다.[26]

타인의 감정과 고통을 나의 감정과 고통으로 받아들일 수 있는 것은 유학에서 말하는 본성과 상통한다. 거울 뉴런은 타인의 감정과 고통이 어떻게 '내 것'처럼 이해할 수 있는지에 대해서도 새로운 통찰을 준다. 도덕이나 가치관은 시대와 장조에 따라 약간 차이가 있지만 기본적인 도덕 원리가 보편적인 이유는 바로 이처럼 타인의 감정 및 고통을 자신의 것으로 받아들일 수 있는 선천적인 능력과 밀접한 관련이 있기 때문이다. 그렇기 때문에 우리는 텔레비전을 통해 멀리 떨어진 지역에서 일어난 자연 재해와 그로 인해 고통 받는 사람들과 공감할 수 있는 것이다.

얼마 전 「고래들의 전쟁」이라고 하는 프로그램을 보았다. 베링 해로 들어가는 길목에 시베리아 밑에 있는 알류샨 열도가 있는데, 이곳에 들어가기 위해서는 반드시 유니맥 패스라 불리는 좁은 해협을 지나야 한다. 무려 4만여 마리의 고래가 몰리는 이 해협을 바다의 무법자 범고래가 지키고 있다. 너른 베링 해에

25_ 故曰 口之於味也 有同嗜焉 耳之於聲也 有同聽焉 目之於色也 有同美焉 至於心 獨無所同然乎 心之所同然者 何也 謂理也義也 聖人 先得我心之所同然耳 故理義之悅我心 猶芻豢之悅我口.
26_ 장대익, 앞의 글.

공자
혁명

서는 고래를 사냥하기가 어렵지만 이 길목만 지키고 있으면 쉽게 배를 채울 수 있는 까닭이다. 유니맥 패스의 범고래들이 주로 노리는 것은 어미를 따라 온 새끼 고래다. 이곳을 지나는 새끼 고래 중 절반이 범고래의 먹이가 된다고 한다. 그런데 북부걸프대양학회의 매킨 박사가 이곳에서 특이한 장면을 목격한다. 범고래에 쫓겨 목숨을 잃을 위기에 처한 새끼 귀신고래를 보자, 혹등고래 무리가 달려와 범고래를 쫓아버리고 새끼 귀신고래를 구해준 것이다. 자신과 같은 종도 아닌데, 혹등고래들은 새끼 귀신고래를 구하기 위해서 기꺼이 가던 길을 멈췄고 범고래와의 위험한 싸움도 마다하지 않았다. 혹등고래가 이런 행동을 하는 이유는 무엇일까? 남극에서도 혹등고래가 범고래에게 공격받는 물범을 무려 20분간 몸을 뒤집어 헤엄치며 구해준 적이 있었다. 이러한 행동 뒤에는 어떤 동기가 숨어 있는 것일까? 매킨 박사는 이러한 현상은 공감능력(즉 약한 것을 도우려는 측은지심의 발동)이라고밖에는 설명할 수 없다고 말한다.

다른 이들을 측은한 마음으로 바라보는 본성이 우리에게 정말로 존재할까? 거울 뉴런과 같은 과학적 실험을 통해 본성의 존재유무를 가르는 것은 물론 중요하다. 그러나 이보다 더 중요한 것은, 우리에게 그런 본성이 있다는 것을 아는 것이다. 인간은 모두 악한 존재이며 경쟁과 갈등은 불가피하다고 여기는 것과, 인간은 모두 선한 존재이며 누구나 다른 사람들의 곤경을 보면 돕고 싶어 하는 본성을 가지고 있다고 생각하는 것은 엄청난 차이가 있다. 흔히 세상이 보는 대로 보인다고 하듯, 우리가 어떤 관점으로 보느냐에 따라 세상은 크게 달라지기 때문이다.

성인은 모든 것을 사랑의 눈으로 보고 깨달은 사람에게는 이 세상이 있는 그대로 불국토佛國土로 보인다고 한다. 사랑에 빠진 연인들에게 세상은 온통 아름답게 보인다. 사랑하는 연인이 저 멀리 나타나면 새가 지저귀고 장미꽃이 피어나고 주변은 온통 향기로운 냄새로 뒤덮인다. 그들은 살아가는 하루하루를 신이 주는 선물로 여긴다. 바울의 말대로 범사에 감사하는 삶을 살아가는 것이다.

인간의 실천 이성이나 도덕적 선의지로 이 세상을 아름답게 만들려는 시도는 분명히 실패했다. 이제 우리의 자녀 교육은 아이들이 가진 사랑의 본성을 일깨우는 방면으로 나아가야 한다. 아이들이 가지고 있는 무한한 사랑의 샘을 솟아나게 도와주는 것이, 탈현대 자녀 교육의 핵심이 되어야 한다.

3장

방치하지도
조장하지도
않는 방법

정재걸

한계에 봉착한 교육

요즘 학교는 아이들뿐만 아니라 교사와 교장도 가기 싫어하는 곳이 되었다. 모두 가기 싫어하는 학교는 왜 존재하는 것일까? 최근 대구의 한 중학교에서 집단 괴롭힘으로 자살한 학생이 쓴 유서가 공개되었다. 피해 학생이 당해왔던 잔혹한 괴롭힘이 담긴 내용에 많은 이들이 경악했다. 대구뿐만 아니라 대전과 광주에서도 집단 괴롭힘으로 자살한 학생이 있다는 것이 밝혀졌다.[1] 학생들은 왜 이렇게 잔인해졌을까?

학교 폭력 문제와 관련하여 수많은 대책들이 나오고 여러 기구가 설립되었다. 그러나 송경동 시인은 이런 대책이 "침몰하는 타이타닉 호 선상에서 의자

---

[1] 반드시 교육적인 이유가 아니라고 해도 최근 청소년 자살자 수는 급증하고 있다. 통계청의 2011년 청소년 통계에 따르면 15~24세 청소년 사망원인 1위는 자살이었다. 인구 10만 명당 청소년 자살자 수는 2008년 13.5명에서 2009년 15.3명으로 늘어났다.

위치나 바꿔보는 한가한 허튼 소리"라고 했다.[2] 또 시인 이영광은 『아픈 천국』
이라는 그의 세 번째 시집에서 다음과 같이 썼다.

어느 날 늦은 귀갓길에서 '죽도록 공부해도 죽지 않는다'라는 학원 광고를
옆구리에 붙이고 가는 시내버스를 봤습니다. 놀랍고 어이없고 우스웠습니다.
그러다가 가을밤처럼 쓸쓸해졌습니다. 죽도록 공부해본 적도 없는 사람들이,
어차피 죽도록 공부하지도 않을 학생들에게, 죽도록 공부하라고 다그치는 그
블랙 코미디 앞에서 웃을 수가 없었습니다. 아무도 죽도록 공부하지 않지만,
살아남기 위해서는 모두가 그렇게 해야만 한다는 강박에 시달리는 곳에선
누구나 괴로워하며 살 수밖에 없을 테니까요.

나쁜 성적을 비관한 끝에 아까운 목숨을 버리는 학생들이 잊을 만하면 뉴스
에 나옵니다. 살려면 죽도록 공부해야만 한다는 강요가 그 비극들의 원인이
겠지요. 물질이 넘치는 시대가 되었는데도 생존의 위협은 더 커져서, 아무도
죽이러 오지 않는데 공포에 질린 짐승처럼 우리는 살아갑니다. '죽도록 공부
하라는 건 죽으라는 뜻'인 것만 같습니다.

어쩌면 우리는 경쟁 속에 자기를 몰아넣어 한 번쯤 죽여야 간신히 살아갈 수
있게 된 건지도 모릅니다. 나누는 마음, 돕는 마음, 함께 사는 마음을 버리
고, 외면하고 적대하고 짓밟는 마음을 가져야지만 이 무서운 정글에서 생존

2_ 송경동, 「감옥에서 보낸 편지 3—어린이마저 식민화한 자본 폭력」, 『한겨레 21』 896호, 2012년
2월 2일. 그는 "비정규 인생 900만 명 시대, 이런 생존에 대한 공포가 어른들을 통해 아이들에게
고스란히 전이되고 있다. 고립과 소외의 문화가 판박이 되고 있다. 어떤 실력으로든 타인을, 동료
를 짓밟고 올라서야 한다는, 타인의 것을 빼앗아야 한다는 자본의 폭력 문화가 어린이들의 세계마
저 식민화하고 있다"고 지적하고 있다.

할 수 있는 건지도 모릅니다. 하지만 그렇게 해서 얻은 생존은 행복하지도 기쁘지도 않을 것 같습니다.

아마도 이것은 현실을 도통 모르는 순진한 생각이겠지요. 그래도 뭐, 어쩔 수 없습니다. 우리가 사는 현실이 현실의 전부일 수는 없으니까요. 그리고 현실을 얽어매어 '죽도록' 몰아세우고 끌고 다니는 그 현실은, 현실을 모르는 눈이 아니면 잘 보이지 않을 테니까요.

오늘날의 교육은 학교라는 폐쇄된 공간에 아이들을 밀어넣고 죽도록 몰아세우는 것과 다름없다. 그런 곳에서 아이들과 생활해야 하는 교사나 교장도 힘들기는 마찬가지일 것이다. 그런데도 왜 이런 교육을 계속하는 것일까? 아래는 보건복지부에서 2014년 11월 5일 발표한 우리나라 아동의 삶의 만족도에 대한 기사다.

우리나라 아동들의 삶의 만족도가 국제개발협력기구OECD 국가 가운데 최하위 수준인 것으로 조사됐다. 보건복지부가 5일 공개한 '2013년 한국 아동 종합실태조사' 결과를 보면 우리나라 전체 아동의 삶의 만족도는 100점 만점에 61.5점이었다.

OECD 기준인 11세와 13세, 15세 아동의 삶의 만족도는 60.3점으로 OECD 국가 가운데 꼴찌였다. 우리나라를 제외한 국가 가운데 최하위인 루마니아(76.6점)와 비교해도 격차가 크다. OECD 국가 가운데 아동의 삶 만족도가 큰 국가는 네덜란드(94.2점), 아이슬란드(90.2점), 핀란드(89.8점) 등이다. 삶 만족도는 아동이 자신의 삶을 어떤 수준으로 인지하는지에 대한 국제 척도로 10점부터 0점까지 점수를 주는 방식으로 평가한다. 우리나라의

공자
혁명

경우 학업 스트레스와 학교 폭력, 인터넷 중독 등이 아동 삶의 만족도를 떨어뜨리는 요인으로 지목됐다. 실제 인터넷과 스마트폰 등 매체 중독 고위험에 포함되는 아동이 16.3퍼센트에 이르렀다. 또 12~17세 아동의 스트레스는 2008년 조사 당시 2.14점(4점 만점)에서 지난해 2.16점으로 증가했고, 아동 우울증도 1.21점에서 1.25점으로 높아졌다. 이번에 처음 실시된 아동결핍지수도 54.8퍼센트로 OECD 국가 평균을 훨씬 웃돌았다. 아동결핍지수는 아동 성장에 필요한 물질적, 사회적 기본 조건의 결여 수준을 14개 항목으로 평가한 것으로 높을수록 결핍을 많이 느끼는 것이다. 대부분의 나라가 20퍼센트 대이고 아이슬란드의 경우 1퍼센트 대다.[3]

왜 우리의 교육은 이런 상황이 되었을까? 어떻게 해야 최악의 상황에서 벗어날 수 있을까? 2부에서 밝힌 바와 같이 이런 최악의 교육은 정보화·자동화에 따른 노동력 감소의 필연적인 결과이다. 즉 보수가 많고 안정적인 일자리가 줄어들면서 그 일자리를 얻기 위한 경쟁은 더욱 치열해지기 때문에 나타나는 현상인 것이다. 이처럼 사회가 요구하는 노동력 양성을 교육 목적으로 삼는 한 이런 상황은 필연적으로 나타날 수밖에 없다. 향후 정보화·자동화가 진척될수록 상황은 더욱 심각해질 것이다. 그런 맥락에서 최악은 아직 도래하지 않았다고도 볼 수 있다.

그러나 이 상태가 오래가지는 않을 것이다. 어른들이 아이들에게 강요하는 좋은 일자리, 즉 안정되고 보수가 높은 일자리는 점점 줄어들고 이에 따라 직업을 나누는 방식은 근본적으로 변화할 것이다 . 리프킨은 향후 20년 뒤에 필

3_ 「한국 아동 삶 만족도 OECD '꼴찌'」 『아시아경제』, 2014년 11월 5일 자.

요한 일자리는 현재의 5퍼센트면 충분하다고 말했다. 만약 그 5퍼센트가 어른들이 원하는 안정되고 보수가 높은 일자리라면, 그것을 위해 자식을 죽음의 경쟁으로 몰아넣을 부모가 있을까?

향후 우리 사회의 모습은 고노동−고생산−고임금−고소비−저여가에서 저노동−저생산−저임금−저소비−고여가의 구조로 바뀔 것이다. 이 사회에서는 더 이상 교육이 노동력 양성의 수단이 될 수 없다. 만약 교육이 노동력 양성을 위한 것이 아니라면 우리는 아이들에게 무엇을 가르쳐야 할 것인가?

공자
혁명

잃어버린 아이의 마음

"청소년이여, 야망을 품어라Boys, Be ambitious"라는 문장이 있다. 이 문장은 일본의 홋카이도를 발전시킨 윌리엄 클라크가 말한 "청소년이여, 그리스도 안에서 야망을 품어라Boys, Be ambitious in Christ"가 왜곡된 것이다. 우리는 아이들에게 높은 지위를 얻고, 부자가 되고, 명예를 얻도록 가르친다. 우리가 주입하는 야망으로 아이들은 전체성을 잃어버리게 된다. 야망은 부분적이다. 부분적인 것은 서로 갈등을 일으킨다. 그러나 클라크가 말한 신 안에서의 야망은 전체적이다. 왜냐하면 그리스도가 말한 대로 신은 사랑이기 때문이다.

　유교에서 아동 교육의 목적은 본성의 회복이다. 맹자는 「이루離婁」에서 "대인 大人이란 어린아이의 마음赤子之心을 잃지 않은 자이다"[4]라고 하고 있다. 이러한 관점을 우리는 '성선性善'이라고 한다. 맹자의 성선설에 대해 고자는 성선악혼설

4_ 大人者, 不失其赤子之心者也.

性善惡混說을 주장하여 다음과 같이 반론을 제기한다. 즉 "성은 여울물과 같다. 그 물을 동쪽으로 터놓으면 동쪽으로 흐르고 서쪽으로 터놓으면 서쪽으로 흐르니, 사람의 성이 선善과 불선不善의 구분이 없음은 마치 물의 동서 구별이 없음과 같다"5라는 것이다. 이에 대해 맹자는 "물의 흐름이 동서의 구분은 없지만 상하의 분별도 없다는 말인가? 사람의 성이 선함은 물이 아래로 내려가는 것과 같으니, 사람은 불선한 사람이 없는 것이 물이 아래로 내려가지 않는 것이 없는 것과 같다"(『맹자』「고자장구상」)6고 말했다. 이것이 그 유명한 '단수湍水 논쟁'이다. 이후 맹자를 정통으로 보는 성리학에서는 인간은 태어날 때부터 선하다는 입장을 강하게 고수했다.

그런데 왜 맹자는 본성의 보존이 아니라 본성의 회복을 말하는 것일까?『주역』의 산수몽山水蒙괘에는 "몽蒙은 몽매함이니 물건의 어린 것이다"라고 하고, "몽에는 개발開發하는 이치가 있으니 형통한 뜻이고, 몽으로써 바른 것을 기름이 성인이 되는 공功이다"7라고 하고 있다. 즉 순일純一하고 개발되지 않은 몽에서 그 올바름을 기르는 것이 성인이 되는 길이요, 이미 개발된 뒤에 금지하면 막혀서 고치기 어렵다는 것이다. 몽괘는 산 아래에 샘이 솟는 형상이다. 물은 흘러가는 것이다. 샘물이 처음 솟아날 때는 아직 갈 곳이 없어 몽이 되지만, 한번 흐르면 크게 형통하여 큰 강을 이루고 마침내 바다로 흘러간다. 이처럼『주역』에서의 아동은 아직은 몽매하나 무한한 샘을 가진 존재다. 그리고 교육은 그러한 가능성을 깨우쳐주는擊蒙 것이다. 그러나 무한한 샘도 그 주변을 깨끗이 청소해주

5_ 性 猶湍水也, 決諸東方則東流, 決諸西方則西流. 人性之無分於善不善也, 猶水之無分於東西也.
6_ 水信無分於東西, 無分於上下乎. 人性之善也, 猶水之就下也, 人無有不善, 水無有不下.
7_ 蒙者 蒙也 物之穉也 蒙以養正 聖功也.

공자
혁명

지 않으면 점점 그 흘러나오는 구멍이 막히게 된다. 유학에서는 그 샘을 막는 것을 탁한 기질이라고 했다. 즉 인간의 본성을 타락시키는 것은 타고난 품성이 아니라 바로 탁한 기질인 것이다. 율곡은 이에 대해 다음과 같이 말했다.

> 나는 성인과 성품도 같고 형체도 같다. 그런데 성인은 한때 몸을 닦아 만세에 법을 드리우셨는데 나의 잘못되고 망령된 것이 여기에 이른 까닭은 무엇인가? 나의 품성에 별달리 잘못되고 망령된 자질이 있는 것인가? 아니면 객기가 나의 참모습을 유인하기 때문일까? 그렇지 않다면 조물주가 시키는 대로 그렇게 된 것인가? 모두 알 수 없는 일이다. 보통 사람이 성인과 같은 것은 본성이요, 다른 것은 기질이다. 본성은 결국 하나의 리理와 같고 닦으면 모두 성인에 이르지만, 기질은 청탁淸濁으로 나뉘므로 방탕하면 광망狂妄에 빠지기도 하니, 내가 여기에 이른 것은 바로 기질이 그렇게 한 것이다.(『격몽요결擊蒙要訣』「입지立志」)[8]

따라서 유교의 아동 교육은 타고난 성품을 보존하고 기질의 혼탁을 막는 것이 일차적인 목적이 된다. 그런데 기질의 혼탁은 왜 생기는 걸까? 본성의 회복이라는 개념은 아동이 타고난 선한 본성이 필연적으로 위축될 수밖에 없음을 가정하고 있다. 왜 본성은 소멸할 수밖에 없는가? 유학에서는 본성이 소멸될 수밖에 없는 가장 큰 원인은 내 마음속의 사욕이 자라나기 때문이라고 보았다.

---

[8] 蓋衆人與聖人, 其本性則一也, 雖氣質不能無淸濁粹駁之異, 而苟能眞知實踐, 去其舊染, 而復其性初, 則不增毫末, 而萬善具足矣. 衆人, 豈可不以聖人自期乎. 故孟子道性善, 而必稱堯舜, 以實之曰人皆可以爲堯舜, 豈欺我哉.

내 마음속의 사욕이란 곧 자아 감각의 형성에 따른 본능적 이기심을 말한다. 그렇다면 우리의 자아 감각은 어떻게 형성, 성장하는가? 자아 감각은 세 가지 과정을 통해 자란다. 첫 번째는 육체적인 자아 감각이다. 두 번째는 소유로서의 자아 감각이며, 세 번째는 관조자로서의 자아 감각이다.[9] 육체적인 자아 감각은 출생과 더불어 시작된다. 물론 갓 태어난 아기에게는 '나'라고 하는 감각이 전혀 없다. 아기는 엄마와 분리되어 있다고 느끼지 않는다. 아기가 최초로 나를 느끼는 것은 배고픔을 통해서다. 혹은 기저귀에 싼 배설물에 대한 불쾌감을 통해서 육체적인 자아를 느끼게 된다. 아기가 배가 고파서 울면 엄마가 젖을 준다. 그때 아기는 나가 아닌 외부에 의해 배고픔이 해결된다고 느낀다. 하지만 배가 부른 만족감은 사실은 외부가 아니라 내부에서 발생하는 것이다. 이런 과정을 통해 아기는 자신의 내·외부의 구별을 경험하게 된다. 이 시점에서 아기에게는 아직 심리적인 자아는 없다. 단지 자신과 내부에서 일어나는 배고픔을 동일시할 뿐이다. 그것이 아기 세계의 전부다. 동시에 엄마의 냄새나 체온을 반복적으로 기억하게 되는데, 이것은 아기에게 있어서 최초의 외부세계다.

육체적인 자아 감각은 부모의 표정이나 스킨십, 혹은 목소리를 통해 전해지는 감각을 파악함으로써 발전한다. 아기는 반복적으로 어떤 이름을 들음으로써, 혹은 표정을 보거나 스킨십의 감각을 느낌으로써 자신이 부모와 분리되고 독립된 존재라는 것을 깨닫게 된다. 육체적인 자아 감각은 육체의 운동감각에 의해 좀 더 성장한다. 아기는 몸을 뒤집거나 기거나 두 발로 걸어다니면서 육체를 조종하

---

[9]_ 자아 감각에 대한 개념은 무묘앙에오의 『깨달음과의 거리 죽음과의 거리』(박은혜 옮김, 모색출판사, 2003)를 참조했다. 그렇지만 무묘앙에오의 자아 감각의 발달 단계는 9단계이고, 그 구분의 기준도 이 글과는 차이가 있다.

공자
혁명

는 법을 배운다. 이를 획득하는 과정에서 운동을 통해 자신의 힘을 느끼게 된다.

자아 감각의 두 번째 단계는 소유를 통해 이뤄진다. 누군가 아기의 장난감을 만지면 아기는 "안 돼, 그건 내 거야"라고 말한다. 아기는 항상 눈앞에 있는 것이 사라지는 것을 자기 상실이라고 느낀다. 이러한 소유로서의 자아 감각이 좀 더 발전하면 타인에 대한 영향력의 확대로 나타나게 된다.

자아 감각의 세 번째 단계는 자기 형상화를 거쳐 나타난다. 아이가 주체로서의 나를 인식하는 첫 번째 단계는 선악의 이미지를 통한 것이다. 부모나 교사로부터의 칭찬이나 꾸중을 듣고 아이는 그것이 자신의 생존과 밀접하게 관련되어 있음을 깨닫게 된다. 착하다, 나쁘다는 칭찬과 꾸중은 마치 아이가 거울에 자신을 비춰봄으로써 육체를 의식하듯 자신의 이미지를 형상화한다. 이미지를 형상화하고 확대하면 아이의 행동에서 자연스러움이 사라진다. 착한 아이라는 이미지를 형성한 아이가 그 말을 지나치게 의식하고 행동하며 왠지 부자연스럽고 어색하게 보이듯이, 주체로서의 자아를 의식하기 시작하면 스스로를 구속하게 된다.[10]

이처럼 형성된 자아 감각이란 단적으로 말해 자기 존재감이다. 자아는 스스로를 하나의 독립된 객체로서 자각하는 것이다. 학습자가 자신을 하나의 독립된 객체로서 자각하기 시작할 때, 지금까지 무의식적이고 평화스러웠던 세계는 돌변한다. 이에 학습자는 세계와 자신 사이에서 단절을 경험하게 된다. 욕망은 이런 단절의 경험에 따른 결핍감에서 비롯된다. 이렇게 발현된 욕망은 일차적으로 식색食色으로 나타난다.

10_ 무묘앙에오, 『깨달음과의 거리 죽음과의 거리』, 박은혜 옮김, 모색출판사, 2003, 14~22쪽.

본성을 회복하는
교육

본성의 회복이란 본성은 결국 잃을 수밖에 없다는 것을 상정하고 있다. 맹자는 유명한 「우산지목牛山之木」장에서 이를 다음과 같이 묘사하고 있다.

> 맹자께서 말씀하셨다. "우산의 나무가 일찍이 아름다웠었는데, 대국의 교외이기 때문에 도끼와 자귀로 매일 나무를 베어가니, 아름답게 될 수 있겠는가? 그 일야日夜에 쉬는 바와 우로雨露가 적셔주는 바에 싹이 나오는 것이 없지 않건마는, 소와 양이 또 따라서 방목되므로, 이 때문에 저와 같이 탁탁濯濯하게 되었다. 사람들은 그 탁탁한 것만을 보고는 일찍이 훌륭한 재목이 있은 적이 없다고 여기니, 이것이 어찌 산의 본성이겠는가? 비록 사람에게 보존된 것인들 어찌 인의의 마음이 없으리오마는 그 양심을 잃어버림이 또한 도끼와 자귀가 나무에 대해서 아침마다 베어가는 것과 같으니, 이렇게 하고서도 아름답게 될 수 있겠는가? 일야에 쉬는 바와 평단平旦의 맑은 기운에 그 좋아하고 미워함이

남들과 서로 가까운 것이 얼마 되지 않는데, 낮에 하는 소행이 이것을 곡망梏亡하니, 곡망하기를 반복하면 야기夜氣가 족히 보존될 수 없고, 야기가 보존될 수 없으면 금수와 거리가 멀지 않게 된다. 사람들은 그 금수 같은 행실만 보고는 일찍이 훌륭한 재질이 있지 않았다고 여기니, 이것이 어찌 사람의 실정이겠는가? 그러므로 만일 그 기름을 잘 얻으면 사물마다 자라지 못함이 없고, 만일 그 기름을 잃으면 사물마다 사라지지 않음이 없는 것이다. 공자께서 말씀하시기를 '잡으면 보존되고 놓으면 잃어서, 나가고 들어옴이 정한 때가 없으며, 그 방향을 알 수 없는 것은 오직 사람의 마음을 두고 말한 것이다.'(『맹자』「고자장구상」)[11]

공자도 마찬가지이지만 맹자가 살던 시대에도 인간의 본능적 이기심이 팽만했다. 왕은 물론이거니와 일반 백성 모두 세상을 이익과 손해의 눈으로만 바라보았다. 그래서 맹자가 등문공을 방문했을 때 왕은 맹자를 반기며 어떻게 하면 부국강병을 이룰 수 있는지 물었던 것이다. 맹자는 이런 물음에 대해 부와 권력, 명예의 이익 위에 인의의 이익이 있음을 말하지 않을 수가 없었다. 공자가 말한 안인安仁의 세계가 아니라 이인利仁의 세계로 왕을 설득할 수밖에 없었던 것이다.

반면 아메리카 인디언들은 태어나면서 본성을 잃을 수밖에 없다는 주장에 동의하지 않았다. 그들은 본성의 보존이 가능하다고 생각했다. 만약 본성이 조

11_ 孟子曰 "牛山之木 嘗美矣 以其郊於大國也 斧斤 伐之 可以爲美乎 是其日夜之所息 雨露之所潤 非無萌蘖之生焉 牛羊 又從而牧之 是以 若彼濯濯也 人見其濯濯也 以又未嘗有材焉 此豈山之性也哉 雖存乎人者 豈無仁義之心哉 其所以放其良心者 亦有斧斤之於木也 旦旦而伐之 可以爲美乎 其日夜之所息 平旦之氣 其好惡與人相近也者幾希 則其旦晝之所爲 有梏亡之矣 梏之反覆 則其夜氣不足以存 夜氣不足以存 則其違禽獸 不遠矣 人見其禽獸也 而以爲未嘗有才焉者 是其人之情也哉. 故 苟得其養 無物不長 苟失其養 無物不消. 孔子曰 操則存 舍則亡 出入無時 莫知其鄕(向) 惟心之謂與."

금이라도 흐려지면 공동체에서 멀리 떠나 자연 속에서 혼자만의 시간을 가짐으로써 다시 본성을 회복하여 공동체로 돌아오는 방식을 취했다. 이를 함베데이 교육이라고 했다. 함베데이 교육은 다음과 같이 이뤄진다. 함베데이 교육은 아이가 삶의 주기에서 스스로 자신이 인간적인 욕구와 육체적인 욕망에 지나치게 사로잡혀 있다고 판단할 때마다 반복해서 이뤄진다. 인디언들은 사람이 오랫동안 물을 마시지 못하면 입술이 하얗게 되고 걸음을 제대로 걷지 못하듯이 홀로 자기 자신을 만나는 시간을 갖지 못한 사람은 그 영혼의 중심을 잃고 비틀거리게 된다고 생각했다. 그래서 그들은 하루이틀이 아니라, 적어도 열흘 정도 먹을거리를 가지고 사람들과 멀리 떨어진 장소로 가서 자신의 목소리에 귀를 기울였다.

유교에서 말하는 회복으로서의 아동 교육과 아메리카 인디언의 함베데이, 보존으로서의 아동 교육의 차이는 무엇일까? 그것은 아동이 태어나는 사회의 차이에서 비롯된다. 인디언 사회가 본능적 이기심이 아닌 자연적 본성이 중심이 되는 사회라면 공자나 맹자가 살던 시대는 이미 자연으로부터 멀어져 본능적 이기심이 중심이 되는 사회였던 것이다.

그렇다면 어떻게 본능적 이기심이 중심이 되는 사회에서 자연적 본성이 중심이 되는 사회를 만들 수 있을까? 맹자는 본성을 회복하는 방법은 잊지도 말고 조장하지도 않는 것勿忘勿助長이라고 했다.

반드시 호연지기를 기르는 데 종사하고, 효과를 미리 기대하지 말고 마음에 잊지도 말며 억지로 조장하지도 말아서, 송宋나라 사람과 같이 하지 말지어다. 송나라 사람 중에 벼 싹이 자라지 못함을 안타깝게 여겨 뽑아놓은 자가 있었다. 그는 아무것도 모르고 돌아와서 집안 사람들에게 말하기를 '오늘 나는 매우 피곤하다. 내가 벼 싹이 자라도록 도왔다' 하자, 그 아들이 달려가서 보았더니, 벼 싹은 말라 있었다. 천하에 벼 싹이 자라도록 억지로 조장하지 않는 자가 적으니, 유익함이 없다 해서 버려두는 자는 벼 싹을 김매지 않는 자요, 억지로 조장하는 자는 벼 싹을 뽑아놓는 자이니, 이는 비단 유익함이 없을 뿐만 아니라 도리어 해치는 것이다.(『맹자』「공손추公孫丑」「장구상章句上」)[12]

　호연지기란 나의 존재가 전 우주와 연결되어 있음을 깨달아 내 안에 온 우주의 기운이 가득 차 있음을 말한다. 이것은 곧 내 안에 이미 갖추어진 무한한 용량을 가진 사랑의 샘을 말한다. 맹자는 "무릇 사단이 나에게 있는 것을 다 넓혀서 채울 줄 알면, 마치 불이 처음 타오르며 샘물이 처음 나오는 것과 같을 것이니, 만일 능히 이것을 채운다면 족히 사해를 보호할 수 있고, 만일 채우지 못한다면 부모도 섬길 수 없을 것이다"(『맹자』「공손추」「장구상」)[13]라고 했다.

　물망물조장勿忘勿助長의 교육적 원리는 두 가지 측면에서 살펴볼 수 있다. 한 가지는 위의 인용문에 나온 대로 아동 교육에서 아동의 자발성을 중시하되 그렇다고 아동이 하고 싶은 대로 하도록 내버려두지도 말라는 뜻이다. 아동의 성장은 벼 싹이 자라는 것과 같다. 벼 싹이 빨리 자라도록 조장하는 것은 미리 틀을 만들어놓고 그 틀에 맞도록 아동을 교육하는 '주물모형 교육'이다. 반면 벼 싹을 김매지 않는 것은 아동이 하고 싶은 대로 하도록 방치하는 것이

12_ 必有事焉而勿正 心勿忘 勿助長也 無若宋人然 宋人 有閔 其苗之不長而揠之者 芒芒然歸 謂其人曰 今日 病矣 子助苗長矣 其子趨而往視之 苗則槁矣 天下之不助苗長者寡矣 以爲無益而舍之者 不耘苗者也 助之長者 揠苗者也 非徒無益 而又害之.
13_ 凡有四端於我者 知皆能擴而充之矣 若火之始然 泉之始達 苟能充之 足以保四海 苟不充之 不足以事 父母.

다. 이렇게 보면 물망물조장의 교육적 원리는 서구의 '도토리모형' 교육과 유사하게 보인다. 그러나 물망물조장의 목적이 학습자로 하여금 나라는 바위를 치워 마음속에 있는 무한한 사랑의 샘을 솟아나게 한다는 측면에서는 서구의 도토리모형 교육과 확실히 구별된다. 이것은 물망물조장의 두 번째 측면과 관련이 있다.

물망물조장의 두 번째 교육 원리는 내 안에 이미 갖추어진 사단을 확충하고자 할 때 그것을 잊지도 말고 조장하지도 말라는 뜻이다. 이것은 공부에서 중용을 확보하기 위한 매우 중요한 원리다. 즉 거문고 줄을 관리하듯 마음도 너무 느슨하게 하거나 너무 긴장해서는 안 된다는 뜻이다. 주자는 이를 다음과 같이 말했다.

> 모름지기 공경스럽게 이 마음을 지키려면 급박하게 새서는 안 되고 마땅히 깊이 심고 길러야 하니 심는 것은 다만 어떤 것을 여기에 파종하는 것과 같다. 그러나 다만 함양하고 지수하는 공부가 계속 면면히 이어져 그치지 않는 것을 일러 재배심후栽培深厚이라고 한다. 이와 같이 그 사이에 우유함영優游涵泳하면, 곧 두루 스며들게 되어 그것으로써 얻는 것이 있으리라. 만약에 급박하게 구하면 이 마음이 이미 저절로 조박 문란해지니 다만 사사로울 뿐이지 끝내 우유함영 해서 도에 도달할 수 없다.(『성리대전性理大典』 권46, 「존양存養」)

앞서 본성의 회복이라 했지만 사실 본성은 결코 잃을 수 없는 것이다. 다만 본능적 이기심에 의해 그 본성이 가려질 뿐이다. 물망물조장이란 마음속에 가려진 본성을 회복할 때, 너무 조바심을 내어 일어나는 본능적 이기심을 억지로 막으려고도 하지 말고 본능적 이기심이 방자하게 일어나도록 버려두지도 말라는 뜻이다.

　우리 마음에서는 끊임없이 생각이 일어난다. 그 생각은 모두 '나'라고 하는 독립된 개체가 갖는 본능적 이기심의 발현이다. 불교에서는 '무념무상無念無想'을 말하지만, 유학에서는 무념무상이 가능하지도 않고 바람직하지도 않다고 생각한다. 어떻게 생각이 일어나지 않도록 막을 수 있겠는가? 그러한 방법은 없다. 중요한 것은 일어나는 생각과 나를 동일시하지 않는 것이다. 동일시하지 않으면 생각은 그냥 흘러가버린다. 하지만 일어나는 생각과 나를 동일시하게 되면 그 생각은 에너지를 주입받아 뭉게구름처럼 커지며 또 다른 생각으로 이어지게 된다.

성인의 자질

최근 캐나다와 미국, 뉴질랜드 교육에서 큰 호응을 불러일으키는 교육 프로그램이 있다. '공감의 뿌리Roots of Empathy'라는 것으로, 1996년 캐나다의 유치원교사인 메리 고든이 아동들의 공감능력 향상을 위해 만든 것이다. 프로그램이실시되고 10년 뒤 캐나다 전역에서 집단 괴롭힘·따돌림 현상이 90퍼센트나 감소했다고 한다. 이 프로그램은 캐나다 9개 주와 뉴질랜드·호주·미국 등에서 시행되고 있다.

'공감의 뿌리' 프로그램은 의외로 단순하다. 프로그램이 실시되는 교실 안에담요를 깐 뒤 생후 2개월에서 4개월이 된 어린아이를 엄마가 안고 들어온다. 학생들은 1년 동안 한 달에 한 번 교실을 찾는 아기와 그 부모를 만나 아기를 관찰하고, 아기와 부모 사이의 상호 작용을 체험한다. 물론 아기가 방문하기 전에 아기의 발달 단계와 상호 작용 방법에 대해 토론한다. 방문 뒤에는 방문 시간에 배운 내용을 통합하는 토론을 진행한다. 이 프로그램을 통해 아동들은

공자
혁명

어린아이와 공감하는 법을 배우고 이를 친구들과 주변 사람들에게 적용하게 된다는 것이다.

흥미로운 점은 메리 고든은 이 교육 프로그램에서 어린아이가 교사라고 말하고 있다는 것이다. 아동들이 어린아이를 통해 배우는 것은 두 가지다. 하나는 아동들이 어린아이의 움직임과 반응을 통해 공감능력을 키울 수 있다는 점이다. 그리고 또 한 가지는 조건화가 되지 않은 어린아이가 경계나 규정에 얽매이지 않고 모두에게 똑같이 베푸는 사랑이다.[14] 물론 어린아이가 자신을 관찰하는 아동들에게 가르치겠다는 생각을 하지는 않을 것이다. 아기가 교사라는 것은 아동들이 아기에게 배우기 때문이다. 훌륭한 스승은 그 자신의 현존을 통해 제자의 깊은 곳에 있는 그 무엇을 불러내는 사람이다. 어린아이와 마찬가지로 자연이 훌륭한 스승인 까닭은, 자연은 무엇을 가르치려고 하지 않아도 사람들이 그것을 보고 배우기 때문이다.

'공감의 뿌리' 프로그램에서 키우고자 하는 공감능력이란 곧 유학에서 말하는 인과 같다. 인은 사랑이고 동시에 외부에 대해 민감하게 깨어 있는 능력을 말한다. 그래서 한의학에서는 신체 마비를 불인이라고 부른다. 그런데 왜 어린아이가 교사가 될 수 있는 것일까?

맹자는 성인은 어린아이의 마음을 잃지 않는 사람不失其赤子之心者이라고 말했다. 이 말에 의거해서 주자는 공부의 목적이 그 시초를 회복함復其初이라고 했다.[15] '공감의 뿌리' 프로그램에서 어린아이는 곧 성인이나 다름없다. 어린아이

14_ 메리 고든, 『공감의 뿌리』, 문희경 옮김, 샨티, 2010, 28쪽.
15_ 자세한 내용은 정재걸, 「복기초復其初의 의미에 대한 일 고찰」(『동양사회사상』 11집, 동양사회사상학회, 2005, 35~57쪽)을 참조할 것.

와 성인의 차이는, 어린아이는 본래 순선한 존재이나 성인은 그 순선함을 잃었다가 다시 회복한 존재라는 것뿐이다. 아동을 가르치는 교사는 원칙적으로 성인이어야 한다. 그러나 이 세상에 성인이 얼마나 많이 있을까? 성인은 많지 않지만 누구나 다 성인의 자질은 가지고 있다. 양명의 표현대로 누구나 자기의 마음속에 성인을 품고 있聖人箇箇心中기 때문이다. 때문에 아동을 가르치는 교사에게서 중요한 것은 성인의 자질을 아동과의 관계 속에서 드러낼 수 있도록 하는 노력이다.

우리나라 아동 교육이 당면하는 최악의 현실은 줄어드는 일자리와 그것에서 비롯되는 경쟁 심화라 하겠다. 궁하면 통한다는 말이 있듯이, 정보화로 인해 일자리 감소가 더 심화하여 교육이 더 이상 노동력의 가치 상승을 위한 수단이 되지 않는 시기가 되면 최악의 상황은 저절로 해결될 수도 있을 것이다. 그러나 달리 생각하면, 저절로 이뤄지는 일은 없다. 그 시기를 대비하지 않으면 오히려 더 큰 혼란이 발생할 수도 있다. 유학의 아동 교육이 중요한 것은 그 시기에 필요한 대안적 교육의 요소를 풍부하게 내포하고 있기 때문이다.

4장

인문학, 궁극의 성찰에 대하여

황병기

배움이 없는,
기업 인재 양성소

대한민국의 대학이 시장화된 지 벌써 20여 년이 되었다. 세계화, 국제화 등의 미명 아래 졸업 후 취업이 어려운 학과는 살아남지 못할 처지다. 인문계 분야뿐만 아니라 이공계의 순수 학문 분야도 이러한 현실에서 벗어나지 못하고 있다. 특히 비인기학과로 불리는 몇몇 학과는 폐과 내지는 통폐합의 운명을 맞았다.

대한민국은 변화하는 세계의 환경에 대해 예측도 못하고 적절한 대응도 못한 채 오늘에 이르렀다. 대학은 이미 오래 전에 4년제에서 5년제, 6년제 등 의도치 않은 학년제로 골머리를 썩는다. 학생들은 졸업을 미루고 스펙을 쌓느라 시간을 보내지만 졸업 후에도 몇 년씩 취업을 위해 동분서주한다. 청년 실업은 나날이 누적되고 취업 포기자가 속출한다.

그런데 언제나 이런 현상의 원인으로 실용적이지 못한 대학 교육이 지목된다. 대학의 교양 교육은 졸업 후 기업에서 필요로 하는 실용 교육이 아니기 때문에 쓸모없는 것처럼 치부된다. 특히 인문학은 주된 표적이 된다. 과연 대학의 교양 교육은 불필요한 것인가.

경희대 후마니타스칼리지 서울캠퍼스의 학장을 맡고 있는 유정완 교수의 최근 인터뷰 기사는 이런 현상에 일침을 가하고 있다.

> 대학 교육이 지향해야 할 궁극적 가치는 교양이다. 그런데 여기서 교양은 단순 지식을 말하는 것이 아니다. 대학에서 들은 강의 내용들이 기억에서 사라졌다 해도 강의를 들으며 확립했던 자아나 추구했던 가치들은 여전히 몸속에 남아 평생 나를 지켜주는 무형의 자산이 된다. 그것이 교양의 힘이다. 사람들이 오해하는 부분이 하나 있다. 전공 교육과 교양 교육을 상호 배타적인 것으로 이해하는 것이다. 그러나 실용은 교양을 배척하지 않고 교양은 실용을 무시하지 않는다. 교양 교육은 오히려 더 나은 전문인, 더 나은 직업인이 되는 데 꼭 필요한 요소다. 기업들이 요구하는 창의력과 도전 정신 또한 교양이 그 뿌리가 될 수밖에 없다. 취업을 위한 자기소개서 작성이나 면접 때에도 교양으로 길러진 힘은 자신만의 경쟁력이 되어 밖으로 나타나게 마련이다.[1]

성과 위주의 대학 평가가 대학의 위기를 불러온 것이다. 전공 교육이 비록 실용적이더라도 교양 교육이 그 뿌리가 되지 못한다면 기계적 인간, 수동적 인간이 양산될 뿐이다. 기업이 요구하는 창의력과 도전 정신 역시 교양이 뿌리가 되는 것이다. 이러한 교양의 가치는 유정완 교수의 말처럼 몸속에 남아 평생 나를 지켜주는 무형의 자산이 된다. 그런데 우리는 지금 이러한 자산을 철저히 무시하고 있다.

1_「"대학의 위기, 대학의 기본으로 돌아가 미래를 묻다"」『한겨레』, 2015년 4월 13일 자.

2007년 하버드대는 학부의 교육과정을 개편하면서 낸 보고서에서 교양 교육의 성격과 목표를 간명하게 정리했다.

교양 교육의 목표는 추정된 사실들을 동요시키고, 익숙한 것을 낯설게 만들며, 현상들 밑에 그리고 그 배후에서 일어나는 것들을 폭로하고, 젊은이들의 방향감각을 혼란시켜 그들이 다시 방향을 잡을 수 있는 길을 발견하도록 도와주는 것이다.[2]

하버드대에서 말하는 교양 교육은 예전에는 자유 교양이라고도 번역했던 리버럴 에듀케이션liberal education이다. 곧 교양 교육이란 학생들을 동요시키고 낯설게 만들고 방향감각을 혼란시켜 새로운 방향감각을 가질 수 있도록 도와주는 것이다. 이 보고서에서 내린 교양 교육의 정의는 맹자의 말을 떠올리게 한다.

하늘이 장차 이 사람에게 큰 임무를 내리려 할 때에는 반드시 먼저 그 심지를 지치게 하고 뼈마디를 괴롭게 하며 그 몸을 굶주리게 하고 그 생활은 빈궁에 빠뜨려 하는 일마다 어지럽게 한다. 이는 그의 마음을 흔들고 두들겨서 참을성을 길러주어 지금까지 할 수 없었던 일을 할 수 있게 하기 위함이다.(『맹자』「고자하告子下」)[3]

2_ 도정일, 「대학교육에서 '교양'이란 무엇인가」『한겨레』, 2014년 2월 20일 자 재인용.
3_ 天將降大任於是人也, 必先勞其心志, 苦其筋骨, 餓其體膚, 窮乏其身行, 拂亂其所爲, 所以動心忍性, 增益其所不能.

우리는 진정으로 사회가 필요로 하는 인간이 되기 위해, 곧 완성된 하나의 인간이 되기 위해 교육을 받는다. 그 교육과정은 맹자의 말처럼 지금까지 할 수 없었던 일을 할 수 있게 해주는 고난의 과정이다. 경험이 없는 사람은 새로운 경험을 만들어낼 수 없다. 창의력은 생각할 수 있게 해주는 동기가 필요하다. 인간에 대한 인문학적 소양이 갖추어져야만 참다운 인간으로 성장할 수 있으며, 이를 위해 교양 교육은 이전보다 더 강화되어야 한다. 교양 교육은 기계적 인간이 아니라 그 기계를 만들어내는 인간을 실현한다. 기업에 적합한 인간도 이처럼 기업의 미래를 먼저 예측하고 발전을 위한 창조력을 지닌 인간일 것이다.

그러나 대학에는 교양 교육이 존재하지 않고 있다. 대신 교양 교육은 인문학이라는 이름으로 대학 밖에서 성행하고 있다. 대학에서 인문학에 굶주렸던 이들이 뒤늦게 인문학에서 안식을 발견한 듯하다. 인문학은 바로 교양 교육의 핵심이다. 정책 당국에서는 인문 정신 진흥을 부르짖으며 대학 밖에서 많은 예산을 쏟아붓고 있다. 하지만 정작 대학에서는 기초 교양 과목들이 연이어 폐강되고 학과는 사라지는 일이 벌어지고 있다. 대학에서 진정한 교양 교육이 이뤄진다면 뒤늦게 얻는 인문학은 '여유의 인문학'이 될 수 있을 것이다. 그러나 지금의 인문학 부흥은 텅 빈 가슴을 채워줄 그 무언가에 대한 향수처럼 보인다.

거리나 단체, 대학마다 가벼운 인문학 강좌 및 운동이 펼쳐지고 있다. 나이를 구분하여 청년·노년 인문학 등의 강좌가 성행하고, 수준에 따라 교양·고급 인문학 등이 개설된다. 또 여러 인문학 강좌들이 행사성 위주로 기획되고 있으며 지자체마다 인문학의 거리를 조성하는 등 온갖 유형의 인문학이라는 이름을 내건 강좌가 진행된다. 가히 문화 융성 시대에 걸맞은 인문학 융성이라고 할 만하나, 속을 들여다보면 허망할 뿐이다. 사람들은 왜 요즘 들어 부쩍 인문학을 찾고 있는 것일까?

이것은 현실 부정적 현상이다. 인문학에 굶주린 사람들이 너무나 많기 때문에 수요가 급증하고 있는 것이라 할 수 있다. 인문학은 대학에서도 핵심 교양이며 모든 학문의 기초가 되는 학문이다. 그러나 대학에서는 강좌가 줄고 대중은 빈곤해한다. 아이러니한 모습이다. 대학 밖에서의 인문학 수요층은 주로 중장년층이다. 이들은 대학이 시장화된 이후 인문학 강좌가 조금씩 줄어드는 시기에 대학을 다닌 경우가 많다. 그들의 삶은 결이 어그러져 있고, 불편하며 각박해졌다. 현실은 점점 어려워져서 인간의 본래적인 본성과 정체성을 따라 물 흐르듯이 살아가기에는 무리가 따른다. 따라서 인문학에 기대어 위로를 받고 싶은 것이다. 인간의 본래적인 결이 파괴되고 정상적이지 않은 상황에서, 사람들은 마치 환자가 병원을 찾듯이 인문학을 찾고 있다. 인문학자라면 치유로서의 인문학도 받아들여야 한다. 그것이 현실이기 때문이다.

공자
혁명

토론이 끊이지 않는 학교

서원의 기원은 중국에서도 확정하기 어렵다. 그러나 위진 때 최초의 형태가 나타나고 당나라 말기에 와서 오늘날의 서원 형태가 완비된 것으로 보는 것이 일반적이다. 그러나 최초의 서원은 관료 양성기관으로서 국가가 경영하는 방식이었고, 폭넓게 보급되지는 못했다. 남송 때 주자가 백록동서원을 개원하여 도학을 보급한 이래 원과 명나라를 거치면서 전국화되기 시작했다. 우리나라는 1542년(중종 37)에 풍기군수 주세붕이 안향을 제사하기 위해 사당을 세웠다가, 다음 해에 유생들을 교육하면서 백록동서원을 모델로 한 백운동서원을 창건한 것이 그 시초다. 중국의 서원이 관인 양성을 위한 학교의 성격을 고수한 데 비해, 조선의 서원은 지방 정치의 구심처 역할을 담당했고 향촌 사림의 취회소聚會所로서 향촌 자치 기구의 성격을 강하게 띠고 있다.

퇴계는 1549년 풍기군수를 지내다 사직서만 제출하고 상부의 인준도 없이 훌쩍 낙향했다. 벼슬자리에 미련도 없었을뿐더러, 평생의 숙원이었던 교육 사업이 가장 큰 목적이었다. 퇴계는 온혜로 귀향한 뒤 곧바로 계상서당을 열어 학동들을 가르치기 시작했다. 학동들이 늘어나고 어느 정도 기반이 잡히자 퇴계는 정식으로 서당을 개설하고 싶어했다. 약 10년 정도의 시간이 걸렸다. 이에 옮겨온 곳이 바로 도산서당이다.

퇴계가 터를 잡고 지은 시에 도산서당은 '100년 장수할 땅'으로 묘사되었다. 이 100년 장수할 땅에 그는 조그마한 서당을 건립했다. 그러나 일반적으로 생각하는 것과는 달리 도산서당의 규모는 작은 집 한 채 정도였고, 그것도 원래는 퇴계가 설계한 도면보다 더 커진 건물이었다. 퇴계의 제자 이덕홍은 도산서당이 지어진 것을 보고 부끄러워한 선생의 모습을 기록으로 남겼다.

> 완락재玩樂齋가 새로 지어졌을 때, 선생이 나(덕홍)에게 말씀하시기를, '내가 본래 생각한 것은 나직한 집이었는데 목공이 내가 분암(무덤 아래의 재실)에 가 있는 사이에 자기 맘대로 장황하고 고대하게 지어서 이렇게 되고 말았으니 마음에 몹시 부끄럽구나'라고 하셨다.(『계산기선록溪山記善錄』)[4]

도산서당은 정면 3칸에 측면 1칸짜리 건물이다. 부엌 구석에는 아주 작은 골방이 있는데 이 서당을 완성시킨 정일 스님이 자신을 위해 만든 거처다. 이 건물의 전체 설계는 퇴계가 직접 한 것이지만 부엌에 골방을 둔 것은 정일 스님의 작품이라고 한다. 한 사람이 누워 다리를 뻗기도 힘들 것 같은 공간이다. 소박하게 서당을 지으려 했던 퇴계의 생각과 함께, 정일 스님의 이 골방도 작고 소

4_ 玩樂齋新建, 顧德弘曰, "吾意本在矮屋, 而木工當我入齋於墳菴, 自作張皇, 高大至此高廣八尺. 心自愧恨, 欲改作, 而力不及".

공자
혁명

박한 검소한 생활이라는 같은 철학을 담고 있었다는 것이 드러나 있다.

퇴계는 성인을 지향했고 그것은 생활면에서 검소함으로 표현되었다. 인간과 금수는 욕망을 어떻게 처리하는가에 따라 구별된다. 이성과 감성, 천리와 인욕 등은 본디 출발지가 다르다고 보는 것이 퇴계의 철학이다. 선과 악의 기원이 각각 다른 곳에 있기 때문에, 성인을 지향하는 사람에게 악의 규제와 절제는 절대적으로 필요한 것이다. 욕망을 좇는 삶과 합리적 이성에 따라 사는 삶은 매우 다른 것이고, 퇴계는 성리학적 이상을 실현하기 위해 금욕적 삶을 선택했다. 어떤 일이라도 작은 욕망도 찾아들지 못하게 철저하게 마음을 다잡는 것, 이것이 성리학의 이상적 삶이자 퇴계의 삶이었다.

퇴계가 도산서당을 세우고 또 이후 서원설립운동을 주도한 까닭은 무엇일까. 오늘날의 상황과 비슷한 부분이 있다. 성균관과 지방의 향교는 마치 관리양성소처럼 변해 있었다. 관료제 사회에서 필요한 관리 수급의 원천은 바로 당시의 학교였다. 경전을 외우고 외교문서를 작성하는 방법을 익히는 등 가장 실용적인 교육이 이뤄졌다. 그러나 퇴계는 학교 교육의 목표를 참인간, 즉 도덕적 인간의 완성에 두었다. 퇴계는 관리가 되는 등의 실용적인 활용은 참인간이 되면 자연스럽게 가능한 일이라고 보았다.

퇴계는 일방적인 주입식 교육이 아니라 자유로운 토론의 방식으로 물리를 터득해가는 길을 열어주었다. 퇴계가 질문하면 제자들이 답변하거나 제자들이 질문을 가지고 오면 퇴계와 토론하는 방식으로 수업이 진행되었으며, 편지로 질문을 보내오면 그것에 상세하게 답변하는 식으로 교육했다.

퇴계가 제자들에게 가르치고자 했던 핵심 목표는 바로 경敬이었다.

경 한 자는 성학의 처음과 끝을 이루는 것이다. 『소학』을 하는 사람으로서

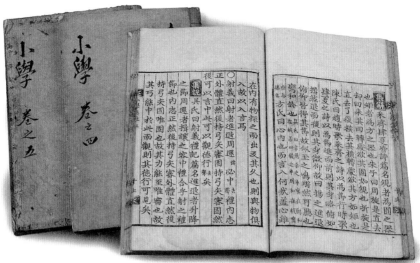

『소학』, 유교문화회박물관.

이에 말미암지 않고서는 본원을 함양하여 쇄소응대와 진퇴의 예절과 육예의 가르침을 삼가지 못할 것은 물론이요, 『대학』을 하는 사람도 이에 말미암지 않고서는 총명을 계발하여 덕에 나아가게 하고 업業을 닦아서 명덕明德과 신민新民의 공을 이루지 못할 것이다.(『성학십도聖學十圖』 제3도 「소학도小學圖」)[5]

퇴계에게 있어 경은『소학』에서 가르치고 있는 모든 행위의 원천이며, 『대학』이 지향하고 있는 수신과 치인의 목표를 달성할 수 있게 해주는 기본자세다. 경을 통하지 않고는 본원의 함양과 올바른 실천이 불가능하다고 보는 것이다. 그렇다면 경은 어떻게 유지되는가.

5_ 吾聞敬之一字, 聖學之所以成始而成終者也. 爲小學者不由乎此, 固無以涵養本源, 謹夫灑掃應對進退之節與夫六藝之敎. 爲大學者不由乎此, 亦無以開發聰明, 進德修業, 而致夫明德新民之功也.

공자
혁명

경을 유지하기 위해, 반드시 삼가고 엄숙하고 고요한 가운데 이 마음을 두어 배우고 묻고 생각하고 분별하는 사이에 이를 궁리하여 보이지 않고 들리지 않는 곳에서 경계하고 두려워함이 더욱 엄숙하고 더욱 공경할 것이며, 은미한 곳과 혼자 있는 곳에서 성찰함이 더욱 정밀하여 어느 한 그림을 두고 생각할 적에는 마땅히 이 그림에만 마음을 전일하게 하여 다른 그림이 있다는 것을 알지 못하는 것처럼 하고, 어떤 한 일을 습득할 적에는 마땅히 이 일을 전일하게 하여 다른 일이 있다는 것을 알지 못하는 것처럼 하여 아침저녁으로 변함없이 매일매일 계속해야 한다.(『성학십도』「진성학십도차進聖學十圖箚」)[6]

경은 곧 전일專一함이다. 오롯이 정신을 집중하는 것이다. 그리고 이 전일함은 매일 매일 끊임없이 계속되어야 하는 것이다. 은미한 곳이든 혼자 있는 곳이든 들리지 않고 보이지 않는 곳이든 항상 경계하여 엄숙한 것이 경이다. 즉 경은 항상 깨어 있게 하는 정신력이다. 퇴계는 성학, 곧 성인이 추구한 학문의 요체를 경으로 보았고 그것을 제자들에게 전수했다. 그가 서원을 설립하는 데 앞장서고 제자들과 자유로운 토론을 즐긴 것은 오늘날 대학이 필요로 하는 교육이 진정 무엇인가에 대해 다시 생각하게 한다. 과연 오늘의 대학은 퇴계가 개선하고자 했던 그 구태舊態를 향해 역행하고 있는 것인가?

6_ 其爲之之法, 必也存此心於齋莊靜一之中, 窮此理於學問思辨之際, 不睹不聞之前, 所以戒懼者愈嚴愈敬, 隱微幽獨之處, 所以省察者愈精愈密, 就一圖而思, 則當專一於此圖, 而如不知有他圖, 就一事而習, 則當專一於此事, 而如不知有他事, 朝焉夕焉而有常, 今日明日而相續.

자연의 덕을 닮은 학교

자연은 인간과 운명을 같이한다. 우리 주변에 있는 자연의 사물들은 자연적으로 형성된 것이 결코 아니다. 그 속에 사는 사람들이 어떤 자연을 선택하는가에 따라 주변의 자연도 색을 달리한다. 소나무를 사랑하는 사람들이 사는 마을에는 소나무가 성장하고 단풍나무를 좋아하는 사람들의 마을엔 단풍나무가 번성한다. 자연의 모습은 인간의 심성과 교감을 하는 것이다. 자연의 재해로 인간이 사라지기도 하지만 인간의 선호에 따라 자연이 버려지기도 한다. 그렇다면 매화와 교감하는 사람의 심적 상태는 어떠할까. 매화는 그저 피고 질 뿐이다. 매화 스스로 자신을 고절한 식물로 인식하지도 못한다. 매화의 고절함은 인간의 이상일 뿐이다. 자연이 덕성을 지니고 있는 것이 아니라 인간이 자연에게 덕성을 배우는 것이다. 매화는 한겨울의 끝에 강인하게 피어오르는 인간의 절의를 상징할 뿐이다.

　퇴계는 도산서당 앞에 몽천蒙泉이라는 샘과 열정洌井이라는 우물을 조성했다.

도산서당을 지은 뒤 주변의 자연과 모든 시설에 각각 깊은 철학적 의미가 담긴 이름을 붙였다.

> 몽괘가 형통한 것은 몽매한 때에 중도에 맞게 행동하기 때문이다. 교육은 스승이 제자를 구하는 것이 아니라 제자가 스승을 찾아서 배움을 구하며 뜻을 서로 호응하는 것이다. 가르침을 구함에서 순수하고 지극한 정성으로 믿고 따라야 하며, 정성스럽지 못하고 번거롭게 하면 교육할 수 없는 것이다. 제자에게 올바른 것을 가르치는 것이 성인의 공과이다.(『주역』 몽괘 「단전象傳」)[7]

퇴계는 샘 이름을 『주역』 제3괘인 몽蒙괘에서 따와 몽천이라 지었다. 한 줄기 샘물은 솟아난 뒤 내와 강을 거쳐 망망한 바다에 이를 때까지 수많은 어려움을 겪지만 자연의 이치에 따라 마침내 바다에 이른다. 이를 본받아서 사람도 학문과 인격 함양에 어려움이 있더라도 꿋꿋하게 목표를 향해 끊임없이 노력하고 실천해야 한다는 것이다. 한 방울의 물이 바다에 이르듯 사람마다 타고난 착한 본성을 회복하고, 산과 같이 크나큰 덕성을 쌓아 완성된 인간이 되라는 교훈을 담고 있다. 또한 몽매한 제자들을 올바른 방향으로 이끌고 지극한 정성으로 가르치려는 퇴계 자신의 교육적 실천 의지도 이 단어에 들어 있다.

또한 열정洌井은 정井괘에서 따와 만든 이름이다.

> 마을은 옮겨갈 수 있어도 우물은 옮겨가지 못하니, 우물은 길고 길어도 줄지

7_ 蒙, 亨, 以亨行時中也. 匪我求童蒙, 童蒙求我, 志應也. 初筮告, 以剛中也. 再三瀆, 瀆則不告, 瀆蒙也. 蒙以養正, 聖功也.

도 않고 늘지도 않는다. 오는 사람 가는 사람 모두가 한 우물을 내 것처럼 마실 수 있으니 거의 다 길어올렸다 해도 우물에 두레박을 아직 내리지 않은 것과 같다.(『주역』 정괘 「괘사卦辭」)**8**

지식과 인격의 수양은 길어도 마르지 않는 샘물과 같이 무궁무진하며, 주인이 있는 것이 아니라 오직 자기 노력에 따라 자신의 것으로 만들 수 있다. 퇴계는 정괘 구오효九五爻 '정열한천식井洌寒泉食'이라는 말에서 우물의 이름을 열정이라 이름했다. 지식의 습득과 인격의 도야를 통해 모든 사람에게 필요한 인물이 되어야 할 것, 두레박으로 물을 길어 마시는 것과 같이 자기 자신의 부단한 노력이 있어야 할 것, 지식을 습득하여 자신만의 지식이 되지 말도록 할 것과 우물은 누구나 이용할 수 있듯이 사람들에게 유익하게 쓰이도록 할 것 등의 교훈을 담아 조성한 것이다.

도산서당에는 정우당淨友塘이라는 작은 못이 있다. 정우는 깨끗한 벗이라는 뜻이다. 그 연못에는 연꽃이 있으니 깨끗한 벗이란 곧 연꽃을 말한다. 정우라는 말은 북송시대 주염계의 「애련설愛蓮說」에서 뜻을 따온 것으로, 군자를 연꽃에 비유한 것이다. 주염계는 꽃을 사랑하여 국화를 꽃 중의 은자로, 모란은 꽃 중의 부귀한 자로 노래했는데 그중에서 유달리 연꽃을 좋아했다. 퇴계는 그 이유를 연꽃이 지닌 향기로운 덕에서 찾았다. 향기로운 덕은 바로 군자에게서 나오는 것이다. 퇴계는 향기로운 연꽃처럼 군자의 덕을 지니고 싶었으나 스스로 이에 미치지 못한다고 여겨 연꽃을 벗하기 어렵다고 여겼다. 그러나 군자가 되고 싶은 욕심은 버릴 수가 없었기에 서당 뜰에 정우당을 만들고 연꽃을 심어

8_ 改邑不改井, 无喪无得. 往來井井, 汔至亦未繘井.

그 향을 맡고자 한 것이다.

또 정우당 동쪽 실개울 건너편에 절우사節友社를 만들었다. 절우사는 원래 몽천 위의 산기슭에 단을 쌓아 평평하게 만들고 그 위에 매화나무·대나무·국화·소나무를 심어 놓은 화단을 말한다. 동쪽 문으로 나와 조그만 돌다리를 건너면 표석이 보인다. 절우는 사계절의 상징이자 지조 있는 벗이라는 뜻으로 매화나무, 대나무, 국화, 소나무를 가리킨다. 그러니 절우사는 지조 있는 벗들의 모임 또는 모임터라고 하겠다. 매화나무·대나무·국화·소나무 네 벗이 함께 모여 절의를 다지는 곳, 그리고 이곳에 퇴계도 함께 모여 벗하는 곳, 이곳이 바로 절우사인 것이다.

퇴계가 남긴 「절우사」라는 시를 살펴보자.

소나무와 국화 도연명의 동산에 대나무 더불어 셋인데	松菊桃園與竹三
매화 형님은 어찌 함께하지 않았던가	梅兄胡奈不同參
내 이제 바람과 서리의 서약 함께 맺으니	我今併作風霜契
굳은 절개 맑은 향기 너무나 잘 알겠네	苦節清芬儘飽諳

도연명은 자신이 은거하던 집에 세 갈래 오솔길을 만들고 그 길에다 각기 소나무·대나무·국화를 심었다고 한다. 퇴계는 도연명의 동산에 매화 형님을 함께 심어 절의를 다지게 했다. 매화에 대한 지극한 사랑뿐만 아니라 소나무·대나무·국화가 지닌 지조를 진정으로 숭상했음을 절절이 느낄 수 있다.

퇴계는 이처럼 도산서당에 자신의 교육 이념을 투영시켰다. 마르지 않는 샘물처럼 지식을 아래로 흐르게 하는 학생. 누구나 언제나 와서 두레박을 길어갈 수 있는 학문의 전당. 그리고 절의와 검소함을 지닌 학생들이 모여 공부하는 곳. 바로 이런 곳이 퇴계가 생각하는 학교였다. 관리가 되고자 공부하는 것은 진정한 공부가 아니다. 참인간이 되기 위해 공부해야 한다. 퇴계는 학교에서 해야 하는 공부는 바로 참인간 교육이라고 생각한 것이다.

공자
혁명

서원 교육의 목표
— 거경과 궁리

조선 성리학의 기본 개념은 기氣에 대한 리理의 절대적 우위를 전제하는 것이다. 인간의 본성이나 행위를 이성과 감성의 차원에서 논할 때, 이성에 해당되는 성리학의 개념들은 리理·성性·천天·도道·명命·도심道心 등이고, 감성에 해당되는 개념은 기氣·정情·욕欲·기器·인심人心 등이다. 결국 현대화된 언어로 표현하자면 합리성과 비합리성, 이성과 비이성, 추상성과 구체성, 절대성과 가변성, 선과 악, 도덕과 비도덕, 공과 사, 형이상과 형이하 등으로 말할 수가 있다. 이러한 성리학적 틀 속에서 보면 이성적인 것은 절대적인 선이며 비이성적인 것은 선과 악을 겸유하고 있다. 그러나 절대적 선은 독립적으로 존재할 수가 없고, 비이성적인 것에 붙어 있어야만 존재하게 된다. 다시 말해 논리적으로 구체세계보다 앞서 있는 추상세계는 다만 논리적으로 앞서 있을 뿐이지 현실적으로 앞서 존재하는 것이 아니라는 말이다. 구체적 기의 세계에서만 추상적 리를 감지하게 된다. 그것이 절대적인 선의 세계라 하더라도 우리 인간과는 관계없는 세계가 되어버린다. 우리와 감촉하면서 관계하는 세계는 구체세계이다. 그렇다면 이 구체세계 속에서 인간은 어떻게 살아야만 하는지가 문제로 남는 것이다.

사단과 칠정을 리발과 기발로 보는 퇴계에게 공평무사한 감정은 리발, 곧 이성적인 것이며, 사적이고 개별화된 감정은 기발, 곧 감성 내지는 비이성적인 것이다. 퇴계는 이러한 비이성적 감정을 이성적인 것에 의해 절제되거나 극복되어야 할 대상으로 여겼다.

조선 주자학자들의 격물치지설은 대개 정이와 주희의 격물치지설에서 크게 벗어나지 않는다. 퇴계 역시 격물을 '사물의 리를 궁구하여 그 사물의 리에 이르는 것'으로 해석하는 정이와 주희의 견해를 수용하고 있다. 퇴계는 "리는 사물에 있으므로 사물에 나아가 그 리를 궁구하여 그 극처까지 이르는 것"(『퇴계선생문집』 권26)이라고 했다. 이처럼 마음 바깥에 있는 사물의 리를 인식 대상으로 설정했다는 것은 그 리를 인식하는 공부, 즉 독서나 강학 같은 궁리의 공부를 필요로 한다는 것을 의미한다. 퇴계는 사물의 리를 탐구하는 공부가 반드시 필요하다고 보았는데 여기서 '사물의 리'는 '도덕적이고 실천적인 리'라는 특성을 갖는다. "사물의 리는 그 근본을 좇아 논하면 진실로 지극히 선하지 않음이 없다. (…) 격물궁리하는 까닭은 시비와 선악을 밝혀서 버리고 취하려 하는 것일 뿐이다"(『퇴계선생문집』 권14, 「답이숙헌答李叔獻 별지別紙(무오戊午)」)라고 한 퇴계의 주장은 다분히 도덕적인 것이다. 퇴계는 다음과 같이 말한다.

경을 위주로 하여 모든 사물에서 그 소당연과 소이연의 까닭을 궁구하고, 그 것을 침잠沈潛·반복反覆·완색玩索·체인體認 하기를 지극히 하여 세월이 오래되고 힘씀이 깊어져, 하루아침에 자기도 모르게 시원스레 풀려 활연히 관통하는 것이 있게 되면, 체體와 용用이 하나의 근원이고 드러남顯과 은미함微이

동떨어진 것이 아니라고 한 것이 참으로 그러함을 비로소 알게 되며, 위태로움危과 은미함微에 미혹되지 않고 진실함精과 한결같음—에 현혹되지 않아 중中을 잡을 수 있게 되니, 이것을 참된 인식眞知이라고 한다.(『퇴계선생문집』 권6, 「무진육조소戊辰六條疏」)

　퇴계는 독서나 토론 등의 공부를 통해 '사물의 리物理'를 인식할 것을 역설했는데, 그가 추구한 리는 '실천의 리事理'이자 '도덕의 리道理'였다. 더욱이 그 리는 마음 안에도 갖추어져 있는 리이기도 하다. 퇴계의 격물치지론은 개별 사물에 대한 탐구로부터 시작되지만, 궁극적으로는 그 총체인 '우주적 원리天理'에 대한 직관과 마음의 도덕적 본체에 대한 자각으로 귀결된다.

　『논어』「헌문憲問」 편에서 "경으로써 몸을 닦는다"9고 했듯이, 경은 유가사상 수양론의 요체다. 정이천은 『유서遺書』에서 "함양하는 것은 반드시 경으로써 하고, 학문에 나아가는 것은 치지致知에 있다"(『이정전서二程全書』)10고 했다. 주자의 '거경궁리居敬窮理'는 정이천의 말을 더 정교하게 표현한 것이다.

　퇴계는 이들의 수양론을 받아들이면서 경을 한층 더 강조해 '성학의 처음과 끝으로 정립했다. 퇴계가 사물의 이치를 연구하는 '궁리'의 문제를 소홀히 한 것은 결코 아니지만, 수양론의 입장에서 볼 때 궁리보다 거경이 더 강조되고 있는 것이다.

　퇴계는 『성학십도』「대학도」에서 『대학혹문大學或問』을 인용해 경을 설명한다.

9_ 修己以敬.
10_ 涵養須用敬, 進學則在致知.

주자가 말하기를 "정자는 마음을 오롯이 하여 일체의 잡념도 없는 경지가 경이요, 가지런히 정돈되고 엄숙한 경지가 경인 것이다"라고 말한 바 있다. 그리고 정자의 제자 사씨謝氏는 "항상 분명하게 깨닫는 법"으로 경을 설명했다. 또 윤씨는 "그 마음을 수렴해 어떠한 사물도 그 마음속에 용납하지 아니하는 것"이라고 경의 의미를 말했다. 경이라고 하는 것은 한 마음의 주재이며 모든 일의 근본인 것이다.

그 구체적인 실천 방안은 「경재잠도」에 언급되어 있다.

옷을 단정하게 입고 모자를 바르게 써야 하며, 대상을 보는 눈을 높이 하고 잠잠한 마음으로 생활하는 것은 마치 상제를 대하듯 조심스럽게 해야 한다. 발걸음은 반드시 무겁게 하고, 손놀림은 공손하게 해야 하며, 길을 걸을 때는 조심스럽게, 마치 개밋둑을 피해 돌아가듯 해야 한다. 집을 나가서 행동은 자기 집에 온 손님을 대하듯 하고, 일을 할 때는 제사를 지내듯 매우 조심조심해야 하며 혹시라도 쉽고 사소하게 여겨서는 안 된다.

경은 일상생활에서 구체적으로 실천하는 덕목이다. 특히 퇴계는 경의 대상으로 리를 설정하고 있다는 점이 주목할 만하다. '경이란 일상생활을 마치 상제를 대하듯이 조심스럽게 하는 것'이라고 했는데, 퇴계는 리를 지극히 존엄한 절대자, 만물을 주재하는 입법자로 규정한 것이다. 그리고 종교적인 신성성까지 부여해 리를 경외의 대상으로 승화시키고 있다.

퇴계는 고봉 기대승과의 논변을 통해 축적된 이론을 바탕으로 마음을 다스리는 방법에 관해 『성학십도』 「심통성정도心統性情圖」에서 다음과 같이 말하고 있다.

리와 기를 겸하고 성과 정을 통제하는 것은 마음이다. 성이 발현하여 정이 될 즈음이 바로 한 마음의 기미가 여러 측면으로 분화되는 중요한 경계인 것이며, 바로 여기에서 선과 악이 갈라지는 것이다. 배우는 사람은 진실로 경을 갖도록 전념해 이치와 욕망을 확실하게 분별하고 더욱 조심하여 성이 발현하지 않았을 때 존양하는 공부를 충실히 할 것이며, 성이 이미 발현되었을 때는 반성하고 살펴보는 습성에 익숙해져야 할 것이다. 이러한 노력을 참되게 쌓아 올리고 오래도록 계속 노력하기를 거듭하게 되면, 마음을 하나로 모으고 순수하게 하여 중용의 도리를 잡는 성인의 학문과 본체를 잘 보존하고 현실에 충분히 응용할 수 있는 심법心法이 모두 여기에서 얻어지게 될 것이다.

퇴계는 성이 발현하여 정이 되는 순간을 선악의 분기점으로 파악했다. 그 순간에 경으로써 이치와 욕망을 분별하여 마음을 보존하고 본성을 기르며 성찰하는 것이 바로 마음을 바로잡는 심법心法의 요체임을 말한다.

퇴계는 나이 들고 병약했음에도 역동서원이나 독산서당에 나가 문인 제자들에게 『심경心經』 『역학계몽易學啓蒙』 등을 강론했다. 죽기 며칠 전까지도 『사서석의四書釋義』 집필 작업을 계속하면서 『대학』의 '격물치지'에 대한 잘못된 해석을 알아채고 기대승에게 그것을 수정한다는 편지를 보낸 사실에서도 학이불염學而不厭의 자세를 볼 수 있다.

무엇보다 자기 인생을 도덕적이고 주체적으로 만들어가야 할 책임과 권리는 우리 자신에게 있으며, 그것은 부단한 자기 갱신의 공부와 수양을 통해 이룰 수 있다. 사람다운 도덕적 주체성을 지키려는 이상적 인간, 곧 성인을 평생의 과제로 여겼던 퇴계의 학문과 마음 공부는 오늘날 우리에게 많은 가르침을 전한다.

인문학과 성인 교육

인문학이란 사람들이 만들어온 다양한 무늬에 대한 학문이다. 곧 인간의 문화 전반에 대한 학문이다. 문文이라는 글자는 처음부터 격자무늬를 형상화한 것이다. 중국 고대의 한자 사전인 『설문해자』에서도 무늬紋와 같은 뜻으로 풀었고, 결晛이라는 의미를 지닌다고 했다. 인문학은 이렇게 보면 사람이 살아온 삶의 흔적과 경험이 만들어내는 무늬와 결을 탐구하는 학문이다. 여기에는 삶의 실존과 경험에 대한 해석과 성찰이 담겨 있다.

인간은 불완전한 존재로서 늘 한계 속에서 살아왔다. 인간의 삶과 앎은 유한한 시공간에 갇혀 있으나 무한한 삶과 앎을 추구하기 때문에 태생적으로 갈등과 대립이 존재한다. 땅 위에서 살면서 하늘을 꿈꾸며, 만물의 영장이면서도 신이 되고자 하고, 오늘을 살면서 어제와 내일을 넘나들기를 원한다. 인간은 이 틈새에서 모순과 갈등하면서 살아왔다. 이것이 인간의 현실이며, 이 현실을 바로 보고 인간의 삶 전체를 조망하는 것이 인문학이다. 따라서 인문학은 인

공자
혁명

문·자연·사회·문화·예술 등의 전 분야에 걸친 핵심 교양인 셈이다.

중국에는 "천시天時가 땅의 이익만 못하고, 지리地利가 사람의 인화人和만 못하다"(『맹자』 「공손추하」)[11]는 말이 있다. 병법서에서 맨 처음 나온 이 말은 천문과 지리 그리고 인화가 사람이 살아갈 때 필요한 지식 정보이자 덕성이라고 한다. 맹자가 인화를 강조한 것도 하늘의 때와 땅의 이익을 경시해서가 아니다. 인문학은 천문과 지리를 모두 포괄하는 것이다. 인문학이 인화만을 갖추고 사람과의 관계 설정이나 질서나 윤리, 도덕만을 강조하게 되면 사람들은 정신적으로 피로해지고 만다. 가뜩이나 각박한 사회에 더하여 가짜 인문학자들이 희생만을 강조하고, 마치 오늘날의 모든 질병을 치유할 수 있는 양 떠들어대고 있다. 그들은 오늘날 이상 현상의 원인이 사람들의 그릇된 인성 때문이라고 우기며 바로잡아야 한다고 말한다. 만약 인성이 잘못되었다면 그 원인이 있을 것이다. 인문학자는 원인을 말할 수 있어야 한다.

여기에는 사람들 사이의 소통 부재라는 또 다른 원인이 있다. 정치인과 대중, 기업인과 노동자, 부모와 자식, 수평적 관계에 있는 동료들 사이에 소통이 전무한 것이 우리 현실이다. 순수해야 할 인문학 영역에서조차 경쟁과 불평등이 만연하다. 경쟁과 불평등을 강요하는 자본과 국가 권력, 자꾸만 소외되어가는 개인, 그리고 개인의 인격적 가치가 부정되는 현실의 반대급부로 인문학이 떠오르고 있는 것이다.

어이없게도 인문학은 정치가 세상을 지배할 때는 규범의 형식으로 등장하고, 경제가 세상을 지배하게 되면 자본의 논리로 활용된다. 정작 인문학이 결핍된 정치인이 인문학을 부르짖고 기업이 어쭙잖게 인문학을 활용하며 물건을

11_ 天時不如地利, 地利不如人和.

생산하는 사례가 이를 대변한다.

인문학은 단순히 학문적인 지식과 정보를 습득하고 교양을 함양하는 데 그치는 것이 아니다. 인문학을 통해 배운 지식을 자신의 삶에 적용할 수 있어야 하고, 일상의 문제를 해결할 수 있어야 한다. 인문학은 궁극적으로 삶에 대한 반성적 성찰이 되어야 하는 것이다.

결국 인문학은 인간 스스로 행복을 추구하고 인간적 가치를 찾는 과정이다. 인간이 행복하고 가치 있는 존재라면 굳이 요즘처럼 인문학 열풍이 일어날 이유가 없다. 인문학은 인간의 전체적인 삶을 조망할 수 있도록 도와주는 학문이어야 한다. 따라서 인문학의 영역에는 천문과 지리도 모두 포함되며, 정치·경제·사회·문화·과학·물리·수학 등도 인간의 역사이며 인간이 만들어온 인문人文이다. 어느 하나 소홀히 해서는 안 되는 것들이다. 인간이 스스로 만들어온 전 역사를 총괄하면서 나아가야 할 길을 밝히는 것이 인문학이다. 그리고 이것을 교육하는 것이 바로 교양 교육이다.

대학은 이러한 인문학적 소양을 가르치는 전당이어야 하고, 인간의 문명을 이해하고 사랑할 줄 아는 성인成人을 배출해야 하는 곳이다. 기능인이나 전문가, 기술자를 양산하는 것이 대학의 목표가 되어서는 안 된다. 인문적 소양, 곧 인간의 이해가 철저해지면 기술과 기능은 자연스럽게 하나의 전문 지식이 될 수 있다. 왜냐하면 그 기술과 기능 또한 인간의 작품이기 때문이다. 성인 교육은 커다란 조감도 위에서 진행되어야 한다. 당면한 문제의 해결에만 집착한다면, 다음 세대로 전수되어 미래 세대를 양성하는 것을 포기하는 교육이 되고야 말 것이다.

5장

망가진 학교를
다시 세울
유학

백진호

인성이 없는 인성 교육

오늘날 인류는 절대적인 빈곤과 자연으로부터의 위협, 부자유와 불평등과 자의적인 권력의 횡포, 무지와 미신의 고통에서 벗어나 현실적인 의미에서 비약적인 발전을 이루었다. 그럼에도 가난한 국가이건 부유한 국가이건 경제성장에만 힘을 쏟으며 경쟁이라는 수단으로 문명의 위기를 향해 달려가고 있다.[1]

문명의 위기로 인해 생겨난 심각한 문제 중 하나는, 분리·독립된 개체로서의 자기 인식의 확대와 욕망 추구로 인해 생겨난 인간의 '자기 소외' 현상이다. 우리는 자신의 본성을 알지 못해 욕망 충족의 대상물을 외부세계로부터 획득하여 자신을 풍요롭게 만들고자 한다. 그래서 우리는 주로 외부의 환경을 변화해 지위·권력·재화·인기 등과 같은 자기 아닌 것을 획득하고자 노력한다. 그리고 이것을 통해 자신을 확장하고, 평가를 받고, 행복의 준거로 삼는다.

1_ 홍승표, 『동양사상과 새로운 유토피아』, 계명대출판부, 2010, 20~21쪽 참조.

공자
혁명

이런 욕망의 주체로서 인간은 결국 개인과 개인, 집단과 집단, 국가와 국가, 종교와 종교 간의 갈등을 증대시켰다. 또한 과학기술의 발전은 자연의 황폐화와 더불어 지구의 종말을 재촉하고 있다. 물론 이런 문제는 오늘날 우리의 교육 전반에도 많은 부정적인 영향을 끼쳤다. 그래서 오늘날 교육의 모습은 온갖 미사여구로 포장됨에도 불구하고, 본질은 자기의 노동력의 가치를 높이는 일로 전락했다.[2] 점차 감소하는 소수의 일자리를 차지하기 위해 학교 교육에서의 경쟁은 가속되며, 이에 따라 사교육에 대한 의존은 갈수록 심화된다. 그러므로 오늘날의 경쟁 구조와 이와 연관된 선발 제도, 그 선발 제도가 산출하는 학교 교육의 파행은 모든 한국인에게 고통을 주고 있다.[3]

사회 도처와 교육 현장에 만연해 있는 이런 문제를 해결하기 위해 교육과정에서 윤리와 도덕 과목을 가르치는 등, 인성 교육의 형태는 예전부터 있어왔다. 최근에는 '지식'과 '도덕'이라는 두 마리 토끼를 동시에 잡기 위해 '창의·인성'이란 말을 함께 쓰며 인성 교육을 시행하고 있는 실정이다. 그러나 정작 중요한 인간 본성에 대한 바른 이해와 인간의 본성인 사랑을 드러나게 하는 방법에 대한 논의는 교육 현장 어디에서도 이뤄지지 않는다.

많은 교사들은 자신의 본성이 무엇이고 어떻게 본성을 회복해야 하는지 혼란스러워한다. 그러나 그들은 자신도 회복하지 못한 인간의 본성을 학생들에게 가르치고 있다. 예전부터 해왔던 덕목 교육을 인성 교육으로 이름만 바꾼 것뿐이다. 목적지가 명확하지 않으면 어떤 시도로도 그곳에 도달할 수 없다. 그

2_ 정재걸, 「전통 교육, 근대 교육, 탈근대 교육」 『동양사회사상』 6집, 동양사회사상학회, 2002, 131쪽.
3_ 손종현, 「경쟁과 선발과 교육의 시스템의 전환」 『교육철학』 48집, 한국교육철학회, 2012, 90쪽.

러므로 우리의 본성이 무엇인지를 정확히 규정하고, 본성을 밝히기 위해 교사와 학생 모두가 어떤 노력과 공부를 해야 하는지 깊이 생각해야 한다.

예로부터 동양 사상 속에는 인간의 본성에 대한 규정과 본성을 회복하기 위한 방안이 많이 포함되어 있다. 특히 유교 교육에서는 늘 인성이라는 말을 사용해왔지만, 인성이라는 말을 인격이나 성격, 개성 등의 의미로 사용하지 않는다. 유교 교육에서의 인성은 인간의 본성을 가리키는 말이다. 본성은 후천적으로 획득한 것이나 지식을 통해 드러내는 '무엇'이 아니라 본래부터 우리의 모습, 다시 말해 나와 다른 존재에 대한 차별심이 사라졌을 때天地萬物一體 저절로 생겨나는 사랑仁을 의미한다. 유교에서 말하는 사랑은 차별에서 생겨나는 인위적인 행위의 결과가 아니다. '나'와 '다른 존재'라는 차별이 사라져, 모든 존재가 바로 자신임을 알 때의 자기를 가리키는 말이다.

맹자는 사람이라면 누구나 우물에 빠지려는 어린아이를 보면 즉각적으로 구하는 것을 예로 들며 모든 인간의 본성은 선하다고 했다. 우리가 물에 빠지려는 어린아이를 보면 어떤 생각이나 감정도 일으키지 않고 즉각적으로 아이를 구한다. 이때는 생각과 감정이 생겨나 그 행위가 '자신에게 도움이 되느냐, 되지 않느냐'라는 차별화된 상태에서 어떤 대가나 이익을 바라고 한 행위가 아닌, 자기의 머리에 불이 붙었을 때 조금의 망설임도 없이 불을 끄기 위해 물에 뛰어들듯이 행하는 즉각적인 행위인 것이다.

유교 교육의 관점에서 이 상태에서는 누구나 선하며, 이를 유지하는 것을 '지극한 선에 머문다止於至善'고 하여 공부의 궁극적인 목적으로 삼았다. 그러므로 유교 교육에서의 본성은 배워서 안 지식을 사회에 적용하는 것이 아니라, 교육을 통해 매 순간 일상의 삶을 개체와 동일시하여 행하는 사욕을 어떻게 하면 배제하고 행위할 수 있느냐에 초점이 맞추어져 있다. 왜냐하면 우리가

공자
혁명

자신의 사욕을 바라볼 수 있다면 그에 휘둘리지 않아서 본성이 저절로 솟아날 것이기 때문이다.

　본성은 개체로서의 나라는 생각ego에 휘둘리지 않을 때 드러난다. 그러므로 인성 교육은 인격이나 도덕심을 높이는 덕목 교육을 통해 시행할 것이 아닌, 자신의 본성을 바로 알 수 있도록 하는 본성 회복 교육으로부터 시작해야 한다. 본성을 알게 되면 몸에 대한 동일시로부터 생겨나는 소외 문제나 생각과 감정을 동일시함으로 해서 일어나는 고통 등에 대해서 자유로울 수 있게 된다. 그리고 어떤 상황에서도 자신의 이기심을 개입시키지 않고 공적으로 행위할 수 있는 것이時中 가능해진다. 또 자신을 다른 무엇과도 동일시하지 않을 때, 자기 삶에 주인이 되어 지금 자신이 하고 있는 일을 통해 자신과 타인의 행복을 위해 살아가는 홍익인간으로서의 삶을 살아갈 수 있다.

가르치며 성장하는 교사

유교 교육의 궁극적인 목표는 자신의 본성을 회복하고 이를 통해 생겨난 사랑을 다른 사람에게 나눠줄 수 있는 사람을 양성하는 것이었다. 이에 따라 유학자들이 교육을 통해 길러내고자 했던 인간상은 '경전에 밝고 도와 덕을 겸비하여 스승으로서 모범이 되는 사람'이었다. 스승은 책으로 공부하면서 학생에게 문장을 익히게 하거나 뜻을 풀이해주는 것에 그치는 사람이 아니라, 학생에게 도를 전하고 그들이 궁금해 하는 것을 풀어주는 사람이어야 한다.

그럼에도 불구하고 오늘날 교육 현장에는 지식 전달자로서의 교사는 넘쳐나나, 학생이 스스로 자기의 본성을 회복할 수 있도록 도울 수 있는 참된 스승은 보기 드물다. 이런 맥락에서 교사의 역할이 무엇이어야 하는지 유교 교육의 관점에서 몇 가지 제시하고자 한다.

첫째, 교사는 학생들이 자신의 본성을 회복할 수 있도록 돕는 일을 최고의 가치로 생각해야 한다. 우리나라 교육의 이념은 홍익인간이다. 그러므로 교육

공자 혁명

은 널리 인간을 이롭게 할 수 있는 사람을 기르는 일에 초점을 맞추어야 한다. 우리가 진정으로 다른 사람을 이롭게 할 수 있을 때는, 우리가 본성을 회복하여 모든 존재를 자신과 한 몸으로 여겨 天地萬物一體 차별하지 않을 때다. 이런 점에서 유교에서의 본성 회복 교육은 우리나라의 교육 이념과 취지가 같다. 학교 현장에서 이뤄지는 교육활동은 홍익인간의 이념을 최대한 실현할 수 있도록 본성을 회복할 수 있는 활동에 맞춰져야 한다. 그러나 현장에서 인성 교육의 이름으로 행해지는 대부분의 활동은 서로간의 경쟁을 통해 남들보다 더 높은 점수를 획득하여 취업에 유리한 대학이나 학과에 진학시키고 안정된 직장을 얻기 위한 일, 다시 말해 학생의 몸값과 욕망을 채우는 일에 맞추어져 있다.

진정한 행복은 자신이 가진 재산이나 직업, 사회적 지위 등에서 오는 것이 아니라 본성을 회복할 때 내면에서 저절로 생겨나는 것이다. 그럼에도 불구하고 학교 현장에서는 더 많은 경쟁과 다른 학습자와의 비교를 통한 자기 아닌 것의 확장을 통해 행복을 추구하게 한다. 결과적으로 학생들은 본성을 회복하는 일을 무가치한 일로 인식하게 된다. 그러나 교육의 역할은 학생 모두가 본성 회복을 통해 진정한 행복을 얻을 수 있도록 해주어야 한다. 그러므로 교사는 학생에게 자신이 동일시하는 것이 무엇인지를 일깨워줌으로써 학생 스스로가 동일시를 깨뜨릴 수 있도록 도와주어야 한다. 동일시가 깨지는 가장 확실한 방법은 본성을 아는 일이다. 때문에 교사는 학생들이 사사로운 욕망을 제거하고 본성을 회복할 수 있도록 돕는 일을 가장 중요한 일로 삼아야 한다.

둘째, 교사는 학생들이 자신의 삶을 목적 그 자체로 살 수 있도록 지도할 수 있어야 한다. 교육 현장은 교사와 학생 모두에게 있어 미래의 행복을 위해 노력하는 곳이 아니다. 가르치고 배우는 '지금-여기'를 사는 활동을 통해 생겨나는 행복감을 느끼고, 그 행복감을 통해 다른 사람을 돕고 살아가는 기회를 배우는 곳이어야 한다. 그러나 교육의 관심이 현재를 희생시켜 얻으려는 '미래'에 있다면 우리는 현재나 미래를 결코 행복하게 살 수 없다. 왜냐하면 마음이 항상 오지 않는 미래에 있게 되어, '지금―여기'를 살 때 생겨나는 행복감을 결코 누릴 수 없기 때문이다. 그러므로 매 순간의 삶을 현재로 살기 위해서는 우리가 현재를 목적 그 자체로 살아가는 방법을 터득해야 한다. 현재를 희생하여 미래에 행복하고자 하는 것은, '지금―여기'의 행복을 추구하는 바람직한 방법이 아니다.

현재 우리 주변에서 이뤄지는 교육활동을 보면, 목적 자체가 어떤 결과를 위한 수단으로 사용되어 현재가 희생되는 경우가 대부분이다. 교사와 학부모는 미래를 행복하게 살아가게끔 한다는 이유로 학생들의 현재를 희생시키는 일을 아주 당연한 일로 여긴다.

실재實在하는 삶은 지금 이 순간 일어나는 일이 전부임에도 불구하고, 우리는 그 자체를 목적으로 삼아야 할 삶은 희생시키고 활동의 부수적 결과로 생겨나는 부·재화·명예 등을 목적으로 추구한다. 유교 교육에 의하면 우리가 삶 그 자체를 목적으로 살 때 사욕이 줄어들어 사태를 있는 그대로 대처할 수 있고, 자신에게 생겨나는 생각과 감정을 바라볼 수 있게 되면서 삶 그 자체는 즐거운 일이 된다. 그리고 이것을 통해 다른 사람에게 자신의 사랑을 실천할 수 있다.

유교 교육에서 본성을 회복하는 일은 현재의 일을 사욕 없이 행할 때이므로, 학생들이 어떤 활동을 할 때 목적 그 자체로 할 수 있도록 하게 함으로써 지금 하고 있는 일에 기쁨을 누리는 경험을 하게 해준다. 우리가 어떤 일을 게임처럼 즐기며 할 때는 우리에게 긴장이나 실패에 대한 두려움이 생기지 않는다. 그러나 우리가 그 일을 다른 사람을 이기기 위해서 하거나 다른 무엇을 얻기 위한 수단으로 행한다면, 결과에 대한 불안과 두려움으로 인해 즐기지 못하게 된다. 그러므로 교사는 학생들이 교과를 공부하는 일 그 자체에서 기쁨이 생겨날 수 있도록 지도해야 한다. 예를 들어, 노래를 부르는 일 그 자체에 기쁨을 느낀다면, 이를 통해 자연스럽게 음악에 대한 관심이 높아져 악기에 대한 공부를 하게 된다. 이후 공부의 범위를 조금씩 확장하는 일을 통해 음악에 더욱 조예가 깊어짐으로써 자기 삶의 모든 과정을 사랑하게 된다. 이처럼 교사는 일의 과정을 통해 기쁨이 생겨날 수 있도록 학생들을 지도해야 한다.

셋째, 교사는 학생 개개인의 성장 단계와 심리적인 상황 등을 잘 파악하여 학생 개개인에게 맞은 처방을 내려줄 수 있어야 한다. 오늘날 학교 교육은 일률적인 교육과정을 통해 같은 연령대의 학생에게 같은 시기에 같은 내용을 가르친다. 그래서 교사는 학생 개개인의 발달 상황과 학습의 수준에 맞는 적절한 교육을 하지 못한다. 또 교사는 많은 교육과정과 업무로 인해 학생 개개인의 상황이나 심리 상태 등을 파악할 시간적인 여유가 부족하다. 그래서 교사는 학생이 학업에 뒤처지거나 심리적인 갈등을 겪더라도 모르고 지나칠 경우가 많다. 학부모 역시 오직 학업에만 관심이 있어, 자기 자식이 다른 학생들에게 뒤처지는 것을 염려하여 뚜렷한 교육관도 지니지 못한 채 선행학습을 위해 학생을 여러 학원으로 내몬다.

학생에게 발생한 별 볼 일 없는 문제가, 학부모와 교사의 초기 무관심으로 인해 상태가 크게 악화되고, 그후 잘잘못을 가리는 식으로 접근하는 경우가 잦아지고 있다. 마찬가지로 학교와 가정으로부터 적당한 시기에 보호받고 치료받아야 하는 학생이 때를 놓치는 경우도 많다. 물론 학생의 상황을 안다고 하더라도 어떻게 해야 할지를 모르는 경우도 많으며, 학생이 심리적인 문제에 봉착했을 때 그 상태에 적당한 해결책이 무엇이고 어떤 방식으로 접근하는 것이 바람직한지 계획조차 못 하고 있다. 그러므로 교사는 학생 개개인의 성장 단계와 지적 수준, 심리적인 상황 등을 고려하여 각자 적합한 교육을 실시할 수 있어야 한다.

교사가 학생들의 상황을 정확하게 파악한다는 것은, 학생이 가지고 있는 관념이나 이념이 무엇인지를 정확히 알고 있어야 한다는 의미다. 학생들의 가정 형편이나 개인적인 취향 등을 파악하고 있으면 더 좋다. 이렇게 하여 학생에게 어떤 문제가 발생하면 그 문제가 왜 생겨났는가에 대해 있는 그대로의 사실을 이해하고, 그럴 수밖에 없는 상황을 깊이 공감하며 문제를 있는 그대로 다뤄야 한다. 그리고 학생에게 자신이 빠져 있는 사고의 양단과 상황을 잘 드러내주어 스스로 문제를 해결할 수 있도록 유도해야 한다.

교사는 학생에게 모범 답안을 제시할 것이 아니라, 학생 스스로 자신의 삶을 선택하여 살아갈 수 있도록 환경을 만들어주며, 이를 통해 학생이 자발적으로 본성을 회복할 기회를 제공해야 한다. 다시 말해 교사는 어떤 고정된 지식으로 학생을 일률적으로 가르칠 게 아니라, 학생 개개인이 문제 상황을 잘 해결할 수 있도록 적재적소에서 도와주어야 한다.

넷째, 교사는 학생들에게 사랑을 기초로 한 허용적인 분위기를 조성해야 한다. 오늘날 학교 현장에서는 학생들을 대할 때, 주로 그들을 관리하고 통제하는 방법에 초점이 맞춰져 있다. 교사는 지시적인 언어와 미소 없는 얼굴로 학생들이 죄인인 듯 대하고, 무슨 잘못을 저지르면 그것을 들추어내어 잘못을 부각시킨다. 그 결과 학생들에게는 잘못에 대한 반성보다는 벌을 피하기 위해 자신의 잘못을 정당화하려는 마음과 교사에 대한 미움이 생겨난다.

체벌을 통한 행동 규제 등이 사회적 문제로 부각되어 금지되자, 이제 교사와 부모는 학업 성취에 대한 대가를 줌으로써 학생들의 성취의식을 높이고자 하고 있다. 그러나 이런 형태의 노력은 학생의 자발성과 자율성이 배제되었기에 진정한 교육이 될 수 없다. 교육은 학생이 자발적으로 학업에 대한 성취감을 고취시킬 수 있어야 한다. 그러기 위해서는 무엇보다도 교사의 역할이 중요하다. 교사는 학생들과 같이 기뻐하고 슬퍼하는 부모와 같은 심정으로 학생들을 가르치고 양육하는 마음을 가져야 한다. 교사는 학생들에게 단순히 지식을 전수하는 사람으로서의 역할만 담당하는 존재가 아니다. 학생들을 자식처럼 아끼고 사랑하는 마음을 동시에 지니고 있어야 하는 것이다.

사랑, 자유, 평화 등의 내면적인 가치는 교사가 학생에게 지식을 통해 전수해 줄 수 있는 것이 아니다. 실제로 사랑과 자유와 평화가 넘치는 분위기 속에서 생활함으로써 저절로 전수되는 것이다. 그러므로 교육 현장에서 교사의 심리 상태는 무척 중요하다. 교사가 자유롭지 못하면 학생은 자유롭지 못하고, 교사가 평화롭지 않으면 학생들이 평화를 느낄 수 없으며, 교사가 학생을 사랑하지 않으면 학생은 사랑을 배울 수 없다. 그러므로 교육 현장은 교사와 학생이 평화와 자유로움과 사랑이 넘쳐나야 한다. 인간의 본성은 즐거움樂이며 누구나 사랑을 알고 행할 수 있는 존재이므로, 성선설적性善說的 관점에 입각한 교육의 장은 한없이 부드럽고 자유로운 곳이어야 한다.[4]

학생에 대한 교사의 권위는 교사가 학생들에게 강요해서 얻을 수 있는 것이 아니다. 권위는 교사와 학생이 수직적 관계든 수평적 관계든, 학생들이 교사에 대해 신뢰하는 마음을 가지게 되면 저절로 생겨난다. 그러므로 교사는 학생들에게 자신의 권위를 요구할 것이 아니라, 사사로운 마음 없이 학생들을 대했는지 자문하며 스스로를 문제 삼는反求諸己 자세로 학생들에게 허용적인 분위기를

4_ 김태오, 『실사구시 교육철학』, 양서원, 2007, 104~105쪽.

조성해줘야 한다.

다섯째, 교육을 통해 교사와 학생 모두가 행복하려면 교사는 가르치고 배우는 활동을 성장 과정으로 삼아야 한다. 많은 교사들은 자신의 가치를 가르치고 배우는 행위가 아닌, 호봉이나 교직 경력, 학생들을 통제하는 수단 등으로 자신을 드러낸다. 심지어 학생들이 경제적인 가치와 성적 등을 가장 중요한 가치로 여기게끔 하는 일을 공공연하게 자랑한다.

또 어떤 교사들은 삶의 대부분을 보내는 학교, 특히 아이들과 보내는 시간을 무척 싫어한다. 그래서 퇴근이나 승진에 더 많은 열정을 쏟는다. 그래서 교사들 중에는 연구대회, 교사 연수, 심지어 학벌까지 승진을 위한 수단으로 삼는 사람들이 많다. 요즘은 발령이 난 지 얼마 되지 않는 신규 교사들조차도 승진 경쟁에 가담한다. 심지어 교감이 누리는 가장 큰 혜택이 '수업을 하지 않는 것'이라는 말이 있을 정도다. 이처럼 많은 교사에게 가르치는 일은 자신의 사욕을 채우기 위한 일이나 가장 회피하고 싶은 일로 변질된 사례가 왕왕 있다.

교사가 자신을 드러낼 때 중요한 것은, 가르치고 배우는 행위를 통해 학생들과 자신의 성장을 이뤄야 한다. 교직이 좋은 이유는 교육활동 밖의 무엇을 통해서가 아니라 가르치는 과정 그 자체 때문이어야 한다. 교학상장教學相長이라는 말이 있듯이, 가르치고 배우는 일은 교사와 학생 모두를 성장시킨다. 교사는 단순히 학생들을 가르치기만 하고 학생들은 일방적으로 배우기만 하는 관계가 아니다. 교사는 가르침을 통해 더욱 성장하고, 학생은 배움을 통해 자신의 삶을 배워나갈 수 있는 관계다.

가르치고 배우는 일로 서로를 성장시키기 위해서, 이 가르치고 배우는 일을 본성 회복을 위한 가장 중요한 공부의 기회로 삼아야 한다. 교사는 가르치는 일을 배제하면 자신의 가치를 드러낼 수 없다. 그러므로 가르치는 과정에서 학생과의 상호작용을 통해 일어나는 여러 가지 일들, 예를 들면 학생들과 수업을 하고 성적을 처리하며, 학생 간의 다툼을 조정하고 학생의 상황을 판단하여 이끄는 일 등 모든 일을 자신의 마음을 바로잡는正心 본성 회복의 공부로 삼아야 한다.

뜻을 세워
정진하는 학생

유교 교육에서 교사의 태도만큼이나 중요한 것은 학생의 자세다. 마부가 말을 물가까지 끌고 가더라도 말이 스스로 물을 마시지 않으면 아무런 소용이 없듯, 교사가 아무리 훌륭하더라도 학생이 본성 회복의 의지가 없다면 교육현장은 파행을 맞을 수밖에 없다. 이런 맥락에서 학생이 가져야 하는 마음가짐은 특히 중요하다.

첫째, 학생은 성인聖人이 되겠다는 뜻을 세우는 일立志을 가장 중요한 일로 삼아야 한다. 학교 현장에서 대부분의 학생은 자신이 왜 공부를 하고, 무엇을 위해 학교를 다니는지 고민을 거의 하지 않는다. 다른 학생과 마찬가지로 학교를 오가고 교사가 가르치는 교육과정에 맹목적으로 끌려가는 경우가 많다. 학습에 관심을 갖고 열심히 공부하는 학생조차 대부분 높은 성적을 얻어 좋은 기업에 입사하여 경제적으로 윤택한 삶을 살아가는 것을 목적으로 삼는다. 우리가 진정으로 행복하게 사는 일은 본성을 회복하는 일임에도 불구하고, 이를

공자
혁명

위해 공부하는 사람은 거의 없다.

뜻을 세우는 일은 공부의 목적을 확실하게 정한다는 것이다. 목적이 확실할 때 모든 활동은 그것을 향해 나아간다. 그러므로 뜻이 확고하지 않다는 말은, 자신이 무엇 때문에 공부를 하고 왜 배우는지에 대한 문제의식이 없다는 말과 같다. 문제의식이 없으면 어떤 것을 공부하더라도 자기 문제의 핵심에 접근하지 못하고 피상적인 내용으로 남는다. 때문에 유교에서 뜻을 세운다는 것은 교육의 기본 전제 조건이다. 그러므로 학생이 공부에 대한 뜻을 강하게 세우는 것은 모든 교육의 기초다. 우리에게 성인이 되려는 열망이 자라나지 않는 이유는 뜻을 세우려는 의지가 부족하기 때문이다.

대부분의 유학자처럼 성인이 되려는 확고한 뜻은 도에 대한 사사로운 욕망을 싹트지 않게 하고 모든 노력을 도에 쏟을 수 있게 만든다. 그것은 곧 성인 회복을 위한 기회를 제공해준다. 학생에게 학문적인 진보가 없는 것은 아직 뜻이 확고하지 않다는 뜻이다.

학생은 성인이 되는 일을 인생에서 가장 중요한 일로 삼아야 한다. 성인은 개체 생명 의식에서 벗어나 있어, 삶에 휘둘리지 않고 자신과 다른 존재의 행복을 위해 노력한다. 성인의 상태는 사사로움이 없이 본성을 실현하는 상태이므로, 매 순간 학생의 뜻이 확고하여 마음에 다른 생각이 남아 있지 않으면 이것은 성인의 상태와 마찬가지다. 그러므로 성인의 뜻을 확고하게 갖는다는 것은 본성을 회복하여 성인이 되는 일과 같다. 물론 뜻을 세우는 일은 외부의 강요나 교사의 일방적인 권유로 이뤄지면 안 된다. 학생 스스로가 자발적이고 자율적인 동기로 임할 때 더욱 굳건해진다.

입지는 자신에게 사사로운 생각이 머물러 있지 않게 하는 일이다. 이 일이 오래되어 익숙해지면 시간과 장소에 구애되지 않고 입지 상태를 유지하게 된다. 그러므로 바람직한 입지는 의식적으로 뜻을 머릿속에 지니는 상태가 아니다. 비유하자면 군에 간 아들을 생각하는 부모의 심정처럼 잊지도 않고 조장하지도 않는 상태로, 무슨 일을 하든 항상 마음 깊은 곳에 성인이 되겠다는 열망이 깊이 뿌리내리고 있는 것을 가리킨다.

자신의 마음에 성인이 되려는 열망이 나무처럼 무성하게 자라나게 하기 위해서, 학생은 학교나 가정에서 항상 자신의 행위를 돌아보고 지금 하고 있는 일을 진실하게 하고 있느냐를 스스로 점검해보는 것이 중요하다. 왕양명은 점검 내용을 다음과 같이 제시했다.

'집에서 부모를 사랑하고 어른을 공경하는 마음에 게으름이나 소홀함이 없도록 하는 데 참되고 절실하지 못한 일은 없었는가?' '겨울에는 따뜻하게 해드리고 여름에는 시원하게 해드리며, 저녁에는 잠자리를 살피고 아침에 문안을 여쭙는 의식에 부족함이나 빠뜨림이 없도록 하는 데 실천하지 못한 일은 없었는가?' '길을 오가면서 걷고 달리는 예절에 방탕함이 없도록 하는 데 삼가고 조심하지 못한 일은 없었는가?' '일체의 언행과 마음 씀에 어떤 거짓이나 도리에 어긋남이 없도록 하는 데 충성스럽고 믿음이 있으며 돈독하고 공경스럽지 못한 일은 없었는가?' (『전습록(傳習錄)』, 196조목)[5]

이것은 왕양명이 지금의 초등학생 정도의 어린이에게 제시한 내용이다. 그러나 이것은 비단 초등학생에게만 적용되는 것이 아니라 누구나 가장 중요하게

5_ 在家所以愛親敬長之心, 得無懈忽, 未能眞切否. 溫凊定省之儀, 得無虧缺, 未能實踐否. 往來街衢, 步趨禮節, 得無放蕩, 未能謹飭否. 一應言行心術, 得無欺妄非僻, 未能忠信篤敬否.

행해야 하는 일상의 일이다. 물론 이런 조목들은 자신의 일상적인 일을 진실하게 했는가를 점검하기 위한 질문이며, 하나의 객관적인 규율로 작용해서는 안 된다.

이런 일상적인 일을 통해 마음을 바르게 하는 일을 오래 유지하면 어느 순간 저절로 뜻이 굳건하게 세워져 있게 된다. 이처럼 입지는 성인이 되기 위한 기초이자 공부의 전 과정에서 가장 중요한 요소다. 입지의 완성은 본성을 회복하는 일이자 성인이 되는 일이기에, 학생은 매 순간 성인의 뜻을 확고하게 지니는 일을 중요하게 여겨야 한다.

둘째, 학생은 교사에 대해 무한한 믿음과 존경심을 가져야 한다. 최근 교육 문제로 떠오른 교실 붕괴 현상을 보면 교사는 학교 내에서 담당하는 역할을 제대로 수행할 수 없는 상황에까지 이르렀다. 학생들은 교사를 지식을 전달해주는 사람으로만 생각하여 가르치는 방법에 대해 비교를 일삼는다. 교사의 교수 방법이 조금이라도 마음에 들지 않으면 지시를 따르지 않거나 말대꾸를 일삼고 학생들끼리 부정적인 평을 공유하며 헐뜯기까지 한다. 심지어 무리를 지어 교사를 무시하고, 어떤 학생들은 체벌을 유도하여 경찰에 신고까지 한다. 또 교사의 편에 서면 따돌림을 당할 것을 염려해, 몇몇 학생들은 교사와 거리를 두는 경우도 있다. 이처럼 학교 현장에서 학생이 교사를 신뢰하는 것은 찾아보기 힘들며, 이런 현상은 고학년으로 갈수록 더 심각해진다.

또 학부모의 학력이 향상됨에 따라 교사를 단순히 대학을 졸업한 사람으로 인식하거나 학벌이 자신보다 낮다는 이유로 교사를 인정하지 않는 경우도 많다. 이런 학부모들은 교사에 대한 불만을 자녀 앞에서 말하는 등 자녀에게 교사에 대한 존경심이 생겨날 수 없는 상황을 만들기도 한다. 각종 방송 매체에서는 특정 교사의 잘못을 모든 교사에게 해당되는 것처럼 호도하는 경우도 있다고 한다. 심지어 교육부에서는 교사의 질을 향상시킨다는 목적으로 교원능력개발평가제를 도입했다. 학부모와 학생이 교사를 평가하게 함으로써, 교사가 학부모와 학생의 눈치까지 보게 된 것이다.

이런 사회 분위기 속에서 학생이 교사에게 믿음과 존경심을 가지는 것은 점점 어려워진다. 그러나 그의 가르침을 통해 자신을 성장시킬 수 있기 때문에, 학생은 교사에 대해 믿음과 존경심을 가지려 노력해야만 한다. 우리가 교사의 말에 크게 감동을 받고 단번에 어떤 깨달음을 얻을 수 있는 것은 자신의 생각보다 교사의 말을 더 신뢰하고 믿기 때문이다. 한평생 자신이 지녀온 병폐를 스스로의 의지로 없애기에는 무척 힘들다. 그러므로 학생의 입장에서, 자기 주변에 믿고 존경할 수 있는 교사가 몇 명이나 있는지 살펴보는 일은 중요한 것이다.

사실 학생은 교사가 본성을 회복한 사람인지 아닌지를 분별할 수 있는 안목이 부족하다. 그러므로 교사를 통해 자신이 배우고 성장하기를 바란다면, 그를 스승으로 깊이 믿고 존경해야 한다. 우리가 자신의 사사로움을 제거하고 삶의 변화를 맞이하는 일은 교사에 대한 신뢰가 얼마나 강한가에 따라 달라진다. 특히 본성 회복의 공부의 목적은 자신의 그릇된 동일시를 내려놓는 일이기 때문에 교사를 깊이 믿는 일이 더욱 중요하다.

학생이 자신을 가르치는 교사의 말을 믿지 않는다면 그 학생은 결코 변화하지 못할지 모른다. 교사에 대한 믿음은 존경심과 직결되기에, 학생은 교사에 대한 존경심을 스스로 키워나가야 한다. 비록 교사가 가르치는 내용이 잘 이해되지 않거나 자신의 눈에 평범하게 보일지라도, 교사가 자격을 갖고 가르치는 일에 종사하는 것은 자격에 맞는 조건을 충분히 갖추었기 때문임을 명심해야 한다. 변화 가능성은 자신의 생각보다 스승의 말을 얼마나 더 깊이 믿는지에 따라 달라진다. 우리가 누구를 통해 배우고자 한다면 누구나 자신의 스승으로 삼을 수 있다.

셋째, 학생 상호 간에 신뢰와 존중심을 지녀야 한다. 함께 공부를 하는 학생은 경쟁 대상이 아니라 서로 무지를 일깨워주고 행복할 수 있게끔 도와주는 동반관계여야 한다. 그러나 오늘날 학교 현장에서 학생들이 수행하는 대부분의 활동은 다른 학생과의 경쟁에서 이기기 위한 경우가 대부분이다. 학교에서 이뤄지는 교육활동 중 학생들이 협력하고 성장하기 위해 행하는 것이 얼마나 될까? 이처럼 다른 학생들보다 더 좋은 성적을 얻기 위해 공부하는 경우가 대부분이다. 지금의 학생들은 친구끼리 모르는 것을 서로 일깨워주며, 함께 진리를 알아가는 기쁨을 경험해볼 기회를 거의 갖지 못한다.

현재 입시 체제에서 좋은 대학에 입학하기 위해서는 함께 공부하는 학생들보다 더 높은 점수를 받아야 한다. 때문에 학생은 서로를 동반자가 아니라 경쟁자로 여긴다. 학교에서 하는 활동 그 자체에서 즐거움을 얻지 못하고, 다른 학생과 경쟁을 하게 되며, 혹 친구가 자신보다 좋은 성적을 받게 되면 시기와 질투의 대상으로 삼기까지 한다.

물론 적당한 경쟁은 서로를 성장시키는 데 도움이 된다. 그러나 문제는 그것이 선의의 경쟁이 아니라는 것에 있다. 이런 경쟁으로 교실에서의 따돌림, 교실붕괴, 우·열반 사이의 갈등 심화 등 많은 부작용이 일어나고 있다. 경쟁을 통해서는 본성 회복을 위한 위기지학을 할 수 없다. 학교가 본성 회복을 위한 장소가 되기 위해서는 학생들을 경쟁과 투쟁의 방식이 아닌 서로 도움을 주고받을 수 있는 협력과 사랑의 방식으로 연결해야 한다. 학생들은 서로를 바른 공부로 이끌어주는 스승과 같은 존재로 여기는 태도를 가져야 한다.

친구는 자신과 비교하여 열등하거나 우월하다는 인식을 갖는 대상이 아니라, 서로 선을 행하도록 돕는 관계여야 한다. 그러므로 함께 공부하는 것을 기뻐하고 공부 목적을 굳건하게 만들어주는 동반자로 인식하는 것이 무엇보다 중요하다. 친구는 자신과 같은 목적을 갖고 있는 존재이기에, 서로를 가장 잘 격려할 수 있으며 적재적소에서 도와줄 수 있다. 친구 사이에 서로의 생각을 공유하고 함께 문제를 해결할 수 있다는 것은 커다란 즐거움이다.

친구는 공부의 뜻을 굳건하게 해주고 삶의 지평을 넓혀줄 수 있는 존재다. 그러므로 학생은 친구를 통해 자신을 되돌아보고 자신을 바로잡아야 한다. 친구를 스승 삼아, 착한 친구를 보고 자신의 행위를 올바르게 이끌고 나쁜 친구를 보고 자신의 마음을 비추어 반성하는 계기로 삼을 수 있는 관계여야 한다. 친구를 통해 자신을 반성한다는 것은 그의 잘못을 따지는 것이 아니다. 친구의 잘못이 자신에게 있지 않은지 살펴보고 자신의 부족한 부분을 바로잡는 일이다.

자신에게 다른 사람의 허물이 보인다는 것은 스스로에게 그런 허물이 있다는 것을 나타낸다. 친구의 성적, 외모, 성격 등을 잣대로 삼아 평가한다는 것은 자신이 그것을 중요한 가치로 여기고 있기 때문이다. 만약 자신에게 허물이 없다면 친구를 있는 그대로 바라볼 수 있다. 그리고 그의 처지를 이해하고 진정으로 도울 수 있다. 그렇기에 자신에게 허물을 찾고 그것을 바로잡는 일을 우선시해야 하는 것이다.

공자는 "친구가 멀리서 찾아오니 그 또한 즐겁지 아니한가?"(『논어』 「학이學而」)[6]라고 하며 뜻을 같이하는 사람과 함께 함을 큰 기쁨으로 여겼다. 이처럼 친구는 자신이 이기고 극복해야 할 경쟁 상대가 아니라, 차별 없는 존재로서 본성 회복을 도와줄 소중한 동반자이자 스승으로 여겨야 한다.

6_ 有朋自遠方來, 不亦樂乎.

공자
혁명

마음을 다스려 세상을 변화하라

유교에서는 세상을 변화시키기에 앞서 자신의 마음을 다스릴 것을 강조한다. 그래서 사회 구조와 체제의 변화보다 개인의 본성을 회복하는 일에 더 가치를 둔다. 난이 깊은 산속에서 꽃을 피우면 그 향이 저절로 멀리까지 퍼져 사람들을 즐겁게 하듯이, 유교에서는 스스로의 마음을 바로잡고正心, 집을 가지런히 하는齊家 일을 통해 세상의 모든 사람을 평안하게 하고자 한다平天下. 그래서 유교 교육에서는 치인治人 이전에 먼저 수기修己를 말하고, 천하를 평화롭게 하기平天下 이전에 먼저 사물의 이치를 궁구하고格物 앎을 이루며致知, 자신의 뜻을 성실하게 하고誠意 자신의 마음을 바르게 하는 일正心 등을 중요하게 여긴다. 이는 유교 교육의 목적이 지극한 선에 머무르는 일至於止善에 앞서 자신의 덕을 밝히는 일明明德을 중요하게 여기는 것에서도 알 수 있다.

세계 평화는 개개인 모두가 평화로울 때 가능하다. 개인이 평화롭지 않은데 어떻게 그가 다른 사람을 평화롭게 할 수 있겠는가? 그러한 개인이 모여 이루는 세계가 평화로울 수 있겠는가? 비록 느리고 이뤄질 수 없는 것처럼 보일지라도 진정한 변화는 개인의 변화를 통해서만 가능하다. 그러므로 우리가 자신의 본성을 회복하는 일을 가장 중요한 일로 삼고 이를 실천하는 것은 사실 세계의 평화를 위해 노력하는 것이다.

유교 교육의 관점에서 볼 때 자신의 본성을 이룬 사람만이 세상 사람들을 행복하게 만들 수 있다. 그러나 세상 사람들을 행복하게 만들고자 하는 뜻을 아무리 외친다고 하더라도 그가 본성을 회복하는 공부를 소홀히 한다면, 항상 사사로운 욕심에 휘둘려 이익을 얻는 데만 열중하는 사람으로 전락할 가능성이 높다. 주변에서 이런 사람을 찾는 것은 아주 쉽다. 그러므로 교육은 '세상'의 변화에 초점을 맞추기에 앞서, 본성 회복의 주체이자 사회 구성원인 '개인'의 변화에 초점을 맞춰야 한다. 이런 맥락에서 유교 교육에서는 자기의 본성을 회복하는 공부인 위기지학爲己之學을 진정한 공부로 여기며, 개인이 본성을 회복하는 공부로 경을 중시하는 것이다. 경의 의미와 방법을 크게 네 가지로 살펴볼 수 있다.

첫째, 경은 몸을 단정하게 하고 엄숙한 태도를 유지함整齊嚴肅이다. 유교 교육의 장점 중의 하나는 몸을 본성 회복의 대상으로 삼는다는 점이다. 본성에 대해 지나치게 강조하다보면 몸을 경시하는 풍조가 생겨나기 쉽다. 그러나 몸이 아프거나 허약하면 꾸준하게 공부를 하기 힘들 뿐만 아니라 다른 사람을 도울 수 있는 가능성도 줄어든다. 그러므로 유교에서는 정제엄숙을 통해 자신의 몸을 소중히 여겨 본성 회복을 이루고자 한다.

몸을 단정하게 하고 엄숙한 태도를 갖는 것은 몸을 소중하게 여기되 집착하지 않는 일이다. 몸을 소중히 여긴다는 것은 몸을 있는 그대로 사랑한다는 의미다. 이것은 몸에 대한 집착과는 다르다. 왜냐하면 집착은 무엇과 동일시할 때 생겨나는 욕심이지만, 사랑은 있는 그대로를 받아들일 때 생겨나는 우리의 본성仁이기 때문이다. 우리가 평소 소중히 다루는 자동차를 언제든지 바꿀 수 있는 이동 수단으로 여긴다면 적절한 때에 정비를 하면서 차를 더 쾌적하게 오래 탈 수 있듯이, 본성과 동일시하지 않으면서 자신의 몸을 있는 그대로 받아들이고 소중하게 여긴다면 몸에 대한 긍정적인 태도를 통해 본성 회복의 공부를 할 수 있는 것이다. 몸에 집착하지 않아 육체와의 동일시가 사라지면 육체로 인해 생겨나는 늙음과 병듦, 심지어 죽음조차도 문제가 되지 않기 때문이다. 뿐만 아니라 머잖아 자신의 본성을 알게 될 수 있을 것이다.

둘째, 경은 밖으로 향하려는 마음을 거둬들여 자기 외의 다른 것에 관심을 빼앗기지 않는 일心收斂不容一物이다. 우리는 자신이 아닌 것에 대한 지식은 많이 가지고 있지만 정작 본성에 대해서는 아무것도 모른다. 그러므로 외부에 대한 지식에 관심을 내려놓고 자신에 대해서 관심을 가져야 한다.

우리 주변에는 게임, 오락, 취미, 경쟁 행위 등 관심을 외부로 빼앗는 일이 많다. 그러나 마음이 내부로 향하지 않으면 본성을 회복할 수 없다. 왜냐하면 본성을 회복하는 일은 자신을 만나는 일이기 때문이다. 그래서 맹자는 "사람이 닭과 개가 도망가면 찾을 줄을 알지만, 마음을 잃고서는 찾을 줄을 모르니, 학문하는 방법은 다른 것이 없다. 그 잃어버린 마음을 찾는 것일 뿐이다"(『맹자』「고자告子」)[7]라고 했다.

우리 마음은 원숭이처럼 잠시도 가만있지 않는다. 그래서 늘 외부의 일에 관심을 가지며 자신을 돌아보지 않는다. 그러므로 관심을 자기 자신에게 두는 일은 본성을 회복하기 위해 해야 할 중요한 일 중 하나다. 관심을 자신에게 두는

7_ 人有雞犬放, 則知求之. 有放心, 而不知求. 學問之道無他, 求其放心而已矣.

일은 마음을 바깥의 일이나 상황에 두는 것이 아니라 내면에 두는 일이다. 관심을 내부에 둔다는 것은 자신에게 일어나는 일들, 예를 들어 생각과 감정과 느낌 등을 해석하지 않고 지켜보는 일이다. 우리가 내면을 잠시 지켜보면 우리의 마음은 늘 혼돈스럽고 시끄럽다는 사실을 알게 될 것이다.

우리 마음이 늘 혼란스럽고 불행한 이유는 자기를 인정하지 못해 스스로를 비난하거나 에고에 빠져 다른 이를 무시하는 일을 끊임없이 반복하기 때문이다. 그러므로 세상에 대한 모든 판단을 내려놓고 자신을 바라봄으로써 자기 자신과 다른 사람, 그리고 세상을 바라보는 '방식'을 바라볼 수 있다면 에고는 점차 힘을 잃고 사랑의 존재인 본성이 피어날 것이다.

셋째, 경은 항상 깨어 있는 일常惺惺이다. 항상 깨어 있다는 것은 생각과 감정을 손님처럼 여긴다는 것이다. 자기에게 찾아오는 손님이 좋은 손님이든 나쁜 손님이든 차별 없이 맞이하고 때가 되면 가도록 내버려두듯, 생각과 감정을 집착 없이 맞이하고 보낼 수 있어야 한다.

학교 현장에서는, 학생과 학부모의 무례와 많은 업무로 인한 교원끼리 갈등하고 마음에 상처를 받을 일이 자주 일어난다. 그리고 과학 기술과 이동 수단의 발달로 인해 학생들은 어린 나이에 소중한 사람을 잃는 경험을 할 가능성이 높아졌고, 평소에도 학교와 학원 생활 등 바쁜 일과로 인해 많은 스트레스를 받고 있는 실정이다. 그러므로 교사와 학생 모두는 자신의 생각과 감정을 손님처럼 다룰 수 있어야 한다.

생각과 감정을 자신과 동일시하여 좋고 나쁨으로 나누어 간택할 경우 그것에 휘둘려 괴로워진다. 어떤 생각이나 감정이라도 그것에 집착하면 문제가 발생한다. 그렇기에 생각과 감정을 분별하거나 취사선택하지 않고 감정을 있는 그대로 바라보는 것物來而順應은 중요하다. 물론 생각과 감정을 있는 그대로 경험하려는 시도는 유쾌한 경험일 수도 있고 불쾌한 경험일 수도 있다. 그러나 우리가 이 일에 점점 익숙해지면 자신의 생각과 감정을 동일시하는 습관은 점차 사라질 것이다.

넷째, 경은 지금 행하고 있는 일을 목적 그 자체로 사는 일主一無適이다. 우리가 어떤 일을 할 때, 그 일에 모든 에너지를 보내지 못하고 결과에 마음을 빼앗긴다면 현재의 일에 최선을 다하지 못하게 된다. 그러므로 현재의 일이 유일한 일임을 자각함과 동시에 그 일에 모든 에너지를 쏟아야 한다.

우리가 지금 행하고 있는 일을 목적 그 자체로 살고 있는지 점검하기 위해서는 현재 자신의 상태를 기록하는 것이 좋다. 기록한 생각과 감정을 지금의 일과 그렇지 않은 것으로 나눈 후, 현재 하고 있는 일에 관련되는 생각과 감정에만 주의를 기울여 '지금-여기'에서 일어나는 일이 무엇인지를 정확히 아는 것이다. 지나간 일에 대한 생각이나 감정에 대해서는 중요한 것이 아님을 알아야 한다. 이때 중요한 것은, 생각이나 감정을 지켜보지 못한 자신을 탓하거나 비난하지 말고 지켜보지 못한 상황을 자각한 자신에게 사랑의 에너지를 보내며 다시 현재의 일에 힘을 쏟는 것이다.

생각과 감정은 실제로 일어난 일과 그렇지 않은 일을 구분하지 못하고 똑같은 상황처럼 반응한다. 그러나 우리는 이 사실을 알지 못한 채, 생각이 만든 허구의 일을 실제로 일어난 일인 것처럼 속게 마련이다. 그래서 어떤 생각이 문제를 만들면 이내 불안과 두려움에 휩싸인다. 그러나 생각이 만든 일과 감정을 실재와 혼동하지 않는다면 우리는 곧장 '지금-여기'를 살아 평안 속에 있을 수 있다.

이렇게 하면 생각과 감정을 동일시해 현재의 일을 놓치는 순간을 스스로 알아차리는 능력이 차츰 자라나 '지금-여기'의 일에서 본성을 실현하는 기회를 더욱 많이 갖게 될 것이다.

사랑을 키우는 가르침

우리는 학교에서 국어와 수학, 역사 등 많은 교과목을 가르치고 배운다. 그런데 왜 우리는 이런 것들을 가르치고 배우는 것일까? 우리들 대부분은 자신이 왜 교육받기를 원하며 교육받는 이유가 무엇인지, 또 왜 이런 것을 가르치고 배우는지에 대한 의문을 가져보지 않는다. 그저 많은 사람들이 하는 것과 마찬가지로 결혼을 하고 직업을 갖고 거기에 안주해서 살아가기를 희망한다.

과거에 비해 풍요로워졌지만 우리는 끊임없이 더 많은 돈과 더 높은 지위와 더 좋은 직장을 추구한다. 그러나 여전히 걱정과 근심뿐이다. 이것이 교육을 통해 얻어야 하는 삶일까? 교육이 단지 시험에 통과하고, 좋은 직장에 취직을 하고, 결혼을 해서 정착하는 방법은 아닐 것이다.

교육은 주변에서 일어나는 현상에 귀를 기울이고, 밤하늘의 별을 쳐다보고 경이로움에 잠기며, 주변의 생명들과 접촉하는 능력을 가르치고 배우는 일이기도 하다. 우리는 이런 경험을 통해 내면에서 스스로의 행복이 샘솟고, 그런 자신의 행복감을 다른 사람에게 나누어줄 수 있어야 한다.

오늘날 사회 곳곳에 팽배해 있는 위기는 자신에 대한 그릇된 이해를 전제로 한 잘못된 교육에 기인한다. 자신의 본성이 무엇인지를 망각하고 끊임없이 생겨나는 부족하다는 생각과 감정을 자신과 동일시하기 때문이다. 생각이 만든 '나'라는 의식은 제거해야 할 사사로운 생각임에도 불구하고, 그것을 자기로 여겨 그릇되고 잘못된 방향으로 행복을 추구하게 된다. 그래서 참된 자신을 바라보지 못하고 끊임없이 자신이 아닌 것들을 통해 스스로를 드러내려고 시도한다. 이것이 벌어들이는 몸값을 높이기 위한 이유다.

일단 우리가 본성을 회복하면 우리는 더 이상 개체로서 부족한 존재가 아님을 알게 되어 외적인 것을 통한 자기 확대라는 욕망 추구를 하지 않게 된다. 지금까지 행해왔던 잘못된 자기 드러냄과 더 나은 자신이 되려는 노력이 스스로와 다른 존재를 고통 속에 빠뜨렸던 원인임을 알게 되는 것이다. 즉 본성을 회복하면 진정으로 힘써야 하는 '지금―여기'의 구체적인 일에 힘을 쏟게 된다.

진정한 평안은 스스로의 충만함自足을 통한 자기의 내면에서 저절로 생겨나는 것이다. 우리는 이 사실을 모른 채 자기 아닌 것을 통해 행복을 얻으려고 하면서 욕망만 확대해간다. 경쟁을 통한 일은 진정한 만족을 가져다주지 않는다. 그것은 다만 새로운 경쟁을 위한 준비일 뿐이다. 그러므로 새로운 교육을 구상하는 데서 근본이 되는 것은 새로운 기술의 개발을 통한 욕망의 확장이 아니라 욕망을 감소시킬 수 있는 방안이다. 욕망은 본성 회복을 통해 감소시킬 수 있다. 그리고 이런 욕망의 감소를 통해 생겨나는 것은 사랑이다. 그러므로 모든 교육활동은, 자기 아닌 것의 확장을 위한 노동력의 가치를 높이는 일이 아닌 교사와 학생 모두의 본성을 회복하는 일에 초점을 맞추어야 한다. 교육 현장은 본성 회복을 통해 사랑을 키우는 장소가 되어야 한다.

왜 공자 혁명이 필요한가

지금까지 살펴본 내용을 장별로 요약해보면 다음과 같다. 제1부에서는 오늘날 교육의 위기를 문명론적 관점에서 살펴보려고 했다. 먼저 1장에서는 현대 문명 속에서 현대 교육 위기의 본질이 무엇인지 살펴보았다. 현대 교육은 현대 인간 관에 바탕을 두고 있고, 현대 인간관의 전형은 '이성적인 인간'과 '욕망을 추구하는 인간'이다. 이에 따라서 현대 교육은 '이성 계발'과 '욕망 충족을 위한 능력 양성으로서의 직업 교육'에 노력을 기울이고 있다. 그러나 현대사회에는 많은 지식을 갖고 있는 사람은 넘쳐나지만 문명 위기는 나날이 고조되고 있으며, 또한 직업 교육을 받은 예비 노동자는 많지만 직업 노동에 대한 사회적 수요는 자동화의 영향으로 급감하고 있다. 다시 말하자면, 현대 교육은 현 시대의 요구에 부응하지 못하고 있다. 시대의 요구와 배치되는 교육이 이뤄지고 있는 현실, 이것이 현대 교육 위기의 본질이다.

2장에서는 유교 교육에서 탈현대 교육 구성에 도움이 될 수 있는 자원은 무엇인지를 살펴보았다. 탈현대 교육 구성에 도움이 될 수 있는 자원은 유교의 성인 교육과 중용 교육이다. 성인 교육은 '자신 안에 내재해 있는 본성을 자각하고 실현하면 누구나 성인이 될 수 있다'는 유교 인간관이 그 기초가 되는데, 이는 '참된 나'의 실현을 통해 사랑의 존재로 거듭나는 것을 목표로 하는 탈현대 교육과 그 맥락을 같이한다. 이에 따라서, 유교 성인 교육은 탈현대 교육의 핵심이 될 수 있다. 중용 교육은 유교의 전체적 인간관에 토대를 둔다. '참된 나'가 헤게모니를 행사하는 가운데, 다른 인간적인 측면들이 긍정되고 존중받으면서 서로 조화를 이루고 있는 상태를 추구하는 중용 교육은 이러한 교육 모델을 필요로 하는 탈현대 교육의 구상화에 직접적인 도움을 제공할 수 있다.

제2부에서는 유교에서 추구하는 교육적 인간상을 네 명의 대표적인 사상가를 중심으로 살펴보았다. 먼저 1장에서는 공자는 '자기를 이기고 예로 돌아가라'고 한 교육적 인간상을 짚어보았다. 공자는 인간 본성에 대해 깊이 신뢰했으며, 교육을 통해서 당시의 시대적 혼란을 바로잡을 수 있다고 믿었던 사상가다. 그는 스승으로서 교육함에서 차별을 두지 않았으며, 사상가로서는 자신의 사상을 교육하여 나아가 덕치를 실현하고자 하는 희망을 가지고 있었다. 공자는 '자기를 이기는 자' '세상을 돌보는 자' '사랑을 나누는 자'라는 교육적 인간상을 통해서 도와 하나가 되는 인간상을 구현하려고 했다. 또 그는 자신에게 내재해 있는 인한 본성을 회복하여, 다른 사람의 마음을 헤아리고, 결과적으로 호혜적 공감이 가능한 인간상을 실현하고자 했다. 즉 사랑을 나눌 수 있는 인한 인간상을 교육을 통해서 실현하고자 했던 것이다.

2장에서는 주자의 교육적 인간상을 살펴보았다. 내우외환의 격변기를 살았던 주자는 그가 직면한 국가적 위기를 교육을 통해 극복하고자 했다. 특히 그는 과거학과 선학을 비판하며 진정한 교육이란 자신의 본성을 실현하는 교육이라고 말했다. 이를 위해 주자는 사서 체제를 확립했으며, 인간의 본성은 본래 선한 것임을 증명했고, 그 선한 본성을 실현하는 것만으로 이 세상은 정의로운 세상이 될 수 있다고 주장했다. 주자의 이러한 교육관은 단순히 교육을 개인의 욕망을 실현하기 위한 수단으로만 생각하는 현대 교육의 문제점을 성찰하게 하는 계기가 될 것이다.

3장에서는 퇴계의 교육적 인간상을 살펴보았다. 퇴계는 가난과 부모 봉양 때문에 어쩔 수 없이 벼슬에 나간 것을 후회하여 늦은 나이에 도학을 알게 되었다. 이때부터 그는 위기지학을 진정한 학문으로 여기고 자신과 제자들의 본성 회복을 위해 평생을 바쳤다. 매 순간마다 경을 유지하는 일을 실천하며 자신의 마음이 사욕으로 흐르지 않도록 끊임없이 노력했다. 그리고 그는 자연과의 합일을 통해 긴장과 이완의 적절한 균형을 유지한 채, 부지런히 제자들을 가르쳤다. 스스로도 배우기를 즐거워하기도 했다. 퇴계는 교육의 목적이 경을 통한 자신의 본성을 회복하는 일이 되어야 함을 강조했다. 그가 죽기 직전까지 몸소 교육자로서 모범을 보인 것은, 교육의 근본을 잃어버린 현대사회를 바로잡을 교육적 인간상으로 충분한 가치가 있다.

4장에서는 다산의 교육적 인간상을 살펴보았다. 주자와 마찬가지로 다산 또한 교육을 통해 그가 처해 있던 사회적 모순을 혁파하고자 했다. 그는 당시 사상계를 지배하던 성리학·과거학·술수학·훈구학 등이 사회와 유리된 공리공담에 지나지 않는다고 비판하며, 현실에 뿌리를 내린 삶에 유용한 학문을 정립하고자 했다. 이러한 다산의 교육관은 현실과 유리된 채 입시를 위한 지식 교육에 매진하고 있는 우리의 교육 현실을 되돌아보는 좋은 기회가 될 것이다.

제3부에서는 앞에서 살펴본 유교 교육의 원리와 교육적 인간상이 오늘날 우리 교육에 구체적으로 어떻게 적용될 수 있는지 살펴보았다. 1장에서는 유교

의 사제관계가 오늘날의 사제관계에 어떤 시사점을 주는지 검토했다. 현재 교육 현장에서 사제관계 파괴에 대한 우려의 목소리가 높다. 사제관계에 대해 현대 교육계에서도 오래전부터 심각성을 인식하고 있었으며, 이에 따라 다각적인 개선의 노력을 펼치고 있다. 그러나 근본적으로 문제를 해소하기 위한 방안을 마련하지 못하고 다음과 같은 문제에 직면해 있다. 첫째, 현대 교육은 교육이 무엇을 목표로 해야 하는가에 대한 방향성을 상실했다. 둘째, 오늘날 교육계는 스승이 어떤 역할을 해야 하는가에 대한 비전을 상실했다. 셋째, 현대 교육은 사제관계에서 제자의 자세에 대한 문제의식을 상실했다. 이러한 문제를 해결하기 위해, 유가적 사제관계의 이상적인 모델에서 그 해답을 찾아보았다. 유가적 사제관계의 이상은 '본으로서의 스승과 스스로 구하고자 하는 제자' '스승과 제자의 사랑'이다. 이러한 이상적인 사제관계에 도달하기 위해서 유가에서는 교학상장을 방법으로 말하고 있다.

2장에서는 유교의 자녀 교육이 오늘날 자녀 교육에 어떤 시사점을 주는지 살펴보았다. 유교에서는 사랑의 존재로 자녀를 키우는 것을 목표로 했다. 그러나 부모가 직접 자식을 가르치다보면 부모와 자식 간에 원망하는 마음이 일어날 수도 있기 때문에 각별한 주의가 필요했다. 공자의 과정과 맹자의 역자교지는 그 전형적인 예다.

3장에서는 유교의 아동 교육을 살펴보았다. 유교 아동 교육의 원리는 맹자의 물망물조장의 원리다. 물망물조장이란 아동의 자발성을 중시하여 조장하지도 않고 또 그렇다고 해서 방치해서도 안 된다는 뜻이다. 아동의 자발성을 중시한다는 측면에서, 물망물조장은 서구의 아동 중심 교육과 유사하게 보이기도 한다. 그러나 학습자로 하여금 '나'라는 바위를 치워 마음속에 있는 무한한 사랑의 샘을 솟아나게 한다는 측면에서는 아동 중심 교육과 확실히 구별되는 주장이라고 할 수 있다.

4장에서는 서원 교육이 오늘날 대학 교육에 어떤 시사점을 주는지 살펴보았다. 서원 교육은 성인 교육을 실천하는 수행 공간이었다. 서원의 원생들은 독서궁리를 통해 성현의 말씀을 마음에 새기고, 자연을 우유함영 함으로써 문득 깨닫는 공부를 실천했다.

마지막으로 5장에서는 오늘날 학교 현장에 유교 교육이 어떤 시사점을 주는지 살펴보았다. 우리 교육 현장에서는 예전부터 인성 교육을 부르짖고 있다. 그러나 인성 교육에서 인성이라는 단어를 인간의 '본성 회복'이라는 의미로는 사용하지 않고 있다. 현대에 팽배해 있는 교육 문제를 근본적으로 해결하려면 자기와 다른 존재를 차별하지 않는 새로운 관점을 가져야만 한다. 유교 교육의 관점에서는 볼 때 이는 본성 회복을 해야 가능한 일이다. 이런 맥락에서 교사와 학생 모두는 본성을 회복하는 일을 교육의 핵심으로 삼아야 하며, 본성을 회복하는 일로 경을 실천할 수 있어야 한다. 그러므로 모든 교육활동은, 노동력의 가치를 높이는 일에 초점을 맞출 것이 아니라, 교사와 학생 모두의 본성을 회복하는 일에 초점이 맞추어져야 한다. 이에 따라 교육 현장 역시 본성 회복을 통한 사랑을 키우는 장소가 되어야 한다.

이상에서 살펴본 바와 같이 유교의 교육적 원리는 문명의 전환에 따른 새로운 교육 이론의 출현을 위한 중요한 청사진을 제공한다. 우리는 지금 새로운 교육 이론의 출현을 절실하게 필요로 하고 있다.

러시아 혁명의 지도자인 레닌은 '혁명적인 이론이 없으면 혁명적인 실천도 없다'고 말했다. 레닌이 활동하던 당시, 러시아는 여전히 봉건적이고 전근대적인 차르 체제 아래 놓여 있었다. 마르크스는 자본주의가 충분히 성숙해야 사회주

공자
혁명

의 혁명이 일어난다고 했다. 이런 상황에서 레닌은 '약한 고리' 이론을 제시하여 마침내 러시아 혁명을 성공시켰다. 약한 고리란, 사회주의는 세계자본주의의 중심이 아니라 약한 고리인 러시아에서 가능하다는 이론이었다. 레닌의 '약한 고리' 이론은 이집트 경제학자 사미르 아민의 '불균등 발전론'으로 확대되었고, 이는 곧 새로운 사회로의 혁명은 중심부가 아니라 주변부에서 일어난다는 주장으로 나타났다.[1] 즉 자본주의 이전 시대의 중심부는 중국과 인도, 이집트를 중심으로 한 공납제 사회인데, 이런 공납제 사회의 주변부였던 서유럽에서 자본주의 사회가 출현했고, 자본주의 사회의 주변부였던 러시아와 동유럽에서 사회주의 사회가 나타났다는 것이다.

OECD 국가 중 자살률을 비롯하여 모든 부정적 지표에서 부동의 1위를 고수하는 우리나라는 현대 문명의 약한 고리임에 분명하다. 뒤집어 말하면 우리나라는 앞으로 전개될 탈현대 문명의 진원지가 될 수 있는 가능성이 가장 큰 나라인 것이다. 우리나라에는 탈현대 문명의 맹아인 유학 사상이 아직 광범위하게 남아 있으며, 탈현대 문명의 실현에 있어 가장 중요한 요소는 교육이다. 어째서, 구태여 2000년 전 유교를 오늘날 다시 돌아봐야 하는가. 교육을 바로 세움으로써 사회를 바로 세우려 했던 공자의 가르침은 여전히 유효하다. 이제 '공자 혁명'이 일어날 때이다. 이 책이 우리나라를 탈현대 문명의 진원지로 만드는 데 크게 기여할 수 있기를 바란다.

1_ 사미르 아민, 『주변부 자본주의론』, 정성진·이재희 옮김, 돌베개, 1985.

공자 혁명

ⓒ한국국학진흥원 2015

1판 1쇄 | 2015년 12월 28일
1판 2쇄 | 2016년 12월 19일

지은이 | 정재걸 홍승표 이승연 이현지 백진호 황병기
기획 | 한국국학진흥원
펴낸이 | 강성민
편집장 | 이은혜
편집 | 박세중 박은아 곽우정 한정현 김지수
편집보조 | 조은애 이수민
마케팅 | 정민호 이연실 정현민 김도윤 양서연
홍보 | 김희숙 김상만 이천희

펴낸곳 | (주)글항아리 출판등록 | 2009년 1월 19일 제406-2009-000002호

주소 | 10881 경기도 파주시 회동길 210
전자우편 | bookpot@hanmail.net
전화번호 | 031-955-8891(마케팅) 031-955-1903(편집부)
팩스 | 031-955-2557

ISBN 978-89-6735-285-1 03370

· 이 도서의 국립중앙도서관 출판예정도서목록(CIP)은
  서지정보유통지원시스템 홈페이지(http://seoji.nl.go.kr)와
  국가자료공동목록시스템(http://www.nl.go.kr/kolisnet)에서 이용하실 수 있습니다.
  (CIP제어번호 : CIP2015034363)

· 이 책은 문화체육관광부의 지원으로 제작되었습니다.